U0448410

北京外国语大学汉语国际推广多语种基地
北京外国语大学国际中国文化研究院　联合项目
国际汉语教育史研究丛书

国际汉语教育史研究（二）

主　编　张西平
副主编　李　真　杨慧玲

商务印书馆
2019年·北京

国际汉语教育史研究丛书

策　　划：北京外国语大学汉语国际推广多语种基地
　　　　　北京外国语大学国际中国文化研究院
　　　　　（原中国海外汉学研究中心）
　　　　　世界汉语教育史研究学会

主　　编：李宇明　张西平

副 主 编：柳若梅

编委会成员（按音序排列）：
　　　　　陈国华　冯　蒸　李雪涛　李宇明
　　　　　柳若梅　马西尼（意大利）
　　　　　孟柱亿（韩国）　内田庆市（日本）
　　　　　王建勤　姚小平　张　博　张西平
　　　　　张晓慧　赵金铭　周洪波

卷 首 语

自2003年出版《西方人早期汉语学习史调查》一书以来,在学术界前辈关心和支持下,2009年我又主编了《世界汉语教育史》,此书作为对外汉语教育专业的教材被不少高校采用。随着汉语在世界各国广泛传播,世界各国的汉语教育史也开始被重视,越来越多的学者,特别是青年学者投入到这个领域进行研究。

中国文化在不断与外部文化相交融中发展、变化、丰富,中国语言也是如此。王力先生在《中国语言学史》中说:"中国语言学曾经受过两次外来影响,第一次是印度的影响,第二次是西洋的影响。前者是局部的,只影响到音韵学方面,后者是全面的,影响到语言学的各个方面。"① 但王力先生谈近代中国语言所受的西洋影响,是从晚清说起的,实际上,这个影响要从晚明开始。晚明来华的传教士,为了适应中国环境,首先致力于学习中国语言。为了直观地记录中国语言的发音,他们发明了用罗马字符给汉字注音的方法,由此产生了汉字系统的拉丁字母注音方案;为了满足西人学习汉语的需要,他们编写了带有西人汉语研究印记的汉语语法书和汉—欧词典;为了表达新的思想,他们创造了一大批新词。近代中西语言文化交流就此拉开帷幕。从十六世纪至十九世纪末,天主教来华传教士、欧美新教传

---

① 王力《中国语言学史》,山西人民出版社,1981年,第173页。

教士、欧美驻华外交官、海关洋员等西人的汉语著述传统，绵延三百余年而不绝。

西人的汉语学习与研究直接影响了中国近代语言的变迁。1929年10月，罗常培先生在《历史语言研究所集刊》第一本第三分上发表了《耶稣会士在音韵学上的贡献》一文。他高度表扬了明代来华传教士利玛窦、金尼阁等人，认为他们为汉语语音的研究立了大功，因为他们用了罗马字给汉字注音，还用了罗马字标记汉语官话语音，这在中国是一件破天荒的事情。这样，西人的汉语研究就从一种外学变成了一种内学，本来是外国人为学习汉语所做的研究，结果开始影响汉语本体的变化，并最终成为汉语从古代形态变为现代形态的重要原因之一。由此，世界汉语教育史的研究就和中国自身的语言学问的研究成为一体了。

从语言学上来看，这也是件大事。索绪尔把与语言有关的因素区分为"内部要素"和"外部要素"，认为语言的"外部要素"不触及"语言的内部机构"而予以排除。他说："至于内部语言学，情况却完全不同：它不容许随意安排；语言是一个系统，它只知道自己固有的秩序。"①语言是一个同质的结构，语言学主要研究语言内部稳定的系统和特点。这样，他们把语言的外在因素放在了一边，对语言的变异不太关注。

语言接触（Language Contact）于十九世纪开始逐渐被认识，从二十世纪九十年代开始成为语言学研究的热门话题，甚至有成为语言学一个分支的趋势。同时，语言接触也得到社会语言学的关注，语言的"外部要素"成为历史语言学主要内容的一部分。如 Theodora

---

① 索绪尔《普通语言学教程》，商务印书馆，2001年，第46页。

Bynon 1977年出版的《历史语言学》一书的上半部分讨论的是语言发展的模式(Models of Language Development)，下半部分讨论的是语言的接触。英国学者 R. L. Trask 1996 年出版的《历史语言学》中的一章，题为"接触，语言的生和死"(Contact and Birth and Death of Language)，讨论语言的接触。

语言的变化并不仅仅在于内部因素，外部因素也起着重要的作用，即语言接触会引起语言的变化。语言接触是通过语言使用者来实现的，因此，它和人群之间的互动有关。现在国内研究语言接触的学者大都在研究中国方言之间的接触和相互影响，这当然是对的。但对汉语的变化影响最大的是汉文化两次与外部文化的交流——一次是佛教传入中国，一次是晚明后基督教传入中国。

学术界对佛教传入中国后对汉语的影响，特别是对佛经翻译中梵语对汉语的影响，研究已经比较充分，但对基督教传入后，以罗曼语族为代表的西方语言系统对汉语的影响的研究还显得不够，亟待深入展开。由此，我们引出关于西方人早期汉语学习研究的议题。

历史语言学说明，语言接触大体有三个阶段：语言接触—语言影响—语言变化。罗曼语族所代表的西方语言系统在和汉语接触中对汉语的影响是一个逐步展开的过程，从晚明到晚清，从民国到现在，历经四百年之久。学术界对此已经有了初步的研究。汉语和罗曼语族所代表的西方语言系统的接触对汉语产生了四个方面的影响：

一是词汇影响。罗常培先生将语言接触中的词汇变化称为"借字"，他认为所谓的"借字"就是一国语里所羼杂的外来语成分。这方面学术界已经有了很好的研究，高名凯先生、史有为先生等都有著作，但他们对近代以来的基于中西文化交流基础上的外来词研究不够，这些年马西尼先生、内田庆市先生、沈国威先生在这方面做了许多工作,受到学术界的关注。

二是语音影响。罗常培先生的《耶稣会士在音韵学上的贡献》做了开创性的研究,但至今这仍然是一个待开拓的研究领域,特别是顾炎武、刘献廷等明末清初的考据学家在音韵学上的研究和传教士音韵研究的关系仍有待深入。从王徵和金尼阁的《西儒耳目资》后,汉语的注音系统开始逐步变化,到现在汉语拼音已经成为汉语学习的一个重要手段。近年来张卫东先生的研究很值得关注。

三是语法影响。汉语语法著作是传教士首先开始编撰的,从卫匡国到万济国,再到马若瑟,最后到新教来华传教士的汉语语法著作编撰,这成为西方汉学史上一个重要的学术传统,而直到1898年马建忠才编写了第一部汉语语法著作。语法研究由外到内,中国近代语言发生了重大变化。

四是词典的编撰。中国自古有双语词典编撰的传统,四夷馆中也有一系列这样的词典,如刘迎胜先生整理的《回回馆杂字》就是元代的波斯语与汉语的双语词典。但中文与罗曼语族接触后所编撰的双语词典则起源于传教士,从利玛窦、罗明坚所编撰的《葡汉词典》到新教传教士马礼逊所编撰的浩大的《英汉汉英词典》,这方面他们留下了有重要学术价值、至今尚未系统整理的学术文献。以上所有这些变化都是由于传教士来华后,欧洲语言和中国语言接触后逐步形成和发展起来的。

这样我们看到,如果要弄清中国近代语言学史,近代以来基于中西文化交流基础上的语言接触的历史是一定要搞清楚的,如果这一段搞不清楚,我们就无法说清中国近代语言学史。语言研究需要有历时性的眼光,加大对语言接触的研究就十分必要。

在语言接触中语言发生变化,这点已经得到承认,但如何研究各种语言的变化？就汉语来说,我们如何展开近代汉语中的这种语言变化的研究呢？如何在这样的研究中揭示语言接触中的基本理论问题呢？这是我们要考虑的。

目前的研究主要是共时性研究,即研究一个时段的语言接触对汉语所造成的影响,这是正确的。因为,历史语言学的研究是建立在历史基础上的,没有对一个一个特定时段、语言在其共时态下的变化研究,我们根本无法概括出中国近代语言的历时性变化。因此,现在对基本文献的收集和整理,对重要文本的具体研究都是很重要的。

语言的变化既需要聚焦每一个特定的时段,更需要从历时的角度考察语言接触过程中,外部因素和内部因素之间的互动关系。徐通锵先生提出语言的变化是"有序异质",在有序和无序中逐步发生变化。现在在语言接触的研究中对十九世纪后西方语言对中国语言的影响研究比较深入,对晚明后耶稣会来华后对中国语言的影响研究相对薄弱。实际上近代中西语言的接触历史应该从晚明开始,从晚明到民国这三百多年应该作为一个整体去研究,探讨语言接触对语言变化影响的机制问题,"具体而言,在语言接触过程中,到底哪些因素对语言的变化起到制约作用？不同因素对语言变化的制约力如何？语言接触究竟是怎样导致语言变化的？只有对这些问题有了比较充分的认识,才可能解释语言接触所引发的语言变化机制"[①]。

所以,语言接触的研究对研究中国近代语言学史是很重要的,例如,我们现在清楚了西方人早期汉语语法研究的基本脉络,但这种外

[①] 王新远、刘玉屏《论语言接触与语言变化》,薛才德主编《语言接触与语言比较》,学林出版社,2007年,第35页。张西平、杨慧玲编《近代西方汉语研究论集》,商务印书馆,2013年。李葆嘉《中国转型语法学：基于欧美模板与汉语类型的沉思》,南京师范大学出版社,2008年。王立达《汉语研究小史》,商务印书馆,1963年。

部的因素是如何逐步进入到中国内部的,从而形成了现在中国语言的研究,我们看得不是很清楚。语言接触一般认为亲属语言之间的相互影响比较大,非亲属语言之间的相互影响要小些,但我感到中国近代以来在语言的接触中似乎非亲属语言对中国语言的影响更大些,梵语是屈折型语言,罗曼语族也是屈折型语言,而汉语是典型的孤立型语言,用虚词和语序而不是词尾屈折变化来表示语法关系。但经过与梵语和罗曼语族的接触,特别是近代以来欧风美雨的洗礼,汉语书面语已经相当欧化。这些都是汉语史研究的重要内容,都要做对比语言学研究。

在《世界汉语教育史》一书的导言中我曾写道:

> 世界汉语教育史是一个全新的研究领域,它极大地拓宽了汉语作为第二语言教学的研究范围,使学科有了深厚的历史根基;我们在总结和提升汉语作为第二语言教学的基本原理和规律时,不再仅仅盲目地追随西方第二语言教学的理论,而是从汉语作为第二语言教学的悠久历史中总结、提炼出真正属于汉语本身的规律。实际上,我们还可以在这一研究中为第二语言教学的理论和方法做出我们的贡献,将我们的历史经验提升为更为一般的理论,使其具有更大的普遍性。尽管这还是一个遥远的目标,但在学术上则是必须要确立的一种文化自觉的理念。
>
> 同时,我们在这一研究中将会强烈地感到,中国语言学史的研究已经不再仅仅局限于中国本土范围,中国语言对国外语言的发展和影响正是在汉语作为第二语言学习的历史中产生的,这不仅表现在东亚一些国家的语言形成和发展中,也表现在西方近代以来的语言变迁中。把世界汉语教育史的研究纳入我们的学术视野,我们对中国语言的思考、对"汉语国际教育"的研

究,都将会扩展到一个更为宽阔的学术空间。

这是八年前所写的文字,直到今天仍是需要我们努力的。为推动世界汉语教育史这一领域的研究,我们特创办《国际汉语教育史研究》这一学术刊物,将其作为所有关心这一领域研究的学者的共同阵地。

张西平

2018年2月22日

目　录

历史研究

汉字在西方早期的传播 …………………………… 张西平　1
《海外奇谈》的语言来历和继承 ………………… 奥村佳代子　24
法国汉学中汉语研究的嬗变
　　——以《汉语札记》和《汉文启蒙》为例 ………… 李　真　38
晚清新教在华汉语培训学校的创办与发展 ………… 卞浩宇　51

文献整理

《无师初学英文字》研究
　　——清末南北官音差异的一斑 …………………… 内田庆市　65
《美国东方学会会刊》(1843—2012)中的汉语研究 ……… 孟庆波　75

教材研究

清末民初东北方言语音研究
　　——以清末民初日本人所编汉语东北方言教科书为例 … 李　逊　98
《千字文》在日本汉语教学历史上的价值 ………… 刘海燕　110
日本明治时期汉语教科书的作者群体研究 ………… 徐丽、颜峰　122

语法研究

《汉文典》(1877—1911):清末中日文言语法谱系 ……… 李无未　131

《中国言法》与《通用汉言之法》之比较研究 …………… 康太一 166

词汇研究

琉球官话课本中方言词语的重新审视
　　——以清代闽人官话正音书《新刻官音汇解释义音注》等为据
　　………………………………………………………… 范常喜 184
麦都思《新约全书》的语言特征 …………………… 盐山正纯 197
民国时期华人社会方言和国语关系研究
　　——以东南亚华人社会为对象 …………………… 于锦恩 213

语音研究

十九世纪西方人关于汉语拼音问题的讨论 ………… 江　莉 223
内地会拼音系统探析
　　——以《英华合璧》为中心 ……………………… 岳　岚 237

词典研究

从马礼逊《汉英英汉词典》反思当代汉语学习词典的问题
　　………………………………………………………… 杨慧玲 250
从湛约翰《英粤字典》看传教士眼中粤语词汇的变容 … 韩一瑾 260
早期双语词典所选汉语词汇特点
　　——《葡汉辞典》与《汉英大辞典》比较 ……… 陶原珂 271

国别教育史

汉语国际教育师资本土化培养问题刍议
　　——基于老挝汉语教学师资现状的考察与思索 … 王建军 282
简论东南亚华侨华人的中华文化传播 ……………… 耿　虎 293

《国际汉语教育史研究》征稿启事 …………………………… 300

汉字在西方早期的传播

张西平

(北京外国语大学国际中国文化研究院)

在中国文化西传的过程,汉字的西传是一个重要的方面。西方人的汉语学习和研究也是首先从认识汉字开始,而后逐步进入对汉语语法的研究。大航海后,①西方人对汉字的认识是在中西文化交流史的大背景下所发生的一种文化相遇。我们应把西方人这一认识过程放在中西文化交流史的大背景下考虑。东亚汉字文化圈由来已久,当葡萄牙人越印度洋来到澳门,西班牙人越太平洋东来后首先抵达菲律宾,并开始在菲律宾刻印中文书籍,耶稣会则首先进入日本,西人已经进入汉字文化圈。因此,我们对西人认识汉字的历史进行考察时应将视野扩展到整个东亚。"相对封闭而单一的传统研究模式不足以获得对于历史的完整认识与理解。……决不能自囿于国境

---

① 在大航海以前元代时期来到中国的马可·波罗和方济各会的传教士对中国文字也有过简略的报道。意大利人柏朗·嘉宾到达蒙古都城哈喇和林,居住四个月后启程返欧,著《蒙古史录》介绍契丹,其中第 9 章有一句,谓契丹国有一部(指南宋)"自有文字";1253 年,法国国王圣路易派教士鲁布鲁克出使蒙古,其中《纪行书》中亦有一章提及中国文字及书写方法:"其人写字用毛刷(即毛笔),犹之吾国画工所用之刷也。每一字合数字而成全字。"《马可·波罗行纪》(冯承均译,上海书店,2001 年)第 2 卷第 28 章一笔带过说:"蛮子省(Manji,指中国南部)流行一种普遍通用的语言,一种统一的书法。但是在不同地区,仍然有自己不同的方言。"张星烺《中西交通史料汇编》(第一册),中华书局,1977 年,第 186—189 页。伯希和《蒙古与教廷》,冯承钧译,中华书局,2008 年。

线以内的有限范围,而应当置于远东、亚洲乃至整个世界的大背景下加以考察并相互印证。"①

笔者认为,汉字西传经历了三个阶段:第一个阶段是汉字的描述阶段。最早来到东亚的传教士们见到汉字,开始在书信中向欧洲介绍和描述汉字,从而为后来在欧洲呈现汉字字形打下了基础。第二个阶段是汉字的呈现阶段。在欧洲介绍东方的书籍中开始出现汉字,由简到繁,由少到多,从而使欧洲人在书中看到真正的汉字,为他们后来研究汉字打下基础。第三个阶段是汉字的研究阶段。在这一阶段,欧洲开始有了较为系统的研究汉字的文章和著作。

本文以十七世纪汉字西传历史为线索,对这一时期西方对汉字的研究暂且不做展开。本文的中心是要历史地再现汉字在十七世纪欧洲的出版物中是如何呈现的。只有摸清这段历史,才可以为今后的进一步研究打下基础。目前学术界对此虽有一定的研究,但大多不够系统,且疏漏较多,本文试图做系统梳理。

一、欧洲人早期对汉字的描述

欧洲人对汉字的认识是从对日语的认识开始的。耶稣会首先进入日本,开始知道日语,并由此接触到了汉字。最早在信件中向欧洲介绍汉字的应是首先来到东方的耶稣会士圣方济各·沙勿略(St. François Xavier)。1548 年,他在科钦写信给罗马一位耶稣会士,信中简要地提到了自己从葡萄牙商人那里听到关于日本的僧侣使用汉字,中日之间用汉字进行笔会的情况。同时,他也从果阿神学院院长那里得知了一个皈依了天主教的日本武士所介绍的日

---

① 戚印平《远东耶稣会史研究》,中华书局,2007 年,第 8 页。

本汉字的情况,进一步知道了汉字在东亚的使用类似于拉丁语在欧洲的使用。1549年,沙勿略在科钦写信给会祖罗耀拉(Ignatius Loyola),信中介绍了他和这位日本武士谈话后所了解到的汉字特点。他写道:"(他们的文字)与我们的文字不大相同,是从上往下写的。我曾问保罗(日本武士弥次郎——译者注),为什么不与我们一样,从左往右写?他反问道(你们)为什么不像我们那样写字呢?人的头在上,脚在下,所以书写时必须从上向下写。关于日本岛和日本人的习惯,送给你的报告书是值得信赖的保罗告诉我的。据保罗说,日本的书籍很难理解。我想这与我们理解拉丁文颇为困难是相同的。"[①]

1549年,沙勿略进入日本,对日本的语言和汉字有了直接的感受。1552年1月29日,他在给罗耀拉的信中再次介绍了日本汉字的特点,日本汉字与中国汉字之间的关系。他说:"日本人认识中国文字,汉字在日本的大学中被教授。而且认识汉字的僧侣被作为学者而受到人们的尊敬。……日本坂东有一所很大的大学,大批僧侣为学习各种宗教而去那里。如前所述,这些宗派来自中国,那些书籍都是用中国文字写成的。日本的文字与中国文字有很大的差别,所以(日本人必须重新学习)。""值得注意的是,中国人与日本人的口头语言有很大不同,所以说话不能相通。认识中国文字的日本人可以理解中国人的书面文字,但不能说。……中国汉字有许多种类,每一个字意为一个事物。所以,日本人学习汉字时,在写完中国文字后,

---

[①] 《沙勿略全书简》,第353—354页。转引自戚印平《远东耶稣会史研究》,中华书局,2007年,第170页。关于沙勿略和弥次郎的研究参见唐纳德·F.拉赫《欧洲形成中的亚洲》(第一卷第二册),周宁译,人民出版社,2013年,第200—204页。

还要添补这个词语的意思。"①

和沙勿略一样,随后前来日本的耶稣会士们在掌握日本语言上仍存在困难。胡安·费尔南德斯(Juan Fernandez)曾是沙勿略的同伴,沙勿略认为他在讲日语和理解日语方面是"我们中最好的"。在学习过程中,费尔南德斯对日语有了一定的理解,知道了中国文字在日本是有学问人的书写语言,也知道了日语对汉字做了适应性的改革,以汉字草书体表示一般性的音节文字,这被称为平假名(Hiragana),在此之后,他更是找到了对语言问题的解决方案。例如,知道了汉字经常传达多种含义。②

沙勿略和他的同事们虽然最终没能进入中国境内,但他们在日本通过对日语的学习开始接触到汉字,并对汉字形成了初步认识:汉字不是拼音文字;汉字书写时是从上向下的;汉字是表意文字,一个字代表一个事物;汉字是中国和日本之间的通用语言,书写相同,发音相迥。③

另有一些传教士或商人来到中国附近甚至还曾短期地停驻中国,他们也描述了自己所知道的汉字。1548年,一篇写于果阿的佚

---

① 《沙勿略全书简》,第555页。转引自戚印平《远东耶稣会史研究》,中华书局,2007年,第134—135、173页。

② 唐纳德·F.拉赫《欧洲形成中的亚洲》(第一卷第二册),周宁译,人民出版社,2013年,第219页。

③ 关于天主教在日本的研究,参见 John, W. & Witek, S. J., Christianity and Cultures: Japan and China in Comparison, 1543-1644: Reflections on a Significant Theme; Ignatia Rumiko Kataoka, The Adaptation of the Sacraments to Japanese Culture during the Christian era. 两篇文章均收录于 Üçerler, M. Antoni J. (ed.), *Christianity and Cultures: Japan & China in Comparison, 1543-1644*, Institutum Historicum Societatis Iesu, 2009, pp.337-341, pp.113-125.

名手稿《中国报道》①，涉及中国教育制度的框架和内容、中国文字的类型、中国印刷术等，是西方最早描述汉字的重要文献之一。在谈到中国的教育制度时，手稿中称："关于您问在中国的土地上有否不仅教读书和写字的学校，有否像我们国家里那样的法律学校、医学学校或其他艺术学校，我的中国情报员说，在中国的许多城市都开办有学校，统治者们在那里学习国家的各种法律。"手稿中还谈到中国文字："他们使用的文字是摩尔文，他说他去过暹罗，他把这些人的文字带到那里去，居住在暹罗的摩尔人都会读。"②这里认为中文是摩尔文字，显然是未分清中国文化与其他文化的区别。

来过中国的葡萄牙多明我会修士加斯帕·达·克路士（Gaspar da Cruz）曾于1569年出版了《中国志》，该著作是十六世纪欧洲人所能看到的关于中国最为全面的报道和观察。他在书中介绍并描述了中国的语言和文字特点："中国人的书写没有字母，他们写的都是字，用字组成词，因此他们有大量的字，以一个字表示一件事物，以致只用一个

---

① 葡萄牙汉学家洛瑞罗在编辑这篇文献时认为："《中国报道》这篇无名氏作品写于1548年，尽管并没有太大的根据，但人们一般认为它的作者是圣方济各·沙勿略神父。……如果您细心阅读这篇记叙文章便不难发现，作者的整个写作过程都是相当精心的。首先，沙勿略亲手交给与其有着密切关系的商人绅士的那份原始调查表，可能就是他本人亲自起草的。紧接着，这位商人绅士便一方面利用他本人在远东的生活经历，另一方面又依靠一位中国情报员（肯定也是他的一位贸易伙伴）的帮助，竭力地去为沙勿略教士提出的各种问题寻求答案。他努力的结果，即我们今天所看到的这篇《中国报道》，很可能就是他交给方济各·沙勿略神父的。……著名历史学家热奥格·舒哈梅尔（Georg Schurhammer）认为这篇作品是阿丰索·更蒂尔（Afonso Gentil）撰写的，这是一位有着丰富的东方经历的葡萄牙绅士，他起初在马六甲（Malaca）和马鲁古（Moluccas）群岛担任官职，然后在1529—1533年间足迹遍布中国的南海，从事商业贸易活动。"澳门文化司编《十六和十七世纪伊比利亚文学视野里的中国景观》，大象出版社，2003年，第28—29页。

② 澳门文化司编《十六和十七世纪伊比利亚文学视野里的中国景观》，大象出版社，2003年，第30、34页。

字表示'天',另一个表示'地',另一个表示'人',以此类推。"在谈到汉字在东亚的作用时,他说,汉字在东亚被广泛使用,"他们的文字跟中国一样,语言各异,他们互通文字,但彼此不懂对方的话。不要认为我在骗人,中国因语言有多种,以致很多人彼此不懂对方的话,但却认得对方的文字,日本岛的居民也一样,他们认识文字,语言则不同"[1]。

因与明军联合剿匪而从菲律宾进入中国的奥古斯丁会修士马丁·德·拉达(Mardin de Rada)在1575年访问福建后写下了《记大明的中国事情》,他在书中说,"谈到他们的纸,他们说那是用茎的内心制成。它很薄,你不易在上面书写,因为墨要浸透。他们把墨制成小条出售,用水润湿后拿去写字。他们用小毛刷当笔用。就已知的说他们文字是最不开化的和最难的,因为那是字体而不是文字。每个词或每件事物都有不同字体,一个人哪怕识得一万个字,仍不能什么都读懂。所以谁识得最多,谁就是他们当中最聪明的人。我们得到各种出版的学术书籍,既有占星学也有天文学的,还有相术、手相术、算学、法律、医学、剑术、各种游戏,及谈他们神的","各省有不同方言,但都很相似——犹如葡萄牙的方言,瓦伦西亚语(Valencia)和卡斯特勒语(Castile)彼此相似。中国文书有这样一个特点,因所用不是文字而是字体,所以用中国各种方言都能阅读同一份文件,尽管我看到用官话和用福建话写的文件有所不同。不管怎样,用这两种话都能读一种文体和另一种文体"[2]。

从上述介绍可以看到,彼时无论是东来的传教士还是商人,他们

---

[1] Boxer, *South China in the Sixteenth Century*, Orchid Press, 2004.克路士《中国志》,博克舍编《十六世纪中国南部行纪》,何高济译,中华书局,1990年,第51、111—112页。

[2] Boxer, *South China in the Sixteenth Century*, Orchid Press, 2004.拉达《记大明的中国事情》,博克舍编《十六世纪中国南部行纪》,何高济译,中华书局,1990年,第211、212页。

或通过日语,或通过与中国人接触了解中国。他们对汉字和汉语的认识处在朦胧时期,知道了汉字不是拼音文字,认识了汉字在整个东亚是通用文字,起着像欧洲的拉丁语一样的功能。但同时又雾里看花,对汉字有些很奇怪的评论,认为汉字和伊斯兰的文字一样,发音与日耳曼人的方言相同。① 认识一种语言就是认识一种文化,欧洲早期对汉字的这些认识和描述正是中西初识的一个自然结果。

二、汉字在欧洲书籍中最早的呈现

十六世纪的欧洲开始看到中国古籍,拉达返回欧洲时更是携带了数量可观的汉籍。1585 年在罗马出版的门多萨《中华帝国史》第十七章中列出了这些古籍的类别,范围之广令人吃惊。② 尽管也有

---

① 葡萄牙人费尔南·洛佩斯·德·卡斯塔内达 1553 年在他的《葡萄牙人发现和征服印度史》中说:"中国人有独特的语言,而发音像德语。无论是男还是女都那么纯洁和神态自若。他们中间有谙熟各种学科的文人,都在出版许多好书的公立学校念过书。这些中国人无论在文科方面还是在机械方面都具有独到的聪明才智,在那里不乏制造各种手工杰作的能工巧匠。"博克舍编《十六世纪中国南部行纪》,何高济译,中华书局,1990 年,第 45 页。

② 1)描写整个中华帝国,十五个省份的位置、长度与宽度、与其接壤的各个王国。2)皇帝收到的赋贡与岁入,皇帝内的秩序,皇帝发给的日常俸禄,所有官员的姓名、职权范围。3)每个省份的纳贡者,免纳贡者的人数,缴纳贡税的季节与次序。4)各种造船的方法,航行的指引,各港口的纬度以及每个港口的质量。5)中华帝国的年代与久远程度,世界的开始,由何人于何时开始。6)历代帝王及其如何继承、如何统治,每一位帝王的生活与习惯。7)人们对奉为神明的偶像如何献祭,各偶像的名字和起源,应献祭的时节。8)人们对灵魂不灭、天堂与地狱的看法,如何埋葬死者、如何举行葬礼,每人按其同死者的亲属关系而应戴的孝。9)该帝国的法律,制定的时代与制定的人,违反法律时应施加的惩罚,同治国有关的许多其他事项。10)许多草药书,以及草药如何使用以治愈疾病。11)其他许多古代与现代作者编著的医药书,病人为了治愈疾病或防止疾病而应遵守的规则。12)关于各种石与金属以及本身有某种用处的自然物的性质,关于珍珠、黄金、白银及其他金属如何应用于人类生活,其各种用途的相互比较。13)关于各层天穹运动及天穹数目,关于行星与恒星以及它们的作用与特殊影响。14)关于已知的所有各个王国与民(转下页)

其他欧洲文化人在罗马看到了这批书籍,但没人能认识书中的汉字,读懂这些书。第一次出现在欧洲印刷出版物中的汉字是由在日本传教的耶稣会士巴尔塔萨·加戈(Balthasar Gago)神父于1555年9月23日从平户所写的一封信,信中有六个中、日文字的样本。在此之前沙勿略也向欧洲寄去了入教的弥次郎书写的样本,可沙勿略这些信虽"在欧洲十六世纪五十至六十年代的四个耶稣会书信集出版,但缺少字符"①。因此加戈神父的这封信在欧洲的出版成为"在欧洲获得出版的第一批中文和日文书写样字"②。

在欧洲出版的关于中国的第一本书是上面提到的克路士的《中国志》,在欧洲出版的关于中国的第二本书是贝尔纳尔迪诺·德·埃斯卡兰特(Bernardino de Escalante)的《葡萄牙人到东方各王国及省份远航记及有关中华帝国的消息》(1577)。金国平曾对埃斯卡兰特的身世做过介绍,拉赫则肯定了该书的价值,认为他并非是简单抄袭

(接上一页)族以及它们各自已知的特殊事物。15)关于被人们奉为圣人的人物的生平,这些人在何处生活、在何处去世、葬于何处。16)关于如何下棋、如何变戏法与演木偶戏。17)关于音乐与歌唱,并有作者名字。18)关于数学与算账以及如何精通数学与算账。19)关于胎儿在母腹中造成的影响,以及每个月胎儿的情况,如何保胎,胎儿出生时辰的好坏。20)关于建筑以及各种制作工艺,一座建筑物要比例匀称应有的宽度与长度。21)土壤好坏的性质,辨别好坏的标志,在每种土壤中应种植的作物。22)关于自然占星学、审案占星学以及其学习规则,如何算卦预卜未来。23)关于手相术与面相术及其他算命术,各种算命术的意义。24)关于信札的用语及对每个人依其地位与身份的高低而应该采用的称呼。25)关于如何养马以及如何训练马奔跑与行走。26)关于出门远行或要开始做某件吉凶未卜的事时如何圆梦与如何求签。27)关于一切人等应穿着的衣饰,从皇帝与执政者的徽号。28)如何制造武器及战斗用具,如何组成兵团。

　　① 唐纳德·F.拉赫《欧洲形成中的亚洲》(第一卷第二册),周宁译,人民出版社,2013年,第280页。
　　② 唐纳德·F.拉赫《欧洲形成中的亚洲》(第一卷第二册),周宁译,人民出版社,2013年,第220页。这两组字也出现在十六世纪其他文集中。进一步的资料参见 O. Nachod, Die ersten Kenntnisse chinesischer Schriftzeichen im Abendlande, *Asia Major*, I, 1923, pp.235-273.

克路士的书，而是因为他在里斯本时见到了不少从中国和东方返航回来的人，并且他还看到了在那里的中国人，这样他综合了种种材料写成了这本书。如拉赫所说："埃斯卡兰特的书有时被认为仅仅是对克路士著作的改述，因而不被重视。事实并非如此，对于埃斯卡兰特来说，虽然他承认得益于克路士，但他特别表示了对巴罗斯①的感激。总之，埃斯卡兰特总共十六章的著作遵循着巴罗斯的编排结构模式。此外他还指出了克路士和巴罗斯对中国人'在他们学校除了王国的法律外'是否讲授科学的叙述上存在矛盾。就这个争议点，埃斯卡兰特选择了遵循巴罗斯的说法，不仅如此，克路士仅仅列举中国的十三省，而埃斯卡兰特列出的是十五省，且他的省名音译几乎与巴罗斯所列举的那些名字一致。埃斯卡兰特证实他亲眼见过一个中国人写字，他的书包括了一组三个样字，这几个字被门多萨和制图师路易·乔治·德·巴尔布达（Luis Jorge de Barbuda）复制。埃斯卡兰特也使用了其他资料，比如说他能搞到手的官方报告。埃斯卡兰特的西班牙语著述远非对克路士的单纯改述，他的研究仍是一个欧洲人综合分析了所有可利用的关于中国的资料，并以叙述形式呈现的第一个成果。"②

本文所关心的是书中出现的三个汉字和埃斯卡兰特对汉字的介绍。在书中的第十一章"关于中国人的文字及其一般学习"中，他说：

"中国人是没有一定数目的字母的，因为他们所写的全是象形（文字），'天'读成 guant（Vontai），由一个字形表示，即［穹］，'国王'

---

① 巴罗斯（João de Barros, 1496—1570），文艺复兴时期欧洲航海家，也是葡萄牙著名的历史学家，其代表作 *Décadas da Ásia* 记录了葡萄牙人在印度、亚洲、非洲东南部的活动与历史。

② 唐纳德·F.拉赫《欧洲形成中的亚洲》（第一卷第二册），周宁译，人民出版社，2013年，第306页。

读成 hontai，由一个字形表示。地、海及其他事物与名称亦是如此，(他们)使用了五千个以上的方块字，十分方便自如地表达了这些事物。我曾请一位中国人写一些字，就看到他写得十分挥洒自如。(他)对我说，他们使用的数字，理解起来毫无困难，他们任何一个数目或加或减，都同我们一样方便。他们写字是自上至下，十分整齐，但左右方向同我们相反。他们印的(书)也是采取这个顺序，他们早在欧洲人之前很多年就使用印刷的书了。他们那些讲述历史的书，有两本现仍存在葡萄牙至静王后迦达琳的藏书之中。

"更能使人惊奇的是：在多数省份，都各自操不同的方言，互相听不懂，犹如巴斯克人同巴伦西亚人语言不通一样，但大家可以通过文字沟通，因为同一个方块字，对所有人来说都表示同一事物，即使各说各的，大家都理解这是同一件东西。如果大家看到表示'城市'的'城'这个符号，虽然有人读成 ieombi（ieomsi 城市），有人读成 fu（府），但大家都明白这指的是'城市'。所有其他名称也是这样。日本人和 Léuios 人……也是通过文字同他们沟通的，但他们嘴上讲的却互相听不懂。"①

这里需要讨论的有两个问题，第一，这里公布的汉字是否是欧洲历史上第一次在出版物中公布的汉字，这是一个历史事实问题；第二个是他论述的汉字特点。

一些学者认为埃斯卡兰特这本书是"西方汉字印刷之始"②。葡

---

① 澳门文化司编《十六和十七世纪伊比利亚文学视野里的中国景观》，大象出版社，2003年，第111页。
② 董海樱《16世纪至19世纪初西人汉语研究》，商务印书馆，2011年，第113页。金国平、吴志良《西方汉字印刷之始：简论西班牙早期汉学的非学术性质》，《世界汉学》2005年第3期。

萄牙著名的澳门历史学家洛瑞罗(Ruin Manuel Loureiro)认为"欧洲最早印刷的汉字,出现在1565年耶稣会士在科英布拉出版的书信集中。因此埃斯卡兰特所描述的方块字,已经是第二次了"①。但一些学者认为1565年耶稣会士书信集中出现的是日语,而埃斯卡兰特所记的方块字应是"西方汉字印刷之始"。但笔者在上文已举出实例说明加戈神父1555年9月23日的信中已出现了中、日文字的样本,所以1565年第一次刊印在科英布拉的《信札复本》(*Copia de las Carla.r*)中已经出现了六个日语字。虽说这六个字是日语而不是汉语,但由于这六个字是由六个汉字和平假名共同构成,无论在日语中还是在汉语中这六个汉字都被认为是汉字,只是在日语中发音与汉语完全不同。因此,汉字在西方印刷物中的第一次出现应该是1565年的科英布拉的《信札复本》,而不是埃斯卡兰特的这本书。笔者认为洛瑞罗的观点是正确的。

我们再看埃斯卡兰特书中的汉字观。埃斯卡兰特在他的书中对以往的汉字知识进行了总结,他认为:汉字是书写文字,不是拼音文字;汉字书写的顺序是自上而下;汉字印刷术早于欧洲;在中国书同文,但不同音;汉字是东亚的通用语。

鉴于他提供的三个汉字看起来很奇怪,说明欧洲当时无法很好地印刷汉字。

第一个字是"国王",第二个字是"天",第三个字是"城"。金国平和吴志良认为,guant可能是"皇"的对音,Vontai可能是"皇天"的

---

① 澳门文化司编《十六和十七世纪伊比利亚文学视野里的中国景观》,大象出版社,2003年,第111页注释1。

对音。①

门多萨的《中华帝国史》中也出现了两个汉字,但这是从埃斯卡兰特书中抄录下的,并未提供新的汉字字形。

进入十七世纪后在欧洲再现汉字的书是金尼阁翻译的利玛窦的《基督教进入中国史》,金尼阁在返欧途中将利玛窦的意大利手稿译为拉丁文,并补写了利玛窦去世后的几章。1615年,该书在欧洲出版并引起巨大反响。"在汉学家和中国史的研究者之外,金尼阁的书不大为人所知,然而它对欧洲的文学、科学、哲学、宗教等生活方面的影响,可能超过任何其他十七世纪的历史著述。它把孔夫子介绍给欧洲,把哥白尼和欧几里得介绍给中国。它开启了一个新世界,显示了一个新的民族。"②《基督教进入中国史》的英文译者在序言中称该书在1615年拉丁文第一版后,先后又出版了1616、1617、1623和1648年四种拉丁文本。同时还有三种法文本,先后出版于1616、1617、1618年。1617年出版了德文本,1621年则同时出版了西班牙文本和意大利文本。③但笔者发现英文版译者没有注意到1623年的拉丁文版本,这一版的学术意义在于其封面上出现了四个汉字"平沙落雁",而这是十七世纪在欧洲出版史上首次出现的汉字。

尽管在十七世纪初的十余年中,在欧洲的出版物中只是零星地出现了几个汉字,但却开启了汉字西传的历史。

---

① 金国平、吴志良《西方汉字印刷之始:简论西班牙早期汉学的非学术性质》,《世界汉学》2005年第1期。
② 何高济等译《利玛窦中国札记》,中华书局,1983年,1978年法文版序言。
③ 何高济等译《利玛窦中国札记》,中华书局,1983年,1978年法文版序言。

三、卜弥格与汉字西传

如果说十七世纪只有几个汉字在欧洲书籍中出现，那么到了十七世纪下半叶，汉字便开始大规模出现，欧洲人真正认识汉字的时代开始了。在十七世纪下半叶推动汉字在欧洲出版的书籍中呈现的最重要人物是阿塔纳修斯·基歇尔（Athanasius Kircher）。他是欧洲十七世纪著名的学者、耶稣会士。1602 年 5 月 2 日，基歇尔出生于德国的富尔达，1618 年 16 岁时加入了耶稣会，之后在德国维尔茨堡任数学和哲学教授。在德国生活三十年，后因战争迁居到罗马，在罗马公学教授数学和荷兰语。他兴趣广泛，知识渊博，仅用拉丁文出版的著作就有四十多部。有人说他是"自然科学家、物理学家、天文学家、机械学家、哲学家、建筑学家、数学家、历史学家、地理学家、东方学家、音乐学家、作曲家、诗人"，他"有时被称为最后的一个文艺复兴人物"[①]。

由于基歇尔在耶稣会的罗马公学教书，因此和来华耶稣会士有着密切的关系，当时返回欧洲的来华耶稣会士几乎都和他见过面，如曾德昭（Álvaro Semedo）、卜弥格（Michal Boym）、卫匡国（Martino Martini）、白乃心（Jean Grueber）等。基歇尔是一个兴趣极为广泛的人，他是欧洲埃及学的奠基人之一，他对埃及古代的象形文字很感兴趣，也是最早对埃及古文字进行研究的欧洲学者。基歇尔同样对中国的象形文字很感兴趣，他是十七世纪在欧洲出版物中呈现汉字最多的学者，对汉字西传起到了重要的作用。

波兰来华耶稣会士卜弥格被南明永历皇帝任命为中国使臣，前往罗马汇报中国情况，以期得到罗马对南明朝的支持。现在看来这

---

① 《简明不列颠大百科全书》（第四卷），中国大百科全书出版社，1985 年，第 173 页。

近乎是荒唐的想法,但当时无论是南明王朝还是卜弥格都是很认真地在对待这件事。1650 年 11 月 25 日,卜弥格作为南明王朝的使臣,带着两名中国助手返回欧洲。

卜弥格返回罗马后何时与基歇尔见面,目前找不到文献记载,但基歇尔对卜弥格的到来、特别是对他带回的有关中国文字的材料极为感兴趣。1652 年,基歇尔在他的《埃及的奥狄浦斯》里公布了卜弥格的一首歌颂孔子的诗歌、两篇介绍卜弥格使命的短文,同时也公布了卜弥格带回的一些汉字。内容如下:

  万物之有原始,孔子七十有徒;万物之有缘理,朝夕卑尊华土。

  人教知所原始,远人来领学道。知道方物缘知,吉师可孔子叫。

  格物在始在理,其徒谁人安筹。吉师通理教始,其教天下有满。

  格物老师大哉,其书西东到耳。

  厄日多篆开意吉师同耶稣会卜弥格叩

因为基歇尔的这本书是献给费迪南多三世的,卜弥格也附和了他,用中文来表示对费迪南多三世的敬仰。

  厄日多篆开意碑记

  厄日多国碑篆字。古今一人无解可者。

  圣旨顺意。蒙恩给赐廪饩。吉师幸敢著述也。

  福尔提安督皇帝大名。世世称赞不极。厄日多皇王声顿石在砬。篆字人千年所不通。罗玛京诏读知意耳。

  天子大德。万方万姓生灵存心。钦仰敬沥欤。

朝德合天地。开货生成。物资美利,统极武肃四海。

止沸定尘。六合还平。百蛮取则道。仁以作施赐谷来威。

臣念耶稣会久霑。圣化节系辇毂臣民。朝夕虔恭焚香天主祈恳。

圣穷①并国家万万岁寿。既享天朝恩。

乐土太平之福。臣毕蚁蝼报效之诚。厄日多篆中建莘玉文丰碑。颂元吉矣。

耶稣会卜弥格尔

由于公布汉字之多在欧洲出版史上是为首次,因此基歇尔的《埃及的奥狄浦斯》一书在汉字西传历史上是一个重要的转折点。

卜弥格在欧洲公开出版的唯一一本书是《中国植物志》,这是卜弥格的重要汉学著作。"这是欧洲发表的第一部关于远东和东南亚大自然的著作。……是欧洲将近一百年来人们所知道的关于中国动植的仅有的一份资料。"②有学者甚至认为卜弥格使用"植物志"这一概念比林奈(Linnemu)还要早。

以往研究《中国植物志》的学者都忽视了这本书在汉字西传历史中的作用。

第一,这是在欧洲出版的第一本图文并茂的汉字书,从汉语学习的角度可以看图识字;第二,这是在欧洲正式出版的第一本汉语拼音词典,每幅图都有汉字,每个汉字都有拼音,将全书的汉字和拼音汇集起来,就是一部简要的汉语拼音词典。

---

① "穷"在这里应是错字,应为"躬"。
② 爱德华·卡伊丹斯基《中国的使臣:卜弥格》,张振辉译,大象出版社,2001年,第203页。

因此,《中国植物志》在汉字西传史上具有重要的学术意义,在双语词典史上同样具有很高的学术价值,只是至今学术界从未从语言学和汉字西传的角度对其进行专题研究。

卜弥格是一个多产作家,他有些作品完成了,但一直没有出版,如《中国地图册》。《中国地图册》在西方汉学史上意义非凡,它是继罗明坚后传教士所绘制的第二幅中国分省地图。每幅地图都有用汉字标注的地名、物产和绘图。但这份地图深藏在梵蒂冈图书馆中,至今学术界尚未对这幅地图做深入研究,更未有人从汉字西传角度展开研究。

继卜弥格的《中国植物志》之后,在欧洲正式出版物上呈现出汉字的就是卫匡国出版于1659年的《中国上古史》以及德国历史学家斯皮哲理(Theophili Spitzelii)于1660年在安特卫普出版的《中国文献注释》,该书出现了五个汉字。

在十七世纪汉字西传中影响最大,并对西方汉学发展产生重大影响的是基歇尔的《中国图说》。该书1667年出版第一版,1670年出版第二版,之后更是以多种语言再版。基歇尔在书中汇集了多名来华耶稣会士返回罗马后送给他的各类材料,并且在书中刊出了多幅关于中国的绘画,因此,该书在西方极受欢迎,成为欧洲人认识中国知识链条上重要的一环。孟德卫(D. E. Mungello)说这本书是"十七世纪六十年代后期和七十年代,在欧洲人形成中国这个概念过程中最有影响力的著作之一"[①]。关于这本书,张西平《欧洲早期汉学史:中西文化交流与西方汉学的兴起》中做了初步

[①] 孟德卫《奇异的国度:耶稣会适应政策及汉学的起源》,陈怡译,大象出版社,2010年,第131页。

介绍。①

　　这里仅简单探索基歇尔在《中国图说》中对中国语言文字的翻译和介绍，在这方面，他有几个重要的贡献：

　　第一，基歇尔首次在《中国图说》中公布了《大秦景教流行中国碑》的中文全文，并第一次将汉字与罗马字母读音对照，从而大大推动了欧洲的汉语学习与研究。

　　在卜弥格到达罗马之前，虽然卫匡国已经将碑文的拓本带回了罗马，但碑文的汉语全文在出版物中从未公布过。而卜弥格抵达罗马后，见到了基歇尔，并将手写的大秦景教碑的碑文交给了他，于是碑文在《中国图说》中全文发表。② 当时的欧洲是第一次发表这样长的中文文献，所以法国汉学家雷慕沙（Jean-Pierre Abel-Rémusat）说，基歇尔所公布的卜弥格的这个碑文全文"迄今为兹，是为欧洲刊行的最长汉文文字，非深通汉文者不足以辨之"。③ 这些中文文字对于欧洲了解和认识中文产生了深远的影响。

　　同时，《中国图说》中大秦景教碑碑文的注音和释义是另一个让当时欧洲人关注的方面，这个工作完全是由卜弥格和他的助手陈安德完成。基歇尔在书中也说得很清楚："最后到来的是卜弥格神父，他把这个纪念碑最准确的说明带给我，他纠正了我中文手稿中的所有的错误。在我面前，他对碑文又做了新的、详细而且精确的直译，

---

① 张西平《欧洲早期汉学史：中西文化交流与西方汉学的兴起》，中华书局，2010年。
② 笔者认为这份《大秦景教流行中国碑》的抄写本是由卜弥格带到罗马的中国助手陈安德完成。
③ 冯承钧译《西域南海史地考证译丛》（第三卷），商务印书馆，1999年，第159页。

这得益于他的同伴中国人陈安德①的帮助,陈安德精通他本国的语言。他也在下面的'读者前言'中对整个事情留下一个报道,这个报道恰当地叙述了事件经过和发生的值得注意的每个细节。获得了卜弥格的允许,我认为在这里应把它包括进去,作为永久性的、内容丰富的证明。"②卜弥格的做法是将碑文的汉文全文从左到右一共分为29列,每一列从上到下按字的顺序标出序号,每列45—60个汉字不等。全部碑文共有1561个汉字。这样,碑文中的汉文就都有了具体的位置(列数)和具体的编号(在每列中的从上至下的编号)。在完成这些分列和编号以后,卜弥格用三种方法对景教碑文做了研究。这个问题涉及语音和词典问题,与本文主题关系不大,此处不做展开。

第二,《中国图说》对中国文字的介绍。③

基歇尔的中国语言观仍是十七世纪的基督教语言观,在这方面他未有任何创造。他在谈到中国的文字时说:"我曾说过,在洪水泛滥约三百年后,当时诺亚的后代统治着陆地,把他们的帝国扩展到整

---

① 费赖之说,卜弥格前往罗马时"天寿遣其左右二人随行,一人名罗若瑟,一名陈安德"。冯承钧先生认为"罗若瑟原作 JOSEPHKO,陈安德原作 ANDRESINKIN,兹从伯希和考证之名改正,而假定其汉名为罗为沈"。费赖之《在华耶稣会士列传及书目》(上册),中华书局,1995年,第275页。此处有误,伯希和认为"此信札题卜弥格名,并题华人陈安德与另一华人玛窦(Mathieu)之名。安德吾人识其为弥格之伴侣,玛窦有人误识其为弥格之另一同伴罗若瑟。惟若瑟因病未果成行,此玛窦应另属一人"。伯希和认为,在这封信署名时只有卜弥格一个人名,陈安德和玛窦是基歇尔在出版时加上去的人名,他认为1653年时陈安德不在罗马,因此,这个碑文不是陈安德所写,而是玛窦,即 Mathieu 所写,此人不是别人,正是白乃心返回欧洲时所带的中国人。伯希和《卜弥格补正》,冯承钧译《西域南海史地考证译丛》(第三卷),商务印书馆,1999年,第203页。笔者认为,伯希和这个结论值得商榷,因为在卜弥格这封信中已经明确指出,碑文的汉文是他的助手陈安德所写。

② Paula Findlen(ed.), *Athanasius Kircher the Last Man Who Knew Every*, Routledge, 2004, p.6.

③ 张西平主编《西方人早期汉语学习史调查》,中国大百科全书出版社,2003年。

个版图。中国文字的第一个发明者是伏羲,我毫不怀疑伏羲是从诺亚的后代那里学到的。在我的《埃迪帕斯》(Oedipus)第一卷中,我讲到殷商人(Cham)是怎样从埃及到波斯,以及后来怎样在巴克特利亚(Bactria)开发殖民地的。我们知道他和佐罗阿斯(Zoroaster),巴克特利亚人的国王经历相同。巴克特利亚是波斯人最远的王国,同莫卧儿或印度帝国接壤,它的位置使得它有机会进行殖民,而中国是世界上最后一个被殖民者占领的地方。与此同时,汉字的基础由殷商人(Cham)的祖先和 Mercury Trismegistos (Nasraimus 之子)奠定了。虽然他们学得不完全,但他们把它们带到了中国。古老的中国文字是最有力的证明,因为它们完全模仿象形文字。第一,中国人根据世界上的事物造字。史书是这样说的,字的形体也充分证明这一看法,同埃及人一样,他们由兽类、鸟类、爬行类、鱼类、草类、树木、绳、线、方位等图画构成文字,而后演变成更简洁的文字系统,并一直用到现在。汉字的数量到如今是如此之多,以至每个有学问的人至少要认识八万个字。事实上,一个人知道的字越多,就被认为越有学问。其实认识一万个字就足以应付日常谈话了。而且,汉字不像其他国家的语言那样按字母排列,它们也不是用字母和音节来拼写的。一个字代表一个音节或发音,每一个字都有它自己的音和意义。因而,人们想表达多少概念,就有多少字。如有人想把《卡莱皮纽姆》(Calepinum)译成他们的语言,书中有多少字,翻译时就要使用同样多的中国字。中国字没有词性变化和动词变化,这些都隐含在它们的字中了。因此,如果一个人想具有中等知识的话,他必须要有很强的记忆力。中国博学的人的确花费了很多时间,勤学苦学而成的,因而他们被选拔到帝国政府机关的最高层中。"这段话清楚地体现了基歇尔的语言观。

"第一个在欧洲介绍中国书写文字的就是基歇尔。"[1]他在《中国图说》中介绍了中国十六种古代的文字,分别是:

伏羲氏龙书(Fòhi xi lùm xù)、穗书神农作(Chum xu xim Nûm Ço)、凤书少昊作(Fum Xù xan hoam Ço)、蝌蚪颛顼作(Li teù chuen kim Ço)、庆云黄帝帝篆(Kim yun hoam ty chuen)、仓颉鸟迹字(Choam ham miào cye chi)、尧因龟出作(Yao yn quey Ço)、史为鸟雀篆(Su guey nia cyò chuen)、蔡邕飞帛字(Cha yè fi mien Ço)、作氏笏记文(Ço xi'ho ki ven)、子韦星宿篆(Çu guey sym so chuen)、符篆秦文之(Fu chuen tay ven chi)、游造至剪刀(Yeu Çau chi eyen tao)、安乐知思幽明心为(Ngan lochi su yeu min sym quei)、暖江锦鳞聚(Ngum kiam mien lien cyeù)、金错两制也。[2]

基歇尔对中国文字的介绍,在今天看起来十分浅薄,但在当时的欧洲却是前所未有的关于中国文字和语言的知识。明代的《万宝全书》是《中国图说》中文字图的来源。实际上正是基歇尔在《中国图

---

[1] 汉字在欧洲出版物中出现有一个很漫长的历史,欧洲人对汉字的认识和理解也有一个很漫长的历史,欧洲人对汉字的认识不仅是一个文字学或语言学的问题,还包含着不同文化相遇后的文化理解、自身文化的变迁及与外部文化的关系问题,这方面中外学者都进行了一些研究。Mungello, David E., *The Great Encounter of China and the West, 1500-1800*, Rowman & Littlefield Publishers, 2009. 孟德卫《奇异的国度:耶稣会适应政策及汉学的起源》,陈怡译,大象出版社,2010年,第六章"早期汉学及17世纪欧洲人对普遍语言的寻求"。姚小平《西方语言史》,外语教学与研究出版社,2011年,第五章"走出欧洲",第六章"启蒙时期:寻根溯源"。卫匡国《中国文法》,白佐良、白桦译,华东师范大学出版社,2012年。董海樱《16世纪至19世纪初西人汉语研究》,商务印书馆,2011年,第三章"西人对汉字的解读及相关论争"。计翔翔《十七世纪中期汉学著作研究:以曾德昭〈大中国志〉和安文思的〈中国新史〉为中心》,上海古籍出版社,2002年。

[2] 这些文字主要来自中国的《万宝全书》。

说》中所介绍的这些关于中国语言和文字的知识,特别是他和卜弥格所介绍的大秦景教碑碑文的中文,根本性地影响了日后欧洲本土汉学的产生,十八世纪无论是门采尔,还是巴耶,亦或是法国汉学家雷慕沙,《中国图说》中介绍的中国语言和文字的材料都成为他们走向汉学研究之路的基础。①

四、《无罪获胜》与汉字西传

何大化(Antoine de Gouveia)的《无罪获胜》是耶稣会士在清初历狱的斗争中获得胜利后所做的一份文件。清初历狱是中西文化交流史的大事件,学界研究很多,②这里主要从汉字西传的角度展开研究。③ 这份文献由十一种组成:(1)康熙八年五月初五利类思、安文思、南怀仁奏控杨光先竝请昭雪汤若望呈文。(2)礼部等衙门为详查利类思等呈控各由题本。(3)康熙八年七月二十六日上谕议政王贝勒大臣九卿科道会同再详议具奏。(4)议政王大臣等复议月日昭雪汤若望、许缵曾、李祖白等,竝请将杨光先处斩、妻子流徙宁古塔题

---

① 阿塔纳修斯·基歇尔《中国图说》,张西平、杨慧玲等译,大象出版社,2009 年。Paula Findlen(ed.),*Athanasius Kircher the Last Man Who Knew Every*,Routledge,2004. 张西平《欧洲早期汉学史》,中华书局,2010 年。董海樱《16 世纪至 19 世纪初西人汉语研究》,商务印书馆,2011 年。John Webb, *An Historical Essay*, *Endeavouring a Probability that the Language of the Empire of China Is the Primitive Language Spoken Through the Whole World Before the Confusion of Babel*, London, 1669.

② 李天纲《中国礼仪之争:历史·文献和意义》,上海古籍出版社,1998 年。吴伯娅《康雍乾三帝与西学》,宗教文化出版社,2003 年。

③ 国内学术界首次研究此文献的是罗常培先生,他在《耶稣会士在音韵学上的贡献》一文中专门研究此文献的音韵问题,罗先生这篇文章原准备发表在北京大学《国学季刊》上,后来他发现了问题便将稿件撤出,只做了内部用的抽印本,注明"请勿外传",因此,这份文献极为难寻。《无罪获胜》藏在欧洲多个图书馆,罗常培先生所用的是藏在大英博物馆(British Museum,20 MY,98)的版本,由向达先生复制回来的版本。1999 年葡萄牙里斯本重新出版了这份文献,在复印原文献的同时,还对文中的拉丁文重新做了转写整理。

本。(5)上谕免杨光先死,并免其妻子流徙,天主教除南怀仁等照常丰行外,仍禁立堂。(6)康熙帝赐祭汤若望文。(7)康熙九年十一月二十日利类思、安文思、南怀仁等奏请赦免栗安当等二十余人题本。康熙九年十一月二十八日上谕礼部将利类思等所奏之本确议具奏。(8)礼部会议恐栗安当等各处归本堂日久复立堂传教,因儗将利类思等具题之处毋庸再议题本。(9)礼部议羁留广东之栗安当等二十余人内有十余人通晓历法,可俱取来京城与南怀仁等一同居住题本。(10)康熙九年十二月二十一日上谕,准羁留广东之栗安当等二十余人内通晓历法者来京与南怀仁等同居,其不晓历法者各归本堂,但仍禁止直隶各省一应人等入教。(11)康熙十年正月十八日兵部行咨各省总督抚院查明栗安当等二十五人内有通晓历法者几名即行起送来京,其不治历法者即令各归本堂文。这十一份文献共有2696个汉字,666个不同的汉字,447个不同的汉语语音。① 罗常培和陈辉主要从语音学的角度对这份文献的学术价值做了探讨。鉴于本文的主题,我们主要从汉字西传的角度对这份文献的学术价值做一分析。

首先,这份文献是继《中国图说》后在欧洲出版的汉字最多的出版物,《中国图说》公布了"大秦景教流行中国碑"的1561个汉字,这里公布了2696个汉字,从汉字西传历史来看,这是十七世纪在欧洲出版物中出现最多汉字的一份文献。

其次,《无罪获胜》的汉字字体也很有特色,十一份文件中字体并非完全一致,其中用楷书书写的有八份,用草书书写的有二份,用篆书书写的有一份,涉及中文书写的主要字体。而且传教士们在内容

---

① 罗常培《耶稣会士在音韵学上的贡献》。陈辉《〈无罪获胜〉语言学探微》,《浙江大学学报》(人文社会科学版)2009年第1期。

和字体的选配上也很用心,凡属公文均用楷体,例如"诉状""题请"以及"奏疏",而礼部大臣的议事记录用草体,康熙御祭汤若望的墓志则用篆书。这样通过字体的不同,使西方读者直观认识到汉字字体的特点及使用范围。

与基歇尔在《中国图说》中公布的十六种中文字体相比,《无罪获胜》显得更为真实,基歇尔的书确有猎奇的感觉,而《无罪获胜》则可以用于国内传教士的汉语学习,而且在汉字字体的表现上更为平实。①

五、小结

根据上面的研究,我们从历史的角度梳理了十七世纪汉字在欧洲传播的历史及汉字在传播过程中呈现出的每一个环节,知道欧洲人对汉字的认识经历了从最初的描述性认识到实际的呈现性认识的过程。在此过程中卜弥格和基歇尔的《中国图说》、何大化的《无罪获胜》使十七世纪汉字在欧洲的传播达到了高潮,从而为十八世纪欧洲早期汉学的发展打下了一定的基础。对十七世纪的欧洲人来说,汉字不仅是一个文字符号,更是一种文化符号,随着汉字的传入,欧洲人在讨论汉字的过程中,其文字观念和语言观念均发生了较大的改变。

---

① 陈辉《〈无罪获胜〉语言学探微》,《浙江大学学报》(人文社会科学版)2009年第1期。

《海外奇谈》的语言来历和继承

奥村佳代子

(日本关西大学外语系东亚文化研究科)

一、关于汉译《海外奇谈》

《海外奇谈》是日本著名木偶剧作品《假名手本忠臣藏》的汉译作品,初版于江户时代(1815 年),直到明治时代仍持续再版,从《海外奇谈》的出版情况,可以推测这个作品很受当时日本人的欢迎。

《海外奇谈》的题词和序文等说明:一位叫作鸿蒙陈人的中国人在中国买到了写着日本武士故事的汉文书,他发现它的语言很差,就模仿《水浒传》的形式把这本书改作成《海外奇谈》。"《海外奇谈》是一位中国人改作的作品"这种说法,从江户时代到明治时代一直被一般日本读者相信。江户时代日本从中国引进很多白话文小说,例如《水浒传》。但是,以《水浒传》为代表的中国白话文小说,一般的日本人,甚至汉学研究者和知识分子都看不太懂。这种情况下,《海外奇谈》满足了当时日本人接触中国文化的愿望,他们看《海外奇谈》既可以享受"白话文小说",又可以欣赏故事所描写的情景。

但是,一部分研究不同意中国人翻译说。石崎(1940)[①]指出,写序文的龟田鹏斋就是真正的翻译者,他是假托中国人(鸿蒙陈人)翻

---

① 石崎又造《近世日本に於ける支那俗語文學史》,清水弘文堂书房,1940 年。

译的。香坂(1963)①指出，从词汇和语法来看，《海外奇谈》不会是中国人写的，是跟中国人毫无关系的日本人的作品，这位日本人就是龟田鹏斋。《海外奇谈》因为语言上存在许多中国人不会犯的错误，所以部分学者认为它是用日本汉文写的作品，是日本人写的，不是中国人写的，不能当作汉语资料。

杉村(1985)②发表新的看法，指出《忠臣藏演义》和译者周文次右卫门的存在，并指出有必要再考龟田鹏斋翻译说。《海外奇谈》不是直接把日语原作《假名手本忠藏》翻译成汉语，而是以长崎唐通事周文次右卫门翻译的《忠臣藏演义》为基础，模仿白话文小说的形式，再翻译的作品。但是，《海外奇谈》的作者到底是谁，这个问题至今还没解决。

最近发现的《忠臣藏演义》资料，让我们可以重新研究《海外奇谈》的作者、语言和翻译过程。

二、从语言来历看《海外奇谈》的译者

为考察《海外奇谈》的创作过程，我们首先应分析《海外奇谈》的语言是从哪儿来的。

（一）唐通事的语言

香坂(1963)指出的《海外奇谈》的语言上的误用（或说有问题的用法），其实证明《忠臣藏演义》和《海外奇谈》之间有密切关系，14个有问题的用法中的11个在《忠臣藏演义》当中也存在：(1)把"因为"

---

① 香坂顺一《〈海外奇谈〉の訳者—唐話の性格—》，《白話語彙の研究》，光生馆，1963年。
② 杉村英治《海外奇談—漢訳仮名手本忠臣藏—》，《亀田鵬斎の世界》，三树书房，1985年。

当作"因此"。(2)不分"早"和"快"。(3)"盡數"的误用。(4)"算"的误用。(5)"攛"的误用。(6)副词和"是"的倒置。(7)词序的倒置。(8)"是"的省略。(9)使用"个么"。(10)表示原因和理由的"与"。(11)当作"为什么"的"甚么"。出现以上错误并不是因为译者是日本人,而是因为使用了《忠臣藏演义》当中的词汇。

据宫田(1979)①,《忠臣藏演义》的译者唐通事周文次右卫门出身不太好,但依靠自身的汉语能力取得了相当的成就。唐通事认为日本的汉语和中国的语言并不一样,区别为唐话和官话。唐话虽然不是中国人说的官话,但跟中国人会话的时候用,没有什么障碍。②以上举出的11个词和词句,说有问题,不如说是受《忠臣藏演义》的影响。根据这11个例子,我们可以说《海外奇谈》的语言是以唐通事的唐话为基础的。

(二)《小说字汇》的词句

香坂(1963)指出的《海外奇谈》的14个有问题的用法当中,除了上述和《忠臣藏演义》一致的11个以外,余下的3个应是参考了十八世纪末出版的《小说字汇》(秋水园主人编,1791年)里的用法。《小说字汇》是江户时代后期1791年出版的词典,收录中国种种作品里的词句。

余下的3个词是"硬朗些""阿陽"和"較些子",这些词在《忠臣藏演义》里没有,应是写《海外奇谈》的时候才加入的词。除这3个词以外,以下列举的也都是在《忠臣藏演义》里没用,而只在《海外奇谈》里使用的词句。

---

① 宫田安《唐通事家系論攷》,长崎文献社,1979年。
② 根据《小孩儿》(手抄本),关西大学长泽文库藏。

表 1　只在《海外奇谈》里使用的词句一览表

軟瞇奚的瞌眼	眉花眼笑	轉央	甑已破	款款底
將鼓舞他志	説在熱鬧處	耐性	大氣概	似個
丟個眼色	梗燈也似	薄幹	儜賴	窩盤
意意侶侶	不死也魂消	滿懷	稽留	小鬼頭
多放做冷淡的腔子	莫取人衣作合歡	一搭兒	喉急了	閃賺
橄欖該落地	熬不得痛苦	惑突的	飛禍	剛剛
東西亂攛	四散走奔	撮鳥	湊巧了	耶嚄
殢風宿水	水戶底行徑	熱血	體悉	婉轉
啞子掌黃柏	萬有他慮	一蜆殼	榔扁	區區
草毛白付便了	調三轉四	瞥地	板板地	嚇癡了
宰宰聯聯	眼酸酸的	熬一熬	意不的	裙釵
羅漢思情嫦娥想嫁的話	滿面春生	慣頑	啞嘴兒	消魄種
似雪中送炭錦上添花	迎神出遊	心內	巴巴的	停當
陶他的鳥氣	哎呦一聲	爭些兒	耶呵	歆艷
打了箇幌兒	緊要的關	難道	波俏	和盤
經板兒印在心上	不分皂伯	呵呵笑	客官	零替
欠挪移的淹留	多情種子	一口遊	巴巴	一迷
南無妙法蓮華經	漿洗縫補	謝天地	匡得	彆交
一佛出世二佛涅槃	落在火炕	使不得	咯咯	媽兒
丟了九霄雲外	一頂轎子	作麼生	彫害	安排
隱隱地做成	柔腹千緒	撞蠓子	壁廂	對科
意思剌剌的	摘三語四	床醉了	幫龜	撬
鴻飛鱉急走	擔飢受凍	妝憨兒	要然	牢叨
漆穿膌嘴鉤搭魚腮一班	熬清守淡	染孫兒	勒措	尿鼇

（续表）

鵓鴿旺邊飛的性兒	春彎雪股	破罐子	話柄	小犬
説不出問不明	滿擔承應	溜答孫	悗情	忒煞
火囤的腔調	死心塌地	蹀躞了	誘紮	挽牽
滿肚疑心胡猜亂想	開潛盤剝	鳶鼓兒	快性	愁生
烏不三白不四	一箇霹靂空中去	箕簸般	鳥腔	一時
丢了九霄雲外去	將猫兒食拌猫兒飯	一包兒	下稍頭並没出活	
不喫回頭草				

表1中所举词句《小说字汇》中都收录了，虽然这并不能断定它们一定是从《小说字汇》中引用的，但有一些《小说字汇》里写错的词句，例如"漆穿螣嘴鉤搭魚腮一班""不分皂伯"等（应该是"箭穿螣嘴鉤搭魚腮一班"和"不分皂白"），在《海外奇谈》里也同样写错。这一点使得《海外奇谈》的词汇是从《小说字汇》中引用的这一猜想变得更可靠了几分。写《海外奇谈》的时候，利用已有的词典，也是理所当然的。

（三）《俗语解》的词句①

森岛中良（1756？—1810）是江户时代著名的文人，《俗语解》是森岛中良从1809年到1810年记录汉语俗语的抄本，保留至今的只有卷一到卷四、卷十一、卷十二。森岛中良的《俗语解》受《小说字汇》的影响很大。

《海外奇谈》里《小说字汇》和《俗语解》这两部书都收录的词句有：

一時 一口遊 一搭兒 一蜆殼 一佛出世二佛涅槃 一箇霹靂

---

① 根据《唐话辞书类集》第11集（汲古书院，1976年）收录的《俗语解》。

空中去

　　大气概 小犬 小鬼頭 不題一聲兒 不死也魂消 不喫回頭草 水戶底行徑 火囤的腔調 軟滕滕的俊①眼 硬朗些 惑突的

《小说字汇》里没有，只跟《俗语解》里的词句一致的有：

　　一遞一答説話 一頓亂搶 二婚頭 大頭兒 大後晌 小路抄轉 火塊也似熱 心花也開了 必定我此首領一戳轆 毛團把戲 茌事兒 添上一頂愁帽兒 刁蹬 十字兒竹竿封着門 猩剉

我们将《海外奇谈》的词句（《俗语解》里也有的词句）与《忠臣藏演义》的词句做个比较：

表2　《海外奇谈》和《忠臣藏演义》词句比较

	《海外奇谈》	《忠臣藏演义》		《海外奇谈》	《忠臣藏演义》
1	大頭兒	富家庶民	2	大後晌	明天
3	小路抄轉	只揀了別處小路	4	火塊也似熱	心内發癢
5	心花也開了	已得放心	6	必定我此首領一戳轆	必定斬我做兩段
7	毛團把戲	人面獸心	8	茌事兒	城池
9	添上一頂愁帽兒來哩	不好了禍事來哩	10	刁蹬	刁猾
11	十字兒竹竿封着門	大竹	12	猩剉	魚菜

《俗语解》保留至今的部分不多，收录词句的调查很受限制。但它和《小说字汇》一样，是出版《海外奇谈》初版之前的抄本，所以说《海外奇谈》参考了《俗语解》是有可能的。

---

① 《海外奇谈》作"䐱"。

（四）基于译者汉语作文能力的词句

《海外奇谈》的译文不是生搬硬套的，不是单纯把词典里的词句不加变化地连接起来的，而是具有白话文知识和作文能力的人翻译的译文。例(1)当中上层是《忠臣藏演义》，中层是《海外奇谈》，下层是《假名手本忠臣藏》①。

(1) 今日在公廳內惟獨相公最體面。鹽冶侯桃井侯往常雖是誇口也不省得什麼規矩禮法。正眞笑殺人也。（第三回）

今日在公廳內惟獨相公最體面。鹽冶桃井兩個往常雖是誇口正眞像把矮狗兒上了一層屋頭一班。眞笑殺人。

（肩臂いからし申）お旦那。今日の御前表も上首尾上首尾。塩冶で候の。桃井で候のと。

日比はどっぱさっぱとどしめけど。行儀作法は狗を。家根へ上た樣で。さりとはさりとは腹の皮。

《海外奇谈》的"正眞像把矮狗兒上了一層屋頭一班"是原文"狗を。家根へ上た樣で"的翻译，译者把"正眞""像……一班""把""矮狗兒""上""了""一層""屋頭"等词句组合加工译出这句话。

(2) 一則父親不回。二則昨夜雖交五十塊還有金子的添退也論不定。（第六回）

一來立票主人。二來說昨夜交五十塊還金子的添退論不定。

いはば親也判がかり。尤夕べ半金の五十両渡されたでも有ふけれど。

---

① 本文根据《净琉璃集》上（岩波书店，1960 年）所收《假名手本忠臣藏》。

《忠臣藏演义》翻译成"一则父亲不回",是意译,《海外奇谈》翻译的重点在"いはば親也判がかり",也就是"いうなれば親でもあり判を押した人でもある"的"判がかり"上。"立票"在《小说字汇》的"立"项里没有,但同一页的"叫"项有"叫票",有日译"サガリシシャゥモン"。有可能是本应放在"立"项的词句,放错"叫"项。《海外奇谈》的"立票主人"的左旁有日译"ハンガカリノトウニン"。

(3) 阿呀。好言趣話。官人請上樓去。(第七回)

阿呀。好言高趣。不可下坐。請官人上樓去。媽兒們你點火。安排酒杯。

コリャきついは。下に置かれぬ二階座敷。灯をともせ中居共。お盃お煙草盆と。

《忠臣藏演义》翻译得十分简单,"官人請上樓去"。《海外奇谈》里把"下に置かれぬ"翻译成"不可下坐","灯をともせ中居共"翻译成"媽兒們你點火",把"お盃お煙草盆と"翻译成"安排酒杯"。"媽兒"在《小说字汇》里有"クワシャ"的解释。《海外奇谈》里"媽兒們"左旁有日译"ナカ井ドモ"。

(4) 由良助道。只要吃满一杯。(第七回)

由良助道。九太夫兄。你說獻酬之禮。不是衙裡集會底事哩。九太夫道。怎地你喫了。我回盃哩。由良助道。你回盃了。我喫哩。

又頂戴と会所めくのか。指しおれ呑むは。呑おれ指すは。

"又頂戴と会所めくのか"一般用于正式场合,是礼貌用法,《海外奇谈》翻译成"你說獻酬之禮。不是衙裡集會底事哩"。描写互相劝酒的样子的"指しおれ吞むは。吞おれ指すは",《海外奇谈》翻译成"九太夫道。恁地你喫了。我回盃哩。由良助道。你回盃了。我喫哩",原文和译文都把它看作两个人的对话。

(5)真個靠山枕溪有這般好景致。尚且不要在家吃酒。(第八回)

真箇山水有這般好景致。還朝暮看見都沒餘情。尚且小園中的假山盆水。有些趣也不好的喫酒。

自慢の庭でも内の酒は吞ぬ吞ぬ

《海外奇谈》翻译原文的诗,然后接着写诗的意思"還朝暮看見都沒餘情",把"自慢の庭でも内の酒は吞ぬ吞ぬ"翻译成"尚且小園中的假山盆水。有些趣也不好的喫酒"。按照原文,《海外奇谈》译文"尚且"的位置,并不妥当,应该翻译成"朝暮看見尚且都没餘情。(何况)小園中的假山盆水。有些趣也不好的喫酒"。

我们推测《海外奇谈》的译者日语水平相当高,因为他把《假名手本忠臣藏》原文有、但《忠臣藏演义》没有翻译的部分也翻译了,虽然有些翻译错的地方。《海外奇谈》的译者能把日语口语翻译成唐话,说明他的日语水平相当高。

《忠臣藏演义》里没有、《海外奇谈》里有的部分当中,既有根据词典加上白话文的部分,也有译者自己模仿汉语口语作文的部分。所以如果译者自己一点儿也没有唐话知识的话,是不可能写成《海外奇谈》的。

因此,译者的人物像可以概括为:日本人(具有很高的日语能力);有白话文知识;有唐话知识,能用汉语写作;能作诗[①]。

---

① 关于这一点本文没有言及。《海外奇谈》是模仿白话文小说形式的作品,作诗是翻译这一类作品时不能缺少的。龟田鹏斋、大田南畝、森岛中良等都有写诗的本事。

三、《海外奇谈》出版相关人物

和《海外奇谈》的出版直接、间接有关系的人物有：

周文次右卫门(生年不详—1826)[ii,iii,(iv)]①

《忠臣藏演义》的作者，将《假名手本忠臣藏》译成唐话。

龟田鹏斋(1752—1826)[i,iv]

作《海外奇谈》序。没有资料说明龟田鹏斋有白话文或唐话知识，也没有资料说明他曾经学过唐话，也没有资料说明他去过长崎。但是龟田鹏斋作有《赤穗四十七义士碑》(文政三年)，而《假名手本忠臣藏》取材于赤穗事件，因此我们推测龟田鹏斋对《假名手本忠臣藏》的感情不浅。

大田南畝(1749—1823)[i,(ii),(iii),iv]

大田南畝是周文次右卫门和龟田鹏斋的知己。大田在长崎认识周文次右卫门，他的藏书中有周文次右卫门翻译的净琉璃作品(《国姓爷合战》第三回)。周文次右卫门和龟田鹏斋没有直接关联，但通过大田南畝，二人就联系起来了。现在还不知道大田南畝具体如何参与《海外奇谈》的翻译过程，但是我们推测他应是翻译过程中的关键人物。

大田南畝是江户时代的代表文人，也是幕臣。1804—1805 年就职于长崎，期间常与唐通事和清朝人接触。通过与唐通事和清朝人的交流，大田南畝逐渐了解中国文化。他在日记中记录与唐通事的交流，包括与周文次右卫门的交流在内。②

---

① 人物后标注的罗马数字是上面指出的译者人物像：i.日本人(具有很高的日语能力)。ii.有白话文知识的人。iii.有唐话的知识，能用汉语写作的人。iv.能作诗的人。

② 比如《琼浦杂缀》(《大田南畝全集》(第 8 卷)，岩波书店，1986 年)三月十四日的日记。

大田南畝还购买唐通事的书,试图把唐话翻译成日语。

　　唐通事彭城仁左衛門穎川仁十郎来唐話の事など承候。東都にて得候訳家必備、荘嶽唐話見せ候処、是通詞之初学に読候書のよし。段々訳文いたし候(从长崎寄到东京的信)

大田南畝的藏书里有唐通事用唐话写的《小孩儿》,是他自己抄写的。①

大田南畝在赴任长崎之前曾购买用唐话写的书,我们没有发现明确说明他学唐话成果的资料,但是可以推测他一定掌握一些唐话知识。

森岛中良(1756？—1810)[i,(ii),(iii),iv]

《忠臣藏演义》第一页有"桂川之印"②,这说明这本书是桂川中良即森岛中良的藏书。森岛中良也是跟大田南畝一起写小说、写诗的人。森岛中良在《海外奇谈》出版之前写了《俗语解》。《海外奇谈》里的一些词句,《小说字汇》里没有,但《俗语解》里有,这表示森岛中良有可能也和大田南畝一起参与了《海外奇谈》的翻译过程。

那么《假名手本忠臣藏》为什么成为翻译的对象？除了作品本身受欢迎以外,我们推测其中还另有关键人物存在。

大田南畝去长崎的十年以前,一位叫陆明(名)斋的清朝人到过日本。陆明斋非常喜爱日本文化,向日本人学过《假名手本忠臣藏》,能唱一段曲子。③

虽然大田南畝和陆明斋的关系不明,但是我们可以知道当时确

---

① 根据《琼浦遗珮》(《大田南畝全集》(第8卷),岩波书店,1986年)的记载。
② 根据杉村(1985)。
③ 长崎史谈会《长崎名胜图绘》,长崎史谈会,1931年。

实有对日本文化感兴趣的清朝人。来日本的清朝人当中可能有人对日本的净琉璃感兴趣,所以可能有人会翻译《假名手本忠臣藏》给他们看。

下面是《忠臣藏演义》里有、《假名手本忠臣藏》里没有的部分。我们推测这个部分是为给清朝人介绍而写的:

> 拿了旁邊的短刀。早拔刀在手。從書院裡下去。拿了單草鞋抹著。我朝傍無磨石。將草鞋抹著。當做磨刀石。①

用"我朝"这个词指代日本是日本人的语言习惯,可以知道这段话是日本人(唐通事)为便于清朝人理解而加。也就是说,《忠臣藏演义》可能是唐通事为来日本的清朝人翻译的作品。《海外奇谈》把上面引用的部分翻译成:

> 把短刀快脫鞘在手。從書院裡下去。拿了那草鞋抹著。倭人傍無磨石。將草鞋抹著。當做磨刀石。

《海外奇谈》里把"我朝"改成"倭人"和"邦俗",这看似是中国人的语言习惯,可能是《海外奇谈》的译者为了假托中国人而故意修正的结果。

《忠臣藏演义》里出现原文没有的内容,我们推测是为便于对净琉璃感兴趣的清朝人理解,所以写《忠臣藏演义》最初的理由,可能是为满足爱好日本文化的清朝人的愿望。

---

① 《假名手本忠臣藏》原文是「(御覽に入んと)御傍の。小刀抜より早く書院なる。召替へ草履かたし片手の早ねた刃」(第二段,302 页)。《忠臣藏演义》中还有一例,用"紫摩黃金"指代日本。

四、小结

《海外奇谈》以《假名手本忠臣藏》的汉语译本《忠臣藏演义》为基础,译者模仿白话文小说写作而成。如果把《海外奇谈》看作是包括周文次右卫门在内的几个人合作的作品的话,列举所有有关系的人,调查各人在其中的作用,可以帮助我们了解《海外奇谈》的翻译过程。

周文次右卫门作为《海外奇谈》蓝本《忠臣藏演义》的作者,是《海外奇谈》翻译过程不可缺少的第一人物。

龟田鹏斋,目前没有资料证明他有学习白话文或唐话的背景,所以将他看作《海外奇谈》真正译者的观点并不可靠。

大田南畝试做唐话的日译,在长崎认识周文次右卫门,跟他有过文学方面的交流。他也认识龟田鹏斋和森岛中良,有可能在周文次右卫门、龟田鹏斋、森岛中良之间起桥梁的作用。但是目前没有确凿的根据。至于大田南畝有没有写白话文的能力也尚不清楚。

森岛中良是考察《海外奇谈》和词典关系的关键人物。我们考察了《海外奇谈》、森岛中良的《俗语解》、词典《小说字汇》的一致情况,认为森岛中良和《海外奇谈》的成立有密切的关系。

本文只是我们研究的阶段性成果,但以下两点是肯定的:第一,《海外奇谈》并不直接翻译自《假名手本忠臣藏》,而是翻译自《假名手本忠臣藏》的汉译作品《忠臣藏演义》。第二,《海外奇谈》是由不同身份、不同背景的几个人合作而成,但最后是由日本人执笔。

明治三十一年(1898年),《海外奇谈》被收录进《支那小说译解》。《支那小说译解》里一共有五篇小说,分别是《游仙窟》《水浒传》《西游记》《海外奇谈》《西厢记》。《海外奇谈》和《水浒传》《西游记》一样被看作中国的小说。明治时代的人认为,《海外奇谈》虽然是日语作品的翻译作品,但却是中国人翻译的汉语翻译作品。

明治三十二年(1899年),《台湾日日新报》(汉文版)刊登《海外奇谈》,依然将其看作中国人翻译的汉语翻译作品。

《海外奇谈》从江户时代到明治时代一直被看作中国人翻译的作品,其实《海外奇谈》是当时日中两方的好奇心和才智的结晶。

法国汉学中汉语研究的嬗变
——以《汉语札记》和《汉文启蒙》为例*

李　真

（北京外国语大学国际中国文化研究院）

以十八世纪法国耶稣会士在华开展汉学研究为起点，对中国语言文字的研究成为法国汉学界的学术传统之一。1814年，法兰西学院正式开设"汉、鞑靼—满语言与文学讲座"，这不仅标志着汉学在欧洲正式成为一门独立的学科，同时也标志着汉语教学在法国高等院校正式确立。该讲座的首任教授雷慕沙（Jean-Pierre Abel-Rémusat），在东方语言研究、中国宗教哲学研究、通俗文学译介、中西交通史等诸多领域卓有建树，是欧洲第一位真正意义上的专业汉学家。

在法国专业汉学正式诞生之前，被誉为"早期传教士汉学三大家"之一的耶稣会士马若瑟（Joseph-Henry-Marie de Prémare）①与雷慕沙有过特殊的交集。雷慕沙对马若瑟的汉语水平十分推崇，"传

---

* 本文部分内容以"雷慕沙与马若瑟汉语语法著作比较研究"为题发表在《国际汉学》2015年冬之卷，特此说明。

① 马若瑟（1666—1736），1666年出生在法国诺曼底瑟堡，1683年加入耶稣会，1698年随白晋来华，在江西传教二十余年。1724年雍正禁教时，随其他传教士一起被遣返至广州，1733年迁居澳门，1736年在澳门病逝。马若瑟精通汉文，是耶稣会士中首屈一指的汉学家。

教中国诸教士中,于中国文学造诣最深者,当推马若瑟与宋君荣二神父。兹二人之中国文学,非当时之同辈与其他欧洲人所能及"①。他本人是马若瑟《汉语札记》(*Notitia Linguae Sinicae*)手稿的发现者,并在语法书《汉文启蒙》(*Élémens de la Grammaire Chinoise*)前言部分向前辈致敬,表示自己的写作以马若瑟的研究为基础和参考,不少例句都选自《汉语札记》。雷慕沙还精心誊写了《汉语札记》的抄本②,并几次发表关于该书的书评,后又与马礼逊(Robert Morrison)合作,最终促成了1831年马六甲英华书院正式出版《汉语札记》拉丁文版。

对法国汉学史上不同时期的代表性人物马若瑟和雷慕沙,以及两人汉语研究代表作之间的关系,中外学者此前已有一定关注。法国汉学家戴密微(Paul Demiéville)在《法国汉学史》中曾言,"《汉语札记》手稿的发现者,法国著名汉学家雷慕沙在法兰西学院主持汉学讲座时,没有合适的词典,而唯一一本能用的语法书,就是马若瑟的《汉语札记》手稿"③。何莫邪(Christoph Harbsmeier)在《中国的科学与文明》(*Science and Civilisation in China*)的《语言与逻辑》(*Language and Logic*)卷中也指出雷慕沙深受马若瑟启发,《汉文启蒙》在很大程度上是以马若瑟《汉语札记》的研究为基础和参考的,其程度远比他在书中所承认的要深得多,也远比世人通常所认为的

---

① Abel-Rémusat, Le P. J. Prémare, Missionaire a la Chine, Études Biographques, *Nouv. Mél. As.*, II, Schubart Heideloff, 1829, pp.272-273.

② 大英图书馆东方手稿部至今还保留着雷慕沙所作的《汉语札记》抄本,编号为 ADD. 11708。

③ 戴密微《法国汉学史》,耿昇译,戴仁主编《法国当代中国学》,中国社会科学出版社,1998年,第27页。

要深得多。①"在马若瑟的时代,这部作品作为一部绝对令人惊叹的博学之作,大大超过了马若瑟前辈们的成就;此外,尚有争议的是,它的价值也超过了那些比它更为有名的著作,例如雷慕沙的《汉文启蒙》,正如我们看到的,雷慕沙的这本书也有选择性地摘抄马若瑟《汉语札记》的内容。"②雷慕沙在前人基础上进一步构建了一个简明凝练的汉语语法体系,受到了广泛的承认和肯定,从而奠定了十九世纪法国作为欧洲中国语言学研究中心的地位。

本文将以《汉语札记》与《汉文启蒙》关系研究为基础,分析比较两本书,以期能更好地把握法国汉学史上分别代表十八世纪和十九世纪研究特点的两部语法著作的学术价值以及它们在西方汉学史上的学术地位。

一、《汉语札记》及《汉文启蒙》概述

《汉语札记》是马若瑟汉语研究的代表作,也是在西方汉学史和世界汉语教育史上具有奠基意义的一部作品。马若瑟没有完全因循前人套用拉丁文法的传统做法,更关注汉语的特殊性,开始有意识地打破拉丁框架,以更为接近汉语语法事实的方式来描写汉语。雷慕沙就曾指出:"昔人为此研究者,泥守拉丁文法原则。若瑟则不然,其所用全为新法,勿宁谓其摒除一切方法,即以语句之结构代替文法规

---

① 雷慕沙的学生,德国汉学家、历史学家诺依曼(Carl Friedirch Neumann,1793—1870)于 1834 年在《巴伐利亚编年》(*Die Bayerische Annalen, eine der Vaterlandskunde, Geschichte und Literatur gewidmete Zeitschrift*)发表一篇论文,通过详细的考证和比较,认为雷慕沙语法书的"古文"部分是从马若瑟的《汉语札记》中摘录出来的。转引自 Christoph Harbsmeier(1998:18)。

② Christoph Harbsmeier, *Language and Logic*, in Joseph Needham's *Series Science and Civilisation in China*, Cambridge: Cambridge University Press, 1998, p.16.

则。质言之,习华语者重实习而不重理论。"① 该书1728年完稿,以拉丁文写成,例句用汉语表述,1831年由英华书院(Anglo-Chinese College)在马六甲出版,1847年由《中国丛报》(Chinese Repository)在广州出版英译本,1893年由巴黎外方传教会(Société des Missions Étrangères de Paris)在香港重印拉丁文版②。按雷慕沙所言,这是世界上第一部区分汉语白话(即通俗汉语)与文言(即古典汉语)并分别加以论述的著作。书中例句达12 000余个,除语法外,还兼论文字、音韵、修辞、俗谚、礼仪、典籍等各种内容,称得上是当时西方人有关中国语言文学的知识大全。这部著作不仅对法国学者傅尔蒙(Étienne Fourmont)、弗雷烈(Nicolas Fréret)等人的汉学研究产生过影响,也启发了雷慕沙的汉语研究和汉语教学。

《汉文启蒙》出版于1822年,以法兰西学院开设的汉学课程讲义为基础,精心修订而成,结合当时语言学的新进展,凝聚了雷慕沙近二十年汉语学习与研究的心得体会,是他在汉语研究及汉语教学方面的代表作。该书分"古文"和"今文"两部分对汉语语法进行归纳总结,介绍了文字、语音、词法、句法等内容,构拟了一套简明、实用、系统的汉语语法教学体系。该书出版后深受欢迎,成为十九世纪法国高等院校汉语教学的新起点,得到了欧洲汉学界和汉语教学界的广泛认可。

二、《汉语札记》与《汉文启蒙》的比较

(一) 写作宗旨

传教士在中国传教,为了更好地传播教义,归化教众,需要掌握

---

① 费赖之《来华耶稣会士列传及书目》(上),中华书局,1995年,第531页。
② 1893年由巴黎外方传教会重印拉丁文版,这次印刷的汉字均由左到右排列。

中国语言。因此,如何在较短时间里跨越语言关成为每个传教士都需要面临的一个挑战。作为过来人,马若瑟深刻地体会到一本实用的文法书或是教材对汉语学习有多么重要。因此,他写作《汉语札记》的显见目的是要使学习者全面掌握汉语的语法知识,旁及修辞和中国文化,既培养口头交际能力,也培养阅读古文能力,并进一步指导作文和翻译文本。他开篇即言明宗旨:

> 本书第一编旨在帮助传教士听懂中国人的谈话,并让与之谈话的中国人明白他们要表达的意思;同时帮助他们看懂通俗的文学作品,提高口语表达能力;如有机会,还可以用这种语体进行写作。本书第二编有助于传教士理解中国古代经典作品的精髓,开始学习正确的翻译,同时能用典雅语体写文章。①

马若瑟是来华传教士,这个身份直接影响了写作《汉语札记》的另一隐性目的,或者说他的终极理想,即希望欧洲读者通过汉语的学习与研究,提高汉语能力,进而研读中国经典,最终寻找到隐藏在经典中的真理。他绝不仅仅是要写作一本对汉语语法进行梳理、帮助欧洲人学习汉语的作品,而是进一步在其中寄托了自己的宗教信仰和学术理想,希望这本论著真正成为沟通中西的桥梁——连接中国古代经典与基督宗教教义的桥梁。马若瑟对汉语特点的分析与探讨主要建立在引述中国经典的基础上,其基督教的立场在全书藏而不露,隐而未现,在明清时期传教士撰写的语法书中可谓是一枝独秀。这也正是他的高明之处,因为其内在的核心,即索隐思想,透过不少经典例文的引述与解析做了巧妙的铺垫与阐发。

与马若瑟的传教士背景不同,雷慕沙作为在高等院校开设汉学

---

① Prémare, *Notitia Linguae Sinicae*, Malacca, 1831, pp.38-39.

讲座的学者无须考虑宣教目的,创作宗旨很明确,即为解决当时高校师生教学与研究便利而编撰汉语语法书。写作缘由在前言部分说得很清楚:自 1814 年法兰西学院开设"汉、鞑靼—满语言与文学讲座"以来,缺乏一本简明实用的基础性汉语语法教材,不仅造成了初学者入门的困难,也使授课教师疲于边总结语法规则边编写讲义边授课,教学双方都受困于此;因此在整理五年授课讲义的基础上,结合课堂教学实际和学生的反馈与需求,不断修订增补,最终完成了这部教学语法书。由于没有在中国生活和学习的经验,雷慕沙对于掌握汉语口语技能缺乏直接经验。他不以培养"听说读写译"全面发展的语言技能为宗旨,而是扬长避短,更偏重阅读能力的培养与训练。在内容上以书面语语料为素材,附录中提供大量皇家图书馆的中文书单,鼓励学生在学习语法规则后,学以致用,通过阅读大量经典原文来加深对汉语的理解,增强语言实际运用能力。

（二）写作对象

虽然《汉语札记》和《汉文启蒙》都是为欧洲人汉语学习而作,但两书的读者对象略有区别。

《汉语札记》成书后,马若瑟表示该书是为新来华的传教士和所有对中国感兴趣的欧洲学者所撰,相信该书能对他们深入理解汉语大有裨益:

> 我给您寄出一本比较长的作品,内容是关于对中国语言的理解。我用拉丁文写成,为的是让所有的传教士和所有有兴趣的人,无论国籍都能使用它,都能从中受益。[1]

---

[1] 龙伯格《清代来华传教士马若瑟研究》,大象出版社,2009 年,第 44 页。

《汉语札记》提供了超过12 000个从各类中文典籍中摘录的范例,试图为读者勾勒一幅关于汉语的全景式图画。对外国学生而言,初次接触这种完全不同于欧洲语言的语言,要理解书中所涉及的关于中国语言文学方方面面的知识点,确实有一定难度。正如雷慕沙点评的那样,这部作品不太适合初学汉语的人,更适合已有一定基础的学习者,他们可以把这本书作为汲取中国语言、修辞及文学知识的一条捷径。

雷慕沙的《汉文启蒙》更适合零起点的汉语学习者,书中的讲解从汉语的基础知识入手,逐步扩展到语法体系的要点难点,并未做语法之外过多的延伸。他希望为初学者提供一部简明实用的语法参考书,帮助他们尽快突破语法难点,掌握阅读能力来理解中国古籍。《汉文启蒙》的前言清楚地表明这部语法书更多地考虑在欧洲学习初级汉语的学生,方便他们课堂听课和课后总结:

> 这个口述讲义应该出版,既是为了方便不能来听课的人,也是为了精益求精的听课者。这样一来,不能来听课的人将有一份口述讲义的概要,听课的人将从每次讲座后转写讲义的麻烦中解脱。[①]

(三) 参考资料

欧洲传教士入华接触汉语之初,中国语言学本身还并没有真正意义上的汉语语法学,也没有一本真正可供学习使用的语法书。为了能有效地学习或教授汉语,传教士们需要自己对汉语的语言结构、语法体系进行梳理、概括和总结。早期来华传教士最为熟悉的拉丁

---

① Abel-Rémusat, *Élémens de la Grammaire Chinoise*, Paris, Imp. Roy., 1822, pp. v-vi.

语法系统为他们处理汉语的语法现象提供了一种可行的手段。在来华传教士所撰写的汉语语法论著中,受本民族学术传统拉丁语语言学影响的痕迹显而易见。马若瑟也不例外,他与前辈卫匡国(Martino Martini)、万济国(Francisco Varo)一样,在书中运用学习者熟知的语言工具来帮助他们增进对另一种语言的认识和理解,分析其结构,阐释其类别,归纳其范畴,这确实在一定程度上化解了初创汉语语法体系的困难,减轻了学习者学习汉语的难度。但这种过度依赖原有理论框架的方式也会带来一些不利问题,阻碍对汉语自身特点的探索。

除了受到拉丁语法传统的影响,来华传教士在编撰汉语语法论著时也受到中国传统语文学研究的影响。马若瑟在《汉语札记》的结尾部分提到了南宋陈骙的《古学钩玄》,并说明自己第二编关于句法和典故的不少例句是从中摘选的。有了这个线索,通过进一步对所引例句进行鉴别考订、归纳排比和统计分析,可知马若瑟在写作第二编关于修辞和文风的部分时,重点参考了陈骙的《文则》和《古学钩玄》。①

到了雷慕沙的时代,前人已经在汉语研究方面取得了很多成果,法国国内的中文藏书也有了一定的积累,这使得雷慕沙在写作《汉文启蒙》时比起百年前的马若瑟有了更多助力。雷慕沙所使用的参考资料主要包括前人的语法著作和汉外字典。

雷慕沙在前言中梳理了欧洲人汉语语法研究的学术史,对多部已经在远东和欧洲本土正式出版的语法专著及部分手稿进行了点评,包括卫匡国的《中国文法》(*Grammatica Sinica*, 1653)、万济国的

---

① 具体考证过程参见李真《马若瑟〈汉语札记〉研究》,商务印书馆,2014年。

《华语官话语法》(Arte de la Lengua Mandarina，1703)、马若瑟的《汉语札记》(1728)、巴耶尔(T. S. Bayer)的《汉语杂纂》(Museum Sinicum，1730)、傅尔蒙的《汉语论稿》(Meditationes Sinicae，1737)和《汉语文典》(Linguae Sinarum Mandarinicae Hieroglyphicae Grammatica Duplex，1742)、马士曼(Joshua Marshman)的《中国言法》(Clavis Sinica，1814)和马礼逊的《通用汉言之法》(A Grammar of the Chinese Language，1815)等。尽管雷慕沙对上述作品的评价较为严苛，但他也肯定了这些作品各自的长处，并明确表示自己很多例子摘自马若瑟的著作和其他作品。① 字典方面，雷慕沙重点参考了叶尊孝(Basilio Brollo da Gemona)的《汉字西译》(Dictionnaire Chinois，Français et Latin)、克拉普罗特(Klaproth)的《汉字西译补》(Supplement au Dictionnaire Chinois-Latin du P. Basile de Glemona)、马礼逊的《华英字典》(A Dictionary of the Chinese Language，1815—1823)。这几部作品在《汉文启蒙》的前言、附录及正文中多次被提及。同时，雷慕沙也吸收了中国一些字典的编排方法，比如《字汇》《康熙字典》等。

（四）语料来源

《汉语札记》例句极为丰富，这得益于马若瑟多年研读中国各类经典文本、积累大量读书笔记。他在例句的选择上有两个特点：

第一，选取不同语体的作品。全书分为两大部分：白话和文言。白话部分的例句来自具有白话语体色彩的文学作品，如元杂剧、明代小说和清初才子佳人小说，包括《元人百种》《水浒传》《画图缘》《玉娇

---

① Abel-Rémusat, Élémens de la Grammaire Chinoise, Paris, Imp. Roy., 1822, p.xix.

梨》《好逑传》等。这些白话作品反映了不同时期民间所用的口语,文本通俗易懂,有很多完全口语化的语言和生动的俚语俗谚,富有表现力。马若瑟认为,学习白话部分可以帮助传教士提高口语听说的能力。文言部分的例句选自古代典籍,如"四书五经"、先秦诸子散文、唐宋名家名篇等。这些文言作品语言精练,寓意深刻,长于概括和写意,对传教士理解中国古籍和用汉语写作及进行翻译都有帮助。

第二,不拘泥于中国传统文化的儒家正统,尽可能选取不同时期不同派别的作品。尽管当时耶稣会学习汉语的传统是重视儒家经典,以"四书"作为标准读本;但马若瑟却没有局限于此,以多年涉猎中国经史子集的功力,为学习者真正打开了一扇通往中国古代典籍的大门。他所使用的例句上溯至先秦,下探至康熙本朝,不拘于一朝一代一门一派,既有儒家经典,也有诸子各家,力图通过考察汉语中优秀而又具代表性的作者的语言风格和语言结构,从中揭示典型的语法现象和主要特征。马若瑟认为这种在语言材料中把规则具体化、通过学习大量范例来掌握语言技巧的途径,能使学习者举一反三,触类旁通,效果远比只学习枯燥的语法规则要好。

马若瑟所创建的这种以经典例句来讲解古汉语语法的方法,被雷慕沙沿用并发扬,《汉文启蒙》在这一点上明显借鉴了马若瑟的经验。雷慕沙批评万济国、卫匡国和傅尔蒙语法书中未采用经典作品中的原句,而是自己编造例句,雷慕沙认为这些随意性很强的句子带有欧洲人思维痕迹,会大大削弱语法规则的权威性。① 雷慕沙推崇马若瑟及马士曼的方法,从原典中摘录典型例句来说明和阐释语法。

---

① Abel-Rémusat, *Élémens de la Grammaire Chinoise*, Paris, Imp. Roy., 1822, p.xxii.

他指出,《汉文启蒙》官话部分所收录的例句不是完全口语化、随意编造的句子,而是选自当时最流行的白话小说《水浒传》《画图缘》《玉娇梨》《金瓶梅》等。古文部分也同样选取中国古代经典中的例句,包括《论语》《孟子》《中庸》《大学》《书经》《易经》《孝经》《史记》《左传》《道德经》等。雷慕沙在前言中坦承,书中的很多例子来自马若瑟的语法书和其他一些语法书;在编撰时,为了确保例句的准确性,还一一核查原文。他认为这是《汉文启蒙》区别于前人的一大优势。①

三、结语

通过比较分析《汉语札记》与《汉文启蒙》,我们大致能对两书各自的特点与学术史地位做一简要的总结。

马若瑟本人并非专业的语言学家,由于时代的局限,他对汉语的考察、分析和认识更多的是出于一种直觉,还不可能对汉语语法做出准确、全面、科学的系统梳理。作为一部语法著作,《汉语札记》未能对例句所体现的语法规则进行有效的概括,在整体上还缺少系统性。全书不重语法规则,提倡通过学习典型例句来掌握汉语,重点关注汉语的虚词和修辞。该书例句丰富,但语法规则不多,这一点既是其区别于其他著作的特色,也成为不少欧洲学者批评的主要问题。

俄罗斯汉学家比丘林在《汉文启蒙》(1835)的前言中,对欧洲几部重要语法著作进行了评介,其中特别赞赏马若瑟"不把汉语牵强地同与汉语没有任何相似之处的欧洲语言的语法特点相联系",认为《汉语札记》中运用丰富的语言资料建立的汉语语法体系,体现了汉

---

① Abel-Rémusat, *Élémens de la Grammaire Chinoise*, Paris, Imp. Roy., 1822, p.xix.

语的规律,但在写法上缺乏语法著作应有的形式。①《汉语札记》举出 12 000 余条例句,但多数是罗列,没有进一步概括其内在规律,揭示其本质。后来英国国王学院的汉学教授 James Summers 在《汉语手册》(A Handbook of the Chinese Language, 1863)前言中也有类似的看法:一方面他觉得该书为学习者提供了一个巨大的仓库,留下很大的空间,由学习者自己去总结有关汉语的本质和特征;另一方面他又认为总结规则并通过实例进行说明是语法学家的任务,不能指望这些学习语言的年轻人能从他们看到的例子中形成有关语法的结论。②

雷慕沙认为,创作一部语法书通常可遵循两种形式:一种是全面、深刻地讨论语法体系的方方面面,力求避免模棱两可的解释;一种是尽可能以精练简洁的形式展示最主要和不可或缺的语法要素,以便让初学者迅速掌握基本规则。③《汉文启蒙》就是以第二种形式为编写体例的,形成了自己的特色和优势。

雷慕沙将多年语法研究与教学实践相结合,将讲义修订、结集成书,这使《汉文启蒙》具有非常明确的针对性和实践性。他希望打破欧洲人先入为主认为汉语难学的偏见,提供给教师和学生一部简明实用的语法书。该书紧紧围绕汉语阅读,在有限的篇幅内尽可能增加知识点的容量,对于语法知识以外的文化、国情等内容不做过多的介绍,确保语法教材的简洁性。各知识点均采用段落标号的方式,便

---

① 柳若梅《俄国汉学史上第一部汉语语法书——〈汉文启蒙〉》,《福建师范大学学报》(哲学社会科学版)2010 年第 2 期。

② James Summers, A Handbook of the Chinese Language, Oxford: University Press in Oxford, 1863, p.vii.

③ Abel-Rémusat, Élémens de la Grammaire Chinoise, Paris, Imp. Roy., 1822, p.xxv.

于相同知识点的相互参照,简化了注释,避免了重复性内容,便于读者使用和提高学习效率。例句数量较《汉语札记》大幅减少,针对语法规则通常只给出一到两个典型例句加以说明,避免冗长。在印刷方面,请了当时优秀的刻工师傅刻制 1400 个字模①,文字清晰美观,排版整齐有序,便于阅读和使用。书后附有部首表、汉字索引表、阅读扩展书目等实用信息。在雷慕沙的精心设计和编排下,《汉文启蒙》较好地体现出写作的针对性、语法体系的系统性、语法内容的简洁性、实际运用的可操作性等,从而使得该书成为十九世纪欧洲汉语语法教材的典范之作。

从十七世纪早期来华传教士对中国语言文字朦胧零星的认知,逐步过渡到以马若瑟为代表的十八世纪法籍传教士深入语言内部进行解析,最终为十九世纪初欧洲专业汉学家和语言学家对汉语语法形成系统性的文本研究奠定了基础。马若瑟与雷慕沙都在各自学术生涯的高峰期,以多年学习与研究汉语和中国文化为积淀,含英咀华,以示后学。在法国汉学史以及西方汉语研究史上,《汉语札记》与《汉文启蒙》可以说是两部承先启后的关键性著作,两者间有着不可忽视的继承与创新关系。

---

① 此套字模以 1817 年为出版《中庸》而刻制的字模为基础,增加了其中没有的汉字,共计 1400 个。

晚清新教在华汉语培训学校的创办与发展[*]

卞浩宇

（苏州市职业大学外国语学院）

新教来华传教之初，囿于清政府禁教政策所限，以马礼逊（Robert Morrison）为代表的早期来华传教士面临一书难求、无师可寻的困境，汉语学习环境极为恶劣，不得不靠自学为主。鸦片战争后，中国门户渐次开放，清政府禁教政策亦逐渐解冻，来华传教士最终获准聘请汉语教师，但仍旧缺少专门的汉语教材和正规培训。此后，随着一批熟练掌握汉语的传教士甚至汉学家的逐渐涌现，由他们编写的汉语学习著作和字典相继问世，这无疑改善了来华传教士的汉语学习条件。尽管如此，大部分传教士因传教工作繁忙而没有固定、充足的时间学习汉语，仍采用"边干边学"的个体学习模式，语言学习整体进步缓慢。为改变这一状况，教会中一些有识之士开始将关注目光和讨论焦点从以往传教士的个体学习转向群体教育，并希望通过创办汉语培训机构的实践活动，让更多的来华传教士在相对稳定的时间内获得正规语言培训，进而实现有效提高来华传教士汉语学习整体效率和水平之目标。

---

[*] 本文原载于《海外华文教育》2016 年第 1 期，略有改动。

一、内地会率先创办汉语培训学校

新教来华传教士创办的汉语培训机构,最早可以追溯到马六甲英华书院(Anglo-Chinese College,1818—1846)。书院由马礼逊和米怜(William Milne)创办,旨在推广汉语教学、培养来华传教人员。然而,书院远离中国本土,且书院培养出的毕业生大多没有选择从事传教事业,因此,尽管书院的汉语教学走在时代的前列,但对当时中国国内来华传教士汉语学习整体状况并没有起到明显的推动作用。事实上,直到内地会创办语言培训学校之前,中国本土没有类似的专业语言学校。

1865年,英国传教士戴德生(James Hudson Taylor)在伦敦创立内地会(China Inland Mission)。内地会为跨宗派、国际性差会组织,其主要目标是以最快的速度传播福音。福音传播的成功与否在很大程度上依赖传教士的汉语熟练程度。因此,内地会从创办之初就非常重视来华传教士的语言培训。基督徒想要成为内地会传教士需要提出申请,并经过一个甄别过程。申请人在填完相关申请文件后,会被安排住在当地的内地会传教士之家(Mission Home),在那里"他要透过一个初级课程研习中文,以便差会衡量申请人将来去到中国时的语言能力"[①],而这一中文课程至少需要六个星期。只有通过甄别的申请人才能获准前往中国传教。来华后,他们仍旧需要进行语言学习,"在语言学校成立之前,他们会住在之前来华的传教士家中,在那里他们会再次接受相关的语言培训,学习汉语的声调、发

---

① 蔡锦图《戴德生与中国内地会(1832—1953)》,建道神学院、基督教与中国文化研究中心,1998年,第146页。

音以及常用词语"①。这种培训模式一直持续到1887年。

1887年,在戴德生号召下,共有100名内地会传教士来华传教。由于来华人数骤增,过去的语言培训模式已无法满足传教需求,于是,内地会决定在中国创办两所语言培训学校,分别培训男、女传教士。一所设在当时的安徽首府安庆,由鲍康宁(Frederick William Baller)主持,专门培训男传教士,该校后于1910年迁至镇江;另一所专为女传教士而设的学校位于扬州,由莫拉雷(M. Murray)女士负责。② 这两所学校不但是语言培训中心,同时也是帮助新来华传教士适应中国生活的"家"。1910年之前,它们更是中国境内唯一正规的传教士汉语培训学校。

《中国基督教传教年鉴》(The China Mission Year Book)曾于1912年刊登过鲍康宁一篇题为"内地会语言培训学校"(The China Inland Mission Language Schools)的文章。在文中,鲍康宁对学校的汉语教学整体情况做了介绍:学校学制起初为两年,后缩至六个月。所有课程共分六个阶段完成,每个阶段均有相应的考试以检测传教士学习情况。每天清晨六点,学员起床。七点半早餐,之后晨祷。上午九点正式开始一天的学习。学员们在中文教师的指导下进行阅读。中午十二点半午餐。下午的教学活动从两点开始,一直持续至四点,如学员需要做练习,则延迟至五点。五点半晚餐。晚上七点至九点自学。十点整熄灯休息。初级阶段所用主要课本为《官话基础》(Mandarin Primer),学员另需研读《圣谕广训》(The Sacred

---

① F. W. Baller, The China Inland Mission Language Schools, The China Mission Year Book, Vol.Ⅲ, 1912, p.234.

② D. MacGillivray, A Century of Protestant Missions in China (1807-1907), American Presbyterian Mission Press, 1907, p.145.

Edit）和《马太福音》(Gospel of Matthew)的相关章节。在教学过程中，学校亦采用多种教学方式，例如当时盛行一时的"古安系列"(Gouin System)教学法就曾被引进学校的教学体系当中。学员通过全部六个阶段的测试后，方可毕业，前往内地会位于中国各处的传教站点从事传教工作。

从1887年创办之日起，学校为内地会培养、输送了一批又一批来华传教士，有效提高了来华传教士的汉语水平。据司德敷(Milton T. Stauffer, B. A., B. D.)的《中华归主——中国基督教事业统计（1901—1920）》记载，1921年，内地会在镇江和扬州仍设有两所学校。格兰维尔(S. Glanville)夫妇为镇江处负责人，是年秋季共招收八名学员；而扬州处则由科尔(F. Cole)女士负责，至12月，共有在校学员二十人。两处各有中国籍教师三名，每天上课时间均为六小时，课堂教学延续了教师授课和学生自学相结合的模式，教授内容比之初创期亦有所增加。[①] 这说明，至少到1921年，内地会的语言培训学校仍在继续运作。

二、教会各界对"课程教育"理念的探讨

内地会创办的语言培训学校开近代基督教新教在华创办专业汉语培训学校之先河，改变了以往来华传教士汉语学习以自学为主的局面，这一具有创新意义的做法很快引起来华各差会的密切关注，越来越多的有识之士开始频繁呼吁创办更多的专业汉语培训学校，实

[①] 司德敷主编《中华归主——中国基督教事业统计（1901—1920）》（下册），蔡咏春、文庸、杨周怀、段琦译，中国社会科学院世界宗教研究所，1985年，第953页。

施"课程教育"(A Course of Study)。

(一) 呼吁实施"课程教育"

1897年,美国监理会来华传教士潘慎文(A. P. Parker)在参加上海传教士联合会议时发表题为"如何学习汉语以获取一种好的工作知识"(How to Study the Chinese Language so as to Get a Good Working Knowledge of It)的演讲。潘慎文指出,掌握好汉语,尤其是口语,对于传教事业的成败具有举足轻重的作用,因此,"我们在苦苦追寻一种最好的学习方式,能够充分利用我们的时间和精力,尽可能快速、简单地达到最理想的学习效果"①。而这种方式,在潘慎文看来非"课程教育"莫属。他说,传教士来华早期并没有课程教育,他们不得不自学汉语。尽管后来一些传教士也可以通过聘请中国教师来指导其汉语学习,但"毫无疑问的是,由于缺少正规的学校课程教育,他们已经白白浪费了许多宝贵时间"②。在潘慎文看来,学校的课程教育具有个体学习方式所无法比拟的四大优势:节约时间、良好的教学效果、相对系统的考核体系、足够的学习时间。因此,潘慎文呼吁,新来华传教士头两年时间应先投入到语言学习中,并且要以学校正规的课程教育为主。潘慎文的呼吁虽然没有产生"即时效应",但"课程教育"这一理念开始受到教会各界的普遍关注,围绕"课程教育"相关问题的讨论也由此展开。

(二) 深入探讨"课程教育"

1906年3月,上海传教士联合会议再次召开。在会上,美国北

---

① A. P. Parker, How to Study the Chinese Language so as to Get a Good Working Knowledge of It, *The Chinese Recorder and Missionary Journal*, Vol.XXIX,1898,p.2.

② A. P. Parker, How to Study the Chinese Language so as to Get a Good Working Knowledge of It, *The Chinese Recorder and Missionary Journal*, Vol.XXIX,1898,p.11.

长老会传教士薛思培(J. A. Silsby)、伦敦会传教士毕文(H. L. W. Bevan)、内地会传教士考迈克(J. Cormack)、传耶稣教安息日浸礼会传教士科洛福特(J. W. Crofoot)和大英圣经会传教士史密斯(J. T. Smith)等人就"课程教育"的相关问题各抒己见,展开深入探讨。基督教青年会传教士来会里(D. W. Lyon)应《教务杂志》(The Chinese Recorder and Missionary Journal)编辑之请,将此次会议主要内容整理成文,并发表在该杂志1906年8月刊上。据来会里记载,此次会议具体议题有三:课程教育目标、课程教育内容、如何提高课程教育效率。

就课程教育目标而言,当时教会界普遍存在两种观点:一种认为"课程教育首要目标是注重口语表达,因此,前两年的教育重点在于训练传教士能够迅速、准确辨别出汉语的声调及声调组合,并能够发出这些音";而另一观点则强调"只要不妨碍学习者健康,或影响其口语学习,课程教育的重点应集中于书面语"。与会者大都倾向第一种。薛思培认为,"课程教育应遵循的最重要的一个原则是强调对口语的掌握。其他一切均处于次要位置。……先听、再讲、然后记、最后读,才是唯一自然而理性的学习方式"。常年从事汉语教学的史密斯对此也深表赞同,他说:"对于初学者而言,学习汉语书面语对学习口语到底是一种帮助还是阻碍?我认为应该是阻碍。在我看来,第一年除了了解如何使用部首之外,不应该再学习有关书面语的任何内容。因为这一时期对初学者而言,能够听清楚并且准确复述出他们所听到的内容已经非常不容易了。"一番讨论之后,与会者最终达成一致意见,认为通过课程教育,传教士应该至少达到以下三点要求:"能够熟练使用汉语谈论其所熟悉的任何话题;能够完全听懂与其接触之人所讲的内容;能够轻松阅读其所在之处的方言口头文学。"①

在明确课程教育目标后,与会者随即就课程教育应包含之内容展开热烈讨论。来会里将与会者所提出的观点和建议共归纳总结为九点:罗马拼音、当地方言课程、基督教课程、汉字书写、"文理"阅读、背诵、对话、写作、英语阅读。对于这一课程教育内容的安排,来会里觉得似乎有些美中不足:"我认为还应该再加上另一项内容,即听力训练。学员应该记录下他们所听到的内容。这种训练将会有助于他们学会如何从其他人口中学到更多的词组和成语。"②

至于如何提高课程教育效率,与会者提出各自观点。考迈克的建议较有代表性,他首先指出,"传教活动在中国已开展多年,但目前还没有人提出建立一所联合语言培训中心的计划,这是件让人很难想象的事。我们如今已经建立了神学院、医学院和联合大学,难道就不能建立一所联合语言培训中心吗? 这个中心旨在为新来华传教士们提供恰当的帮助,帮助他们克服语言学习初期出现的各种困难,从而使他们能在短短几个月时间内顺利掌握这门语言后前往各传教点展开传教活动";对已经开班授课的内地会两所语言培训学校,考迈克在大加赞赏的同时,也指出两大缺陷,"一、所有学员学习的要么是扬州方言,要么是安庆方言,而这两种方言在他们日后的传教工作中用途不大;二、由于培训学校的位置以及内地会的相关章程所限,其他教会的传教士无法进入这两所培训学校接受培训"。考迈克提出

---

① D. W. Lyon, The Study of the Chinese Language, *The Chinese Recorder and Missionary Journal*, Vol.XXXVII,1906,pp.416-417.

② D. W. Lyon, The Study of the Chinese Language, *The Chinese Recorder and Missionary Journal*, Vol.XXXVII,1906,p.421.

了几点设想:"第一,应该创办一个面向所有教会传教人员的汉语学习中心;第二,这个语言学校应设立在上海,因为上海乃绝大多数传教士前往各地传教点的中转站,且作为大都市,在上海很容易就能找到教授各种方言的中国教师;第三,学校应由精通中文的外国人负责;第四,学校课程应按不同方言进行划分,如北方官话班、南方官话班、西部官话班、上海口语班等;第五,学校经费可从学员学费中收取;第六,学校课程教学可采用'古安系列'教学法。"[①]对于考迈克的建议,来会里认为尽管在短时期内很难实现,但建立联合语言学校是未来趋势,必将孕育出丰盛的果实。

事实上,1906年的上海传教士联合会议是教会各界人士继潘慎文之后,对"课程教育"理念的一次再思考。与会代表所提出的各项建议和设想,在广度和深度方面丰富了"课程教育"体系的内容,为日后教会兴办语言培训学校、实施"课程教育"的实践活动奠定了理论基础。

三、汉语培训学校的兴起

1906年上海传教士联合会议之后,教会各界开始致力于创办汉语培训学校。除内地会原有的两所语言培训学校之外,汉语短训班、联合语言学校、汉语学习小组等形式各异的汉语培训学校或机构纷纷应运而生,其中较有代表性如牯岭语言学校和北京华北协和华语学校。

(一)牯岭语言学校

1907年夏季,基督教青年会来华传教士来会里和巴乐满

[①] D. W. Lyon, The Study of the Chinese Language, *The Chinese Recorder and Missionary Journal*, Vol.XXXVII, 1906, pp.422-424.

(Fletcher S. Brockman)共同在江西牯岭创办了一所语言培训学校。学校6月3日开课,一直持续至9月中旬结束。严格说来,这只是一个短期语言培训班。《教务杂志》1908年第7期刊登了基督教青年会传教士泰勒(W. E. Taylor)撰写的《牯岭语言学校——方式和成果》(The Kuling Language School—Its Methods and Results)①,对这个短期语言培训班的创办以及教学情况做了较为详细的介绍。

据泰勒记载,参加此次培训班的学员共有14人,分别来自北京(3人)、汉口(1人)、南京(4人)、上海(2人)和广东(4人)。除星期天之外,每天上午9点至12点、下午2点至4点均为学习时间,星期六下午放假半天。具体作息时间如下:

表1 牯岭语言学校作息时间表

	时间	内容
上午	8:55	预备铃
	9:00—9:40	第一节课:自习
	9:45—10:25	第二节课:自习
	10:30—11:10	第三节课:课堂教学(汉字和成语的书写)
	11:15—11:55	第四节课:自习
下午	1:55	预备铃
	2:00—2:55	第五节课:自习
	3:00—3:55	第六节课:课堂教学

考虑到学员来自不同的方言区,且汉语水平参差不齐,学校决定采取"个人自主学习"和"课堂集体教学"相结合的教学模式。"个人自主学习"模式具有自查性和激励性的优势,"它有助于每个学员参照学校规定的整体要求,及时调整自己的学习时间和计划,完善自己

---

① W. E. Taylor, The Kuling Language School—Its Methods and Results, *The Chinese Recorder and Missionary Journal*, Vol.XXXIX,1908,p.386.

在汉语学习中的不足之处"。另一方面,"学校还为每个学员配备了一名中文教师,在自主学习期间可以对其进行个别辅导",并且"学校校长也会经常对学员的学习进度和教师辅导情况进行监督和指导",以确保"个人自主学习"模式的有效实施。①

当然,对于学员而言,"个人自主学习"模式毕竟只是汉语学习过程中的一种辅助手段,要想真正系统了解、掌握汉语还要依靠学校的"课堂集体教学"。据泰勒记载,学校为所有学员制订了一份较为完善的教学计划,并在此基础上展开各项教学活动。

表2 牯岭语言学校课堂教学计划②

时间	内容
每天上午	汉字书写
星期一下午	对话
星期二下午	写作
星期三下午	对话
星期四下午	讲座
星期五下午	中国礼仪

汉字书写 学校希望通过课堂教学"能够让每位学员学会书写汉语中最常用的500个汉字"。学员每天要学习7—10个汉字的写法及其相关常用词组,同时还要将教师布置给他们的一些句子先翻译成地道的汉语,然后用汉字将这些句子写在黑板上以检验学习效果。这样的教学方式效果显然不错,据泰勒描述,"学员在学完100个汉字之后,可以用汉字写出《马可福音》(Gospel of Mark)里百分

---

① W. E. Taylor, The Kuling Language School—Its Methods and Results, The Chinese Recorder and Missionary Journal, Vol.XXXIX,1908,p.386.

② W. E. Taylor, The Kuling Language School—Its Methods and Results, The Chinese Recorder and Missionary Journal, Vol.XXXIX,1908,p.387.

之六十的内容";"在学完200个汉字后,则能够翻译一篇完整的小文章"。

写作 写作教学多以命题作文的形式展开。作文主题通常由教师确定,例如,"来牯岭途中所遇之事""一个浪子的故事"等;有时校长也会在课堂上朗读诸如《正义之钟》(The Bell of Justice)这类小短文,然后让学员们改用地道的汉语书写该故事。在学员完成作文之后,校长会让学员们分别朗读各自文章,然后对这些文章进行对比、品评和修改。通过不断练习,"学员们充分认识到自己在汉语表达,尤其是习惯用语使用方面存在的不足",为他们日后的努力方向指明了道路。

对话 教师通常在课前就为学员准备好相应的话题,例如中国的婚姻制度、葬礼、宴席、宗教等。在随后的课堂教学中,学员们则被分成若干小组,在各自小组内根据所布置的话题内容以及教师为他们设计的提纲,与组员进行对话练习。在学员对话练习过程中,教师会适时地给予一些指导,帮助他们更好地掌握地道的汉语口语。

中国礼仪 礼仪教学采用"场景模拟"的方式进行,例如,先由两位教师扮演途中相遇的行人,并以此为场景展开相应的对话或行动,向学员介绍与之相关的礼仪及注意事项;随后,由学员代替其中一位教师,与剩下的另一位教师继续进行该场景的模拟练习。通过这种生动、逼真的练习,学员们逐渐加深了对中国社会生活中各项礼仪的认识和了解。

中国地理 与其他课程不同,该项课程由学员自己准备和讲解。每个学员要选择中国境内的一个省,对该省的主要地理风貌、商业情况、教育状况以及宗教特点进行归纳和总结,并以讲座的形式向其他学员讲授。这种方式既推动学员进行广泛调研,又有助于他们深入了解中国全貌。

讲座 举办讲座也是学校教学的一大特色。短短数月内,学校相继邀请了数位传教界的知名学者为学员进行系列专题讲座,分别是美国公理会传教士毕海澜(Harlan P. Beach)的"对待中国宗教之态度"(Our Attitude to the Chinese Religions)、英国伦敦会传教士富世德(Arnold Foster)的"适应中国的思维方式"(Adapting Ourselves to the Chinese Way of Looking at Things)、美国北长老会传教士嘉芮特博士(Dr. Garritt)的"与中国思想之交流"(Keep in Touch with Chinese Thought)。这些讲座都受到学员的欢迎,亦加深了他们对中国语言和文学等方面的认识。①

牯岭语言学校的创办,是教会界人士将之前热烈讨论的"课程教育"理念付诸实践的首次尝试。创办之初,来会里等人对此次尝试是否能够达到预期目标存在诸多顾虑。事实证明,此次培训进展顺利并取得了极大成功,正如泰勒所言:"我可以肯定地说,学员们在学校里接受三个月系统培训要抵得上他们在校外独自学习一年所取得的成果。"②虽然由于种种条件所限,牯岭语言学校仅开办一期语言培训班后便结束,但此次尝试的成功,无疑让教会各界人士充分认识到创办语言学校、开展"课程教育"对提高来华传教士整体汉语水平所起到的巨大推动作用,进而激发他们朝着这一方向不断努力,继续前行。

(二)北京华北协和华语学校

1910年,英国伦敦会来华传教士瑞思义(W. Hopkyn Rees)在

---

① W. E. Taylor, The Kuling Language School—Its Methods and Results, *The Chinese Recorder and Missionary Journal*, Vol.XXXIX,1908,pp.387-390.

② W. E. Taylor, The Kuling Language School—Its Methods and Results, *The Chinese Recorder and Missionary Journal*, Vol.XXXIX,1908,p.390.

北京开办了一所汉语培训学校。学校成立之后,伦敦会便规定"从今往后,凡是受伦敦会派遣来中国北部地方的传教士都必须到该校进行语言培训,并且他们日后工作安排在很大程度上也将取决于他们在学校中的表现"。除伦敦会传教士之外,学校还招收其他教会的来华人员,如美国公理会、美国北长老会、英国安立甘会、基督教青年会、基督教女青年会、美以美会等。据记载,1910年创办之初,学校共招收学生26名,1911年春季,在校人数为28人,至同年夏季,在校学生数增至44人。学校大部分教学工作均由伦敦会传教士承担;与此同时,美国公使馆和美国长老会的一些成员以及一些当地中国人也加入学校的教学和管理工作中来。按照学校制订的教学计划,"学校的首要目标是对学生进行汉语口语的全面培训,并在此基础上开展汉语书面语的教学。如果大部分学生愿意继续学习汉语,学校便会陆续增设报刊阅读、汉字书写等其他相应课程。当然,如果有学生想更深入学习汉语,学校也会为他们提供特殊的帮助"[①]。此外,学校还不定期地举办专题讲座,帮助学生开阔视野、加深对中国语言和文化的认识。对于学校的教学实绩,作为创始人的瑞思义深表满意。在一份报告中,他指出:"学校的教学以及为学生提供的诸多帮助,在很大程度上改变了以往汉语学习过程中普遍存在的枯燥和单调,将许多学生从学习的'泥淖'和误区中拯救出来,这么说一点儿也不夸张。"[②]事实上,许多参观过学校的人对学校的教学也是不吝赞美之词,其中一位参观者这样写道,"学校的口语课教学,生动活泼,

---

[①] W. Hopkyn Rees, Learning Chinese and Language Schools, *The China Mission Year Book*, Vol.Ⅲ, 1902, p.232.

[②] W. Hopkyn Rees, Learning Chinese and Language Schools, *The China Mission Year Book*, Vol.Ⅲ, 1902, p.232.

其效果之佳超出想象"①。

　　1911年,瑞思义被召回英国,但学校并没有因此而中断办学。1913年,学校被正式命名为北京华北协和华语学校(North China Union Language School, Peking)。1920年,该校与燕京大学合并。

四、结语

　　汉语培训学校的实绩与成功让教会各界更加深刻地认识到,学校所提供的"课程教育",相比传教士个人汉语学习,更具有整体性和系统性,能够有效弥补传教士个人学习中出现的不足,有利于提高汉语学习效率和水平。有鉴于此,二十世纪初基督教新教在华掀起了创办汉语培训学校的热潮,一大批汉语培训机构、学校应运而生,例如上海临时语言联合学校(1912)以及在此基础上成立的金陵大学华言科(1912)、广州协和华语学校(1914)、东吴大学吴语方言学校(1919)、成都协和宣教师训练学校(1920)等。同时,这些汉语培训学校良好的学习氛围、丰富的教学资源、合理的课程设置、多元化的教学方法以及有效的监督体制,不但对当时来华西方人汉语学习起到了积极推动作用,对当今对外汉语教学理论与实践的深化亦有相当的历史借鉴意义。

---

① W. Hopkyn Rees, Learning Chinese and Language Schools, *The China Mission Year Book*, Vol.Ⅲ, 1902, p.232.

《无师初学英文字》研究
——清末南北官音差异的一斑

内田庆市

(日本关西大学东亚文化研究科)

一、传教士汉语拼音化的历史

西洋人系统性的汉语拼音化(用罗马字拼写汉字)历史可以追溯到耶稣会传教士利玛窦的《西字奇迹》(1605),在此基础上,金尼阁加以扩充写成《西儒耳目资》(1626),另外其他天主教传教士的葡汉字典、语法书等都用罗马字注音。他们采用这种方式最主要的原因是为了学习汉语和汉字的方便。①

十九世纪后,来华基督教传教士也积极采用罗马字注音方式,但是基督教传教士和天主教传教士对拼音或者拼音化的认识有所不同。天主教传教士主要为了学习汉语和汉字的方便;基督教传教士除了学习的目的以外,还有一种明确的"文字改革运动"的意识:

> 当时所以采用罗马字拼音的缘故,据贾立言说:"第一,为了有些方言有音无字,不能写出,翻译极其困难,甚至不能;第二,即使有字可以写出,因为人民识字的能力低薄,也不比用罗马字,几个星期里面可以学会。"但这样"注重普及,以求广布"的结

---

① 倪海曙《中国拼音文字运动史简编》,时代书报出版社,1948年,第11页。

果,影响很大,不但圣经的销数激增,而罗马字本身也流行一时,成为民众教育的理想工具,使许多外国传教士因此而引起改革中国文字的热忱。特别在十九世纪末叶和二十世纪的初年,可以说是教会罗马字运动的全盛时期,至少有十七种方言用罗马字拼音,各有一本罗马字圣经(倪海曙,1948:11)。

总而言之,相较于天主教会,基督教会对于拼音化改革的热衷度较高,这应该跟他们的传教方式、对象及出版物有关系。例如,基督教会相当重视《圣经》,为了让中国人看懂《圣经》,出版了多种附有罗马字注音的《圣经》版本。设计各种方言罗马字是他们重视地方的表现。

基督教传教士中,采用罗马字拼音的代表人物有马礼逊、麦都思、卫三畏、艾约瑟、威妥玛、狄考文、翟理斯等。实际上,基督教传教士内部对于拼音化的看法也不尽一致。马礼逊和麦都思更侧重于汉字和书面语,麦都思高估了中国人的识字率,误认为中国男子一般都能看懂汉字,这跟卫三畏等有所不同。

二、《无师初学英文字》

《无师初学英文字》(*General Romanization of the Mandarin Dialect, A Primer for Schools and Self-instruction*)是与传教士汉语拼音化相关的重要资料。书名中的"英文字"不是"英语"的意思,是"拼音"的意思。书中序言部分言明:"英文字者,非英国话,系用英文字母,拼凑成字,按字反切华音,藉音书写华语,便捷异常,其字母共有二十六,而可以用者,仅得二十二,虽云不多,然已拼成南北官话共有六百余音,已足敷一切应用。"

作者李满(Charles Leaman)牧师于1874年从美国来到南京,

1875年,得监理会苏州人曹君帮助,在南京租屋。同年李、魏家眷也迁来南京。李满牧师在南京工作一年后,即前往杭州。1881年,李满牧师从杭州返回南京,继续工作。① 1884年,李满牧师建造南京最早的基督教堂——莫愁路堂(原名四根杆子礼拜堂)。

1904、1905年出版的 *The Standard System of Mandarin Romanization* 深受《无师初学英文字》的影响,二者都是汉语南北官音和拼音化的重要资料。

(1)Charles Leaman, *General Romanization of the Mandarin Dialect, A Primer for Schools and Self-instruction*, American Presbyterian Mission Press, 1897.

(2)The Conference Committee on Romanization (The Educational Association of China), *The Standard System of Mandarin Romanization (Volume1, Introduction, Sound Table and Syllabary, prepared for the Educational Association of China)*, American Presbyterian Mission Press, 1904.

The Conference Committee on Romanization (The Educational Association of China), *The Standard System of Mandarin Romanization (Volume2, Radical Index)*, American Presbyterian Mission Press, 1905.

《无师初学英文字》的目录如下:

序	Introduction, in Chinese and English
母字	Alphabet
前字	Initials

---

① 汤清《中国基督教百年史》,道声,1987年,第249页。

后字	Finals
真字	Compounds in Tables
圣谕广训第一章	Sacred Edict，First Chapter
约翰一至三章	John's Gospel，Three Chapters
打死勇士	Goliath Slain
王梦见	Nebuchadnezzar's Dream
大鱼吃人还不死	Jonah
书信	Samples of Letters
电报	Telegrams
账录	Samples in Accounts
英国话	English Lesson

（一）"前字""后字""真字"

李满把汉语的音节分成前字、后字和真字：

> 前字，后字，真字，是甚么呢。用英文字写法，这前字作第一个字，后字就是前字之后写的。比方前字 dj，后字 oeng 拼为 djoeng 正，又前字 b，后字 iao 拼为 biao 表，这就是前后字的意思。一前字一后字拼为一某真字，这就是真字的意思。

由此可见前字是声母，后字是韵母，真字则是由前字和后字拼写而成的整个音节。

这前字和后字或是有意思的字，或是一个字的半音，无意思的，比方前字 ch 尺、ds 子、s 四，或后字 i 衣、wa 瓦、woen 问都有意思，但是前字 b、d、t，或后字 iao、ing、iu 都没有意思，只是为做前后字用的字，就是那些比地替和表丁丢那些字的半音，无意思的（李满，1897）。

李满用的前字(声母)一共有 23 个，里边包括半母音 w 和 y。将李满书中的前字(声母)与现行汉语拼音方案、威式拼音法的声母做个比较，如下表：

表 1　三套声母比较

拼音	b	p	m	f	d	t	n	l
李满	b	p	m	f	d	t	n	l
威氏	p	p'	m	f	t	t'	n	l
拼音	g	k	h	j	q	x		
李满	g	k	h	dji	chi	hs	w	y
威氏	k	k'	h	chi	ch'i	hs	w	y
拼音	z	c	s	zh	ch	sh	r	
李满	ds	ts	s	dj	ch	sh	j	
威氏	ts	ts'	s	ch	ch'	sh	j	

李满的拼音系统跟现在的汉语拼音方案很接近，最大特点是没有用表示有气音(Aspiration)的符号"'"，而是采用了"b""d""g""dji""ds""dj"来表达无气音。后来的 *The Standard System of Mandarin Romanization*(1904—1905)也采用了这个系统。

《无师初学英文字》的价值不但在于对基督教传教士的拼音标准系统影响深远，而且在于为南北官音差别的研究提供了宝贵资料。

(二) 北音和南音

关于北音和南音，李满书中记述如下：

> 此书有南北两音写法。南北相同的音我们祇写一个音，如 wa 瓦，这样写法指明此 wa 瓦字的音在北在南都一样。若是北音和南音不一样，写在上的指明北音，写在下的指明南音，并 j̄ 日[j]这样写法指明此(在上写的)前字 j 是北音，不是南音。或

是后字 iei 歇[hiei]这样写法指明此后字 iei 是南音(所以在下写的)不是北音。或是写(ien/iein/ieing)限[hsien/hiein/hieing]这样写法指明后字 ien 是北音,又指明后字 iein 和 ieing 是南音,不是北音。ung 哼 ung/恩 ung 这样写法(两个中国字)指明后字 ung 是北用的哼 ung 音,南用的恩 ung 音。

可见这本书的上、下行罗马字注音(有时上中下三行)的区别是北音和南音的区别。那么这里的北音和南音指的是什么音?按照汉语及英文序文里的记述,我们认为就是北京官音和南京官音。有音在北京用,在南京不用,亦有南音,北京不用。

This is a small Primer intended to explain and illustrate the method of Romanization of the Chinese Mandarin dialect. It deals only with the dialects of Peking and Nanking, giving them both together and, where they agree, dealt with as one, and only in those places where it is thought necessary for clearness and for the purpose of teaching the Chinese the value of the sounds and letters, is there any different letter or spelling givens.

All the Syllables of Peking and Nanking are given in the lists of initials and finals and sixteen tables of syllables. The aspirates and un-aspirates are given in parallel columns for clearness and comparison and to help the Chinese student to study and memorise them.

(三) 南京音的特点

现在我们来看看此书所体现的南京音的特点。

1. 声母

(1) 有尖团之分。

尖

	dj—ds	dji/dsi	祭	djiang/dsian	将
		djin/dsing	尽	djiu/dsiu	就
	ch—ts	chi/tsi	妻	chien/tsein	前
		ching/tsing	情		
	hs—s	hsi/si	西,洗		
		hsiang/sian	想	hsin/sing	心,辛
		hsing/sing	姓	hsiao/siao	小,笑

团

	dj—g	dji/gi	给①,既,几,记,基,已
		djien/gein	见
		djien/geing	间
		djin/ging	今,紧
		djing/ging	京,经
		djia/gia	家
		djie/giai	解,诫,界
		djiang/gian	讲,降
		djiao/giao	叫
		*djü/gü	句
	ch—k	chi/ki	气,其

---

① "给"字李满书中给出两种拼法,一个是"dji/gi",一个是"gei/gi"。

　　　　　ching/king　　　　　　轻

　　　　　chio/kio　　　　　　　却

　　　*chü—kü chü/kü 去；chüen/küein 劝，权

hs—h　　hsia/hia　　　　　　下

　　　　　hsiao/hiao　　　　　　孝

　　　　　hsing/hing　　　　　　刑

　　　　　hsiung/hiong　　　　　兄

　　　　*hsü/hü 虚；hsüe/hüei 血

(2) 有时庄精不分。

　　　先 hsien/sein—生 shoeng/soeng

(3) 日母 j、r。

　　　jang/rang 让　jao/rao 绕　joen/roeng 人　jo/roh 若

2. 韵母

(1) 蟹摄开口二等-iai。

　　　djie/giai 解，界，诫　*藉（假开三），接（咸开三）= djie/dsei hsie/hiai 鞋

(2) 果摄一等不分开合，均作 o。

　　　wo/o 我　gwo/go 果，过　*lo 罗

(3) "荣""容"读 yong(iung)，不作 jung。

(4) 入声(-h)。

　　　yie/yeih 业　lie/leih 列　liao/loh 略　bo/boeh 伯
　　　show/shoh 说　jo/roh 若　yü/yuh 欲　hsio/hioh 学　j/rh 日

(5) n、ng 不分。

    hsin/sing 心，信   kan/kang 看   joen/roeng 仁
    jan/rang 然   djien/gein 见   djien/geing 间
    un/ung 恩   dien/deing 典   dien/deins 点
    djiang/dsian 将   djiang/gian 讲，降   moen/moeng 们

(6) l、n 不分。

    nien/lein(也有 nein 和 neing) 念

(7) ung/ong。

    tsung/tsong 从   tung/tong 同   yung/yong 用
    djung/djong 众，中   dung/dong 东

(8) ie/ei。

    yie/yei 也，爷，耶   nie/nei 孽   mien/mein 面
    dien/dein 点   dien/deing 典   nien/nein 念
    bien/being 变   lien/leing 脸   tien/tein/teing 天
    djien/gein 见，间   chien/tsein 前   hsien/sein 先

(9) ei/oei。

    bei/boei 背   pei/poei 配

特点(1)—(6)基本上跟黄典诚(第四届中国语言学会年会上的大会宣读论文，广州，1987 年)提出的南京官音的特点一致。

特点(7)—(9)也许不是南北官音的问题，而是拼写方法的问题。

北京官音也有和现在不同的，见下：

    mu 没   lu 六   hsio 学   chio 却   liao 略

三、小结

《无师初学英文字》对之后的 The Standard System of Mandarin Romanization 的出版具有很大影响。但后者除了南京官音以外,还记载了其他方言的语音。需要指出的是,当时的"正音"是南京官音,而不是北京官音,标准语言系统中的语音多是南京官音,如:

记:Standard＝Gi, Peking＝Dji, Nanking＝Gi, Hankow＝Dji

江:Standard＝Giang, Peking＝Djiang, Nanking＝Giang

界:Standard＝Giai, Peking＝Djie, Nanking＝Gai, Kiukiang＝Giai

哥:Standard＝Go, Peking＝Ge, Nanking＝Go

果:Standard＝Gwo, Peking＝Gwoa, Nanking＝Go

这样看来,这些资料对于近代汉语官音及方言音的研究具有很高价值,能够帮助我们了解当时官音和方言的实际情况。

《美国东方学会会刊》(1843—2012)中的汉语研究*

孟庆波
（中国矿业大学外文学院）

从学术史上追溯，美国汉学主要有两个源头，一个是侨居地汉学的"中国源头"，另一个就是美国本土自发的汉学。费正清（John K. Fairbank）曾说，美国有组织的汉学研究始自东方学会。美国东方学会（American Oriental Society）于1842年成立，是美国历史上的第四个专业学术团体。作为美国汉学的发源地和"常青树"、美国中国学的孕育者，美国东方学会是研究美国汉学的一个关键支点。1843年开始发行《美国东方学会会刊》（*Journal of the American Oriental Society*, JAOS），截至2012年，共发行132卷，发表有关中国研究的文章及书评约2300篇，占《美国东方学会会刊》文献总数的大约五分之一，涉及中国的语言、文学、历史、思想、宗教、考古等传统汉学主题，是研究美国东方学会的最关键文献来源和美国汉学的标准样本。

---

* 本文为江苏省教育科学"十三五"规划2016年重点课题"美国汉语教材编纂学术史"、中国矿业大学外文学院"海外汉学研究"科研创新团队的部分成果，原载于《古汉语研究》2014年第2期，略有改动。

一、《美国东方学会会刊》中汉语研究文献的时段分布

汉学必须建立在通晓汉语的基础上,对汉语的研究始终是汉学的传统主题。欧洲汉学界对汉语的最早研究,可以追溯至十六世纪末以罗明坚(Michele Ruggieri)和利玛窦(Matteo Ricci)为代表的来华耶稣会士。发端于十九世纪的美国汉学也格外重视对汉语的研究。最早来华的美国传教士裨治文(Elijah Coleman Bridgman)1841年就在澳门出版了美国的第一本汉语教科书《广东方言读本》(*A Chinese Chrestomathy in the Canton Dialect*),卫三畏(Samuel Wells Williams)更是写出了其毕生的代表作之一《汉英韵府》(*A Syllabic Dictionary of the Chinese Language*,1874)。

依照在成立之初所定"研究东方语言和文学"的目标,美国东方学会历来重视对汉语的研究。在《美国东方学会会刊》第 1 卷刊登的首任会长皮克林(John Pickering)长达 78 页的会长演讲[①]中,就分别在第 43 至 46 页、第 51 至 52 页两处有对汉语研究的论述。据笔者统计,1843 至 2012 年,《美国东方学会会刊》刊登汉语研究的论文及书评共 208 篇,占所有汉学篇目的 8.9%,数量约等于中国历史的研究文献,超过中国文学、思想宗教、民俗及少数民族等内容,是《美国东方学会会刊》汉学研究的一个重要领域。从历时发展来看,《美国东方学会会刊》中的汉语研究呈现出由疏入密、从语言现象描述向汉语本体研究的转化,并且表现出越来越高的学科化系统研究的发展趋势。本文以每 40 卷为一个样本单位,对《美国东方学会会刊》中的汉语研究进行大致的划段分析。

[①] Address at the First Annual Meeting, *JAOS*, Vol.1, 1843, pp.1-78.

1843至1920年,《美国东方学会会刊》刊出第1—40卷,载汉语研究相关文献共20篇。这些文献的一个显著特征是,不只针对汉语研究,而是着眼于更大的视域。典型的就是第1卷皮克林的首任会长演讲以及第2卷布朗(Samuel R. Brown)[①]长达38页的文章《中国文化:形成中国民族特性的原因》[②]。布朗在这篇文章中用了11页的篇幅讨论汉语的缺陷、汉语与中国文化及中国人性的关系、汉字书写等方面的内容。第39卷刊发了时任美国副国务卿William Phillips的文章《美国需要建立学校,学习存活的东方语言》[③]以及William H. Worrell的《教授存活东方语言的欧洲学校概述》[④],这两篇文章都从语言教学和文化战略的角度涉及汉语的教学。至于专门性汉语研究文章,以第3卷驻华传教士咩士(William A. Macy)的《汉语的电报应用模式》[⑤]、第4卷驻华传教士怀德(Moses C. White)的《汉语方言的书面转化》[⑥]、原驻厦门领事俾列利·查士·威林(Charles W. Bradley)的《厦门方言的罗马化标音系统》[⑦]、第5卷怀德的书评《评Stanislas Hernisz〈习汉英合话〉和Stephen P.

[①] 耶鲁大学毕业生、马礼逊学校校长,曾携容闳等三名中国学生赴美。

[②] Chinese Culture: Or Remarks on the Causes of the Peculiarities of the Chinese, JAOS, Vol.2, 1851, pp.169-206.

[③] The Need of an American School of Living Oriental Languages, JAOS, Vol.39, 1919, pp.185-188.

[④] An Account of Schools for Living Oriental Languages Established in Europe, JAOS, Vol.39, 1919, pp.189-195.

[⑤] Remarks on the Mode of Applying the Electric Telegraph in Connection with the Chinese Language, JAOS, Vol.3, 1853, pp.197-207.

[⑥] Chinese Local Dialects Reduced to Writing, JAOS, Vol.4, 1854, pp.329-334.

[⑦] An Outline of the System Adopted for Romanizing the Dialect of Amoy, JAOS, Vol.4, 1854, pp.335-340.

Andrews〈汉语新发现〉》①以及第 35 卷 Cornelius Beach Bradley 对北京话和粤语的语音研究《两种中国方言的音调》②为代表。通观这些专门性的汉语研究文章,我们大致可以发现美国学界从对方言统一等汉语语言现象的研究,逐渐转向深入性专题研究。

1921 至 1960 年刊出的第 41—80 卷载有汉语研究文献 41 篇。其中书评 16 篇,典型的有施赖奥克(John K. Shryock)发表在第 53 卷的《评海尼士〈中国语文学习教材〉》③、第 55 卷的《评吴克德〈汉语和泰语〉》④、第 58 卷的《评魏鲁男〈哈佛大学中级中文教材词汇〉》⑤,以及第 62 卷金守拙(George A. Kennedy)的《评卜郎特〈华言拾级〉》⑥和《评陈受荣〈汉语初阶〉》⑦。此类书评大多不长,但集群效应明显,可以在有限的出版空间内提供更为丰富的学术信息。也正是从这一时段起,书评日益受到《美国东方学会会刊》的重视,成为一个重要的栏目版块。

对单字的研究是《美国东方学会会刊》汉语研究的另一大特色。典型的有第 46 卷来华医生胡美(Edward H. Hume)的《"国"

---

① Hernisz's Guide to Conversation in English and Chinese, and Andrew's Discoveries in Chinese, *JAOS*, Vol.5, 1855-1856, pp.218-225.

② The Tone-Accents of Two Chinese Dialects, *JAOS*, Vol.35, 1915, pp.199-206.

③ Lehrgang der Klassischen Chinesischen Schriftsprache by E. Haenisch, *JAOS*, Vol.53, 1933, p.361.

④ Chinesisch und Tai by K. Wulff, *JAOS*, Vol.55, 1935, pp.340-341.

⑤ Vocabularies to the Intermediate Chinese Texts Used at Harvard University by James R. Ware, *JAOS*, Vol.58, 1938, p.692.

⑥ Introduction to Spoken Chinese by J. J. Brandt, *JAOS*, Vol.62, 1942, pp.143-145.

⑦ Chinese Reader for Beginners by Shau Wing Chan, *JAOS*, Vol.62, 1942, pp.145-147.

字对中国政治变化的顺应》①、第58卷施赖奥克的《"安"字的用法》②、第59卷和第60卷金守拙的连载论文《"焉"字研究:意义》及《"焉"字研究:形式》③、第67卷金守拙的《汉语的缩合字》④、第68卷包拟古(Nicholas C. Bodman)的《〈尚书〉中的"厥"字》⑤等。除单字研究体现了深化趋势外,研究汉藏语系共同特征的论文也在此阶段异军突起。这主要体现在谢飞(Robert Shafer)的研究上:第60卷和第61卷的连载论文《汉藏语之元音系统》、第64卷的《汉藏语音学的问题》、第70卷的《汉藏语系的首辅音》。谢飞是二十世纪中后期西方学界汉藏语系研究的旗手。他的这些论文多属长篇大论,从语音方面对汉藏语系的语言特征、语族分类确立了详细的标准,也为后来李方桂和白保罗(Paul K. Benedict)的汉藏语研究打下了基础。

1961至2012年刊出的第81—132卷则载有汉语研究相关文献147篇。此阶段的汉语研究呈现多向度深入研究的态势。1960年,赵元任当选美国东方学会会长。1961年3月28日他在美国东方学会年会上所做的会长演讲《什么是正确的汉语》,极大地推动了汉学学者们对汉语研究的关注。同样,以汉字研究和汉语历史语音学研究见长的卜弼德(Peter A. Boodburg)当选1963—1964年会长、以汉语历史语言学研究为主攻方向的加拿大汉学家蒲立本(E. G. Pul-

---

① Note on the Adaptation of a Chinese Character to Political Change, *JAOS*, Vol.46, 1926, pp.58-60.
② The Use of the Word An, *JAOS*, Vol.58, 1938, pp.156-166.
③ A Study of the Partical Yen, *JAOS*, Vol.59, 1939, pp.1-22; Vol.60, 1940, pp.193-207.
④ Equation No. 5: Chinese Fusion Words, *JAOS*, Vol.67, 1947, pp.56-59.
⑤ The Function of Jywé in the Shang Shu, *JAOS*, Vol.68, 1948, pp.52-60.

leyblank)当选1990—1991年会长、在汉语方言研究方面多有建树的罗杰瑞(Jerry Norman)当选2002—2003年会长,都凸显了美国东方学会对于汉语研究学者的高度认可。在这些学术巨擘的引导下,《美国东方学会会刊》中的汉语研究,在原有的基础上继续细化、深化。此阶段的一个特色,就是华裔学者开始在汉语研究的舞台上大放异彩。赵元任先后在第81卷发表《什么是正确的汉语》①、第90卷发表《常州方言》②;张琨在第81卷发表书评《杜百胜〈上古晚期汉语语法纲要〉》③、第92卷发表《汉藏语系的"铁"*Qhleks字》;李讷在第92卷发表两篇书评《评黄伯飞〈广州话辞典〉》④和《评黄励文〈官话发音图解〉》⑤、第96卷发表《普通话"着"复合句的意义和结构》⑥。另外,对汉语历史语言学的研究也呈现繁荣,比较有代表性的包括:第81卷邓临尔(Paul B. Denlinger)的《汉语历史语言学的未来》⑦、第91卷成中英的《构建适合于近古汉语的主位结构理论》⑧、第98卷鲍则岳(William G. Boltz)的《中古汉语喉音在广东齿音化的年代问题》⑨、第105卷蒲立本的《汉代汉语的重建,兼评柯蔚南〈东汉音

---

① What Is Correct Chinese, *JAOS*, Vol.81, 1961, pp.171-177.
② The Changchow Dialect, *JAOS*, Vol.90, 1970, pp.45-56.
③ A Grammatical Sketch of Late Archaic Chinese by W. A. C. H. Dobson, *JAOS*, Vol.81, 1961, pp.299-308.
④ Cantonese Dictionary by Parker Po-fei Huang, *JAOS*, Vol.92, 1972, pp.564-566.
⑤ Mandarin Pronunciation by Raymond Huang, *JAOS*, Vol.92, 1972, pp.566-567.
⑥ The Meaning and Structure of Complex Sentences with-zhe in Mandarin Chinese, *JAOS*, Vol.96, 1976, pp.516-519.
⑦ Chinese Historical Linguistics: The Road Ahead, *JAOS*, Vol.81, 1961, pp.1-7.
⑧ Toward a Theory of Subject Structure in Language with Application to Late Archaic Chinese, *JAOS*, Vol.91, 1971, pp.1-13.
⑨ Notes on Dating the Cantonese Dentilabialization of Middle Chinese Gutturals, *JAOS*, Vol.98, 1978, pp.99-100.

韵笺释通览〉》①、司徒修(Hugh M. Stimson)的《评蒲立本〈中古汉语:历史语音学的研究〉》②、第 107 卷鲍则岳的《中文数字"贰"的语源:语法和语义》③、第 112 卷蒲立本的《上古汉语构拟》④、第 114 卷罗杰瑞的《早期汉语的咽化与腭化来源》⑤、第 115 卷罗杰瑞和柯蔚南(W. South Coblin)的《汉语历史语言学研究的新方法》⑥、第 118 卷蒲立本的《〈切韵〉和〈韵镜〉:汉语历史语言学的主要依据》⑦、第 121 卷罗毅(Robert Iljic)的《汉语后缀"们"的起源刍议》⑧、第 122 卷方妮安(Newell Ann van Auken)的《汉代以前对"望""朢"二字的使用》⑨以及柯蔚南在第 123 卷的《切韵体系及中国历史语音学的现状》⑩、第 128 卷的《屈奈特与十九世纪末期的南京话语音学研究》⑪、

---

① The Reconstruction of Han Dynasty Chinese, A Handbook of Eastern Han Sound Glosses, JAOS, Vol.105, 1985, pp.303-308.

② Middle Chinese: A Study in Historical Phonology by E. G. Pulleyblank, JAOS, Vol.105, 1985, pp.755-757.

③ The Etymology of the Old Chinese Numeral "Two": Grammatical and Semantic Considerations, JAOS, Vol.107, 1987, pp.395-399.

④ How Do We Reconstruct Old Chinese, JAOS, Vol.112, 1992, pp.365-382.

⑤ Pharyngealization in Early Chinese, JAOS, Vol.114, 1994, pp.397-408.

⑥ A New Approach to Chinese Historical Linguistics, JAOS, Vol.115, 1995, pp.576-584.

⑦ Qieyun and Yunjing: The Essential Foundation for Chinese Historical Linguistics, JAOS, Vol.118, 1998, pp.200-216.

⑧ À propos des origines du suffixe—men 們 en chinois, JAOS, Vol.121, 2001, pp.391-409.

⑨ The Etymonic Determinatives of wanq (望, 朢), JAOS, Vol.122, 2002, pp.520-533.

⑩ The Chiehyunn System and the Current State of Chinese Historical Phonology, JAOS, Vol.123, 2003, pp.377-383.

⑪ Franz Kühnert and the Phonetics of Late Nineteenth-Century Nankingese, JAOS, Vol.128, 2008, pp.131-137.

第 129 卷的《十八世纪〈汉语—拉丁语词典〉的区域来源》①等。

综上,我们以 40 卷为样本单位,对《美国东方学会会刊》进行了划段梳理,发现其汉语研究有如下总体特征:一是文献数量持续增长,第一个 40 卷有相关文献 20 篇,第二个 40 卷有 41 篇,第三个(约)40 卷有 147 篇。数量增长的背后,是汉语研究在美国汉学框架内的壮大和深化;二是研究内容随着时间的推移向深入发展,从最初的语言描述到语言教材的评介,到对单字词法的讨论和对汉藏语系的描述和规范,再到后来对汉语语音方言、历史语言学、汉语语言学学科的全面探讨,每一步都标志着汉语研究的学术深化。

二、《美国东方学会会刊》中汉语研究的代表作者

根据笔者的大致统计,在《美国东方学会会刊》上发表汉语研究文献较为多产的,要数金守拙、蒲立本、柯蔚南和鲍则岳,而发表书评最多的要算施赖奥克。

施赖奥克(1890—1953),1916 年作为传教士来华,在中国停留了九年。1931—1941 年任《美国东方学会会刊》编辑,1933—1935 年兼任美国东方学会出版委员会委员,1934—1938 年兼任美国东方学会派驻美国学术团体理事会(ACLS)代表。施赖奥克在担任《美国东方学会会刊》编辑的同时,也曾亲自执笔,发表了百余篇书评及书目简讯,大大扩充了当时《美国东方学会会刊》的信息含量。在汉语研究上,他在第 58 卷发表文章《"安"字的用法》;他的书评及书讯主要有第 53 卷的《评海尼士〈中国语文学习教材〉》、第 55 卷的《评吴克

---

① On the Regional Origin of the Eighteenth-Century Dictionarium Sinico-Latinum, JAOS, Vol.129, 2009, pp.113-114.

德〈汉语和泰语〉》、第 56 卷的《评马古礼〈汉语书面语文法〉》①、第 57 卷的《评魏鲁男〈哈佛大学初级中文教材词汇〉》②和《评卜郎特〈汉文进阶〉》③、第 58 卷的《评魏鲁男〈哈佛大学中级中文教材词汇〉》、第 59 卷的《评顾立雅〈汉语文法进阶,卷一〉》④、第 60 卷的《评顾立雅〈汉语文法进阶,卷二〉》⑤等。

  金守拙(1901—1960),出生于杭州莫干山的美国传教士家庭。1932 年赴柏林大学攻读"汉语及蒙古语"博士学位,曾先后师从福兰阁(Otto Franke)和海尼士(Erich Haenisch)。1936 年起任教于耶鲁大学,教授中国语文。1941—1949 年担任《美国东方学会会刊》编辑,1940—1942 年兼任美国东方学会提名委员会委员。金守拙在《美国东方学会会刊》上共发表 7 篇文章和 4 篇书评,其中有 4 篇文章和 3 篇书评关于汉语研究:文章包括第 59 卷和第 60 卷连载的《"焉"字研究:意义》和《"焉"字研究:形式》、第 67 卷的《汉语的缩合字》、第 71 卷的《单音节神话》⑥;书评有第 62 卷的《评卜郎特〈华言拾级〉》《评陈受荣〈汉语初阶〉》、第 73 卷的《评顾立雅〈汉语文法进阶,卷三,孟子〉》⑦。

---

  ① Petit Précis de Grammaire Chinoise écrite by Georges Margoulies, *JAOS*, Vol.56, 1936, p.97.
  ② Vocabularies to the Elementary Chinese Texts Used at Harvard University by James R. Ware, *JAOS*, Vol.57, 1937, pp.195-196.
  ③ Introduction to Literary Chinese by J. J. Brandt, *JAOS*, Vol.57, 1937, pp.351-352.
  ④ Literary Chinese by the Inductive Method, Vol. I, the Hsiao Ching by H. G. Creel, *JAOS*, Vol.59, 1939, pp.153-155.
  ⑤ Literary Chinese by the Inductive Method, Vol. II by H. G. Creel, *JAOS*, Vol.60, 1940, pp.116-117.
  ⑥ The Monosyllabic Myth, *JAOS*, Vol.71, 1951, pp.161-166.
  ⑦ Literary Chinese by the Inductive Method, Volume Ⅲ, the Mencius, Books I-Ⅲ by Herrlee Glessner Creel, *JAOS*, Vol.73, 1953, pp.27-28.

蒲立本(1922—2013)，加州伯克利大学荣休教授，加拿大汉学家。1942年毕业于阿尔伯塔大学，1951年获伦敦大学"中国语言"博士学位。蒲立本1953年任剑桥大学汉学教授，1966年到加州伯克利大学任教，是唐史、早期中亚史研究权威和汉语历史语言学专家。1989—1990年任美国东方学会副会长、1990—1991年任美国东方学会会长、1968—1969年、1990—1993年任美国东方学会西部分会副会长。蒲立本对《美国东方学会会刊》的汉语研究做出了杰出贡献，共发表7篇文章及1篇书评，全部是有关汉语研究的，极具学术价值。包括第85卷的《突厥的汉语名称》[①]、第99卷的《汉语表音字的循环标志》[②]、第106卷的《方位虚词"于"、"於"和"乎"》[③]、第112卷的《上古汉语构拟》、第116卷的《古汉语的韵律化或是咽音化》[④]、第118卷的《〈切韵〉和〈韵镜〉：汉语历史语言学的主要依据》、第123卷的《再议"焉"和"安"》[⑤]；他还在第105卷发表书评《汉代汉语的重建，兼评柯蔚南〈东汉音韵笺释通览〉》。此外，对蒲立本著述的书评也有1篇，是第105卷司徒修的《评蒲立本〈中古汉语：历史语音学的研究〉》。

柯蔚南(1944—)，爱荷华大学荣休教授，1972年获华盛顿大学"中国语言"博士学位，1971年任教于华盛顿大学，1973年后任教于爱荷华大学。柯蔚南曾师从著名语言学家李方桂，所以其早年学术建树多为对藏语和藏缅语系的研究，但二十世纪九十年代后转向对

---

① The Chinese Name for the Turks, *JAOS*, Vol.85, 1965, pp.121-125.
② The Chinese Cyclical Signs as Phonograms, *JAOS*, Vol.99, 1979, pp.24-38.
③ The Locative Particles Yü 于, Yü 於, and Hu 乎, *JAOS*, Vol.106, 1986, pp.1-12.
④ Prosody or Pharyngealization in Old Chinese? The Origin of the Distinction between Type A and Type B Syllables, *JAOS*, Vol.116, 1996, pp.105-107.
⑤ Once Again Old Chinese yan? and an? *JAOS*, Vol.123, 2003, pp.635-639.

汉语历史语音及方言的研究。1979—1982年,柯蔚南曾任美国东方学会提名委员会委员。他在《美国东方学会会刊》共发表9篇文章,其中5篇文章为汉语研究,包括第115卷与罗杰瑞合著的《汉语历史语言学研究的新方法》、第118卷的《瓦罗和清代前期官话的发音体系》①、第120卷的《官话简史》②、第123卷的《切韵体系及中国历史语音学的现状》、第128卷的《屈奈特与十九世纪末期的南京话语音学研究》;他的另4篇文章则涉及中国的满藏语言研究:第94卷的《一个早期的藏语词"马"》③、第111卷连载的两篇文章《〈尚书〉的藏文翻译:一、二》④、第125卷的《满语元音e的发音》⑤、第129卷的《十八世纪〈汉语—拉丁语词典〉的区域来源》。另有2篇书评:第108卷的《评罗伯特·拉姆齐〈中国的语言〉》⑥和第110卷的《评罗杰瑞〈汉语概说〉》⑦。

鲍则岳,华盛顿大学中文教授,东方语言系主任,1974年获加州伯克利大学博士学位,主要研究汉语历史语言学,尤其关注早期汉语书写系统的发展。鲍则岳在《美国东方学会会刊》上共发表8篇文章和12篇书评,其中关于汉语研究的有4篇文章及5篇书评。文章分别是第98卷的《中古汉语喉音在广东齿音化的年代问题》、第100卷

---

① Francisco Varo and the Sound System of Early Qing Mandarin, *JAOS*, Vol.118, 1998, pp.262-267.
② A Brief History of Mandarin, *JAOS*, Vol.120, 2000, pp.537-552.
③ An Early Tibetan Word for Horse, *JAOS*, Vol.94, 1974, pp.124-125.
④ A Study of the Old Tibetan Shangshu Paraphrase, Part I; Part II, *JAOS*, Vol.111, 1991, pp.303-322、523-539.
⑤ A Note on the Pronunciation of the Manchu Vowel e, *JAOS*, Vol.125, 2005, p.403.
⑥ The Languages of China by S. Robert Ramsey, *JAOS*, Vol.108, 1988, pp.644-646.
⑦ Chinese by Jerry Norman, *JAOS*, Vol.110, 1990, pp.110-113.

的《汉代古典汉语与现代汉语口语的比较》①、第107卷的《中文数字"贰"的语源:语法和语义》及第120卷的《古代中国的逻辑、语言和文法》②;书评包括第98卷的《评〈繁体字的象形性〉》③、第99卷的《评许思莱〈上古汉语的词缀〉》④、第105卷的《散论古代中国的语言和语义,兼评陈汉生〈中国古代的语言和逻辑〉》⑤、第106卷的《评德范克〈关于汉语的事实与各种奇谈怪论〉》⑥、第120卷的《评蒲芳莎〈汉字的语义性及其分类:从"说文解字"到康熙字典214部系统的汉字分类研究〉》⑦。

三、《美国东方学会会刊》中汉语研究的主题

对汉语单字兼及词法、语法的研究,是《美国东方学会会刊》中汉语研究的一条线。在本文所考的时间限度内,单字研究以1926年第46卷来华医学传教士胡美的《"国"字对中国政治变化的顺应》为首篇,以2004年第124卷金鹏程(Paul Rakita Goldin)的《续议"焉"和

---

① Cicada Sinica Quotidiana, the Vocabulary of Common and Classical Chinese, *JAOS*, Vol.100, 1980, pp.495-502.
② Logic, Language, and Grammar in Early China, *JAOS*, Vol.120, 2000, pp.218-229.
③ The Graphic Transcription of Literary Chinese Characters by Doman Wieluch, *JAOS*, Vol.98, 1978, pp.289-290.
④ Affixes in Proto-Chinese by Axel Schüssler, *JAOS*, Vol.99, 1979, pp.328-330.
⑤ Desultory Notes on Language and Semantics in Ancient China, Language and Logic in Ancient China by Chad Hansen, *JAOS*, Vol.105, 1985, pp.309-313.
⑥ The Chinese Language: Fact and Fantasy by John DeFrancis, *JAOS*, Vol.106, 1986, pp.405-407.
⑦ Sémantisme et classification dans l'écriture chinoise: Les systèmes de classement des caractères par clés du Shuowen jiezi au Kangxi zidian by Françoise Bottéro, *JAOS*, Vol.120, 2000, pp.471-474.

"安"》①为尾篇,共42篇。这其中包括对古代汉字的研究,较为典型的有第68卷包拟古的《〈尚书〉中的"厥"字》、第106卷鲍则岳对"朝""潮"进行研究的文章②、第114卷金鹏程对汉字字形研究的文章③、第122卷尤锐(Yuri Pines)的《战国时期文本的词汇变化》④、方妮安的《汉代以前对"望""朢"二字的使用》。在词法、语法方面,除了前文已述对"焉""安"等虚词进行讨论的系列文章外,还有第56卷施赖奥克的《评马古礼〈汉语书面语文法〉》、第68卷 Thurston Griggs 的《评邓嗣禹〈汉语会话及语法〉》⑤、第81卷张琨的《评杜百胜〈上古晚期汉语语法纲要〉》⑥、第89卷司礼义(Paul L-M. Serruys)的《评金斯德〈汉代古汉语中类后缀的副词形式〉》⑦、第90卷 Eric S. Liu 的《评 Earl Rand〈汉语疑问句句法〉》⑧、第92卷司徒修的《评道森〈古代汉语新解〉》⑨、第96卷安珊笛(Sandra A. Thompson)的《评艾乐桐〈现代汉语的副词〉》⑩、李讷和安珊笛的《普通话"着"复合句的意

---

① A Further Note on yan and an 安, *JAOS*, Vol.124, 2004, pp.101-102.
② Evocations of the Moon, Excitations of the Sea, *JAOS*, Vol.106, 1986, pp.23-32.
③ Some Old Chinese Words, *JAOS*, Vol.114, 1994, pp.628-631.
④ Lexical Changes in Zhanguo Texts, *JAOS*, Vol.122, 2002, pp.691-705.
⑤ Conversational Chinese, with Grammatical Notes by Ssŭ-yü Têng, *JAOS*, Vol.68, 1948, pp.204-206.
⑥ A Grammatical Sketch of Late Archaic Chinese by W. A. C. H. Dobson, *JAOS*, Vol.81, 1961, pp.299-308.
⑦ Les Formations adverbiales à quasi-suffixe en Chinois Archaïque et dans la langue de l'époque Han by Mieczyslaw Jerzy Künstler, *JAOS*, Vol.89, 1969, pp.241-252.
⑧ The Syntax of Mandarin Interrogatives by Earl Rand, *JAOS*, Vol.90, 1970, pp.618-621.
⑨ An Introduction to Classical Chinese by Raymond Dawson, *JAOS*, Vol.92, 1972, pp.141-142.
⑩ Les Adverbes en chinois moderne by Viviane Alleton, *JAOS*, Vol.96, 1976, pp.343-345.

义和结构》、司礼义的《评杜百胜〈汉语虚词词典〉》①、第97卷颜祥霖的《文言文中的否定词"未"》②、安珊笛的《评艾乐桐〈汉语语法〉》③、第98卷邓守信的《普通话和厦门方言中的否定》④、第99卷Gilbert W. Roy的《评邓守信〈汉语及物性关系的语义研究〉》⑤、鲍则岳的《评许思莱〈上古汉语的词缀〉》、第106卷蒲立本的《方位虚词"于"、"於"和"乎"》、第115卷孙朝奋的《句末词"来着"的起源研究》⑥、第119卷高岛谦一(Ken-ichi Takashima)的《古代汉语中的第三人称属格代词"氒"》⑦、罗伊·安德鲁·米勒(Roy Andrew Miller)的《评冬玛柯〈说文解字〉》⑧、第121卷柯马丁(Martin Kern)的《古代汉语句法的基本结构》⑨、第122卷林德威(David Prager Branner)的《日常汉语与古汉语的构词法》⑩、第131卷林德威的《汉语中的组合字》⑪、高亦睿(Imre Galambos)的《中古汉语手稿中的俗字和会意字》⑫等；

---

① Remarks on the Nature, Functions and Meanings of the Grammatical Particle in Literary Chinese, A Dictionary of the Chinese Particles by W. A. C. H. Dobson, *JAOS*, Vol.96, 1976, pp.543-569.
② On the Negative Wei in Classical Chinese, *JAOS*, Vol.97, 1977, pp.469-481.
③ Grammaire du Chinois by Viviane Alleton, *JAOS*, Vol.97, 1977, pp.222-224.
④ Negation in Chinese: Mandarin and Amoy, *JAOS*, Vol.98, 1978, pp.50-60.
⑤ A Semantic Study of Transitivity Relations in Chinese by Shou-hsin Teng, *JAOS*, Vol.99, 1979, p.496.
⑥ On the Origin of the Sentence-Final LAIZHE, *JAOS*, Vol.115, 1995, pp.434-442.
⑦ The So-Called "Third"-Person Possessive Pronoun jue 氒(=厥) in Classical Chinese, *JAOS*, Vol.119, 1999, pp.404-431.
⑧ The Dissertation as Handbook: A New Guide to the Shuo-wen chieh-tzu, *JAOS*, Vol.119, 1999, pp.457-465.
⑨ Grundstrukturen der antikchinesischen Syntax, *JAOS*, Vol.121, 2001, pp.154-156.
⑩ Common Chinese and Early Chinese Morphology, *JAOS*, Vol.122, 2002, pp.706-721.
⑪ Portmanteau Characters in Chinese, *JAOS*, Vol.131, 2011, pp.73-82.
⑫ Popular Character Forms (Súzì) and Semantic Compound (Huìyì) Characters in Medieval Chinese Manuscripts, *JAOS*, Vol.131, 2011, pp.395-410.

比较特殊的,还有第99卷鲍则岳的《评德克·卜德〈汉代中国新年礼仪的语言学解释〉》①和第84卷王志民的《〈孟子〉中"有余"字样对商代年表的重要性》②,它们从古汉语词组的用法和含义角度考察了中国历史的编年问题。

汉语方言的极大差异和语音描写历来是令西方人感到头疼的一个难题,西方学界自然将其视为一个重要的学术领域。早在1854年出版的《美国东方学会会刊》第4卷,就刊登了两篇由驻华美国人所写的关于汉语方言的文章:怀德的《汉语方言的书面转化》和俾列利·查士·威林的《厦门方言的罗马化标音系统》,它们算是《美国东方学会会刊》涉及方言的最早文献。除此之外,早期《美国东方学会会刊》似乎对汉语语音研究并不热心,我们只在1885年第11卷发现了由Benjamin S. Lyman所发的通讯《北京语音的若干发音问题》③,然后就是1915年第35卷Cornelius Beach Bradley的文章《北京话和粤语:两种中国方言的音调》④。这篇文章之后相隔32年,才有了1947年第67卷霍凯特(Charles F. Hockett)的长篇论文《北平音位》⑤。之后我们又陆续看到了1951年第71卷金守拙的《单音节神话》、1957年第77卷罗伊·安德鲁·米勒的《评易家乐〈隆都方言:

---

① Philological Footnotes to the Han New Year Rites Festivals in Classical China, *JAOS*, Vol.99, 1979, pp.423-439.
② The Phrase "Yu Yü" and Its Significance for Shang Dynasty Chronology, *JAOS*, Vol.84, 1964, pp.264-266.
③ On Certain Sounds in the Peking Pronunciation of Chinese, *JAOS*, Vol.11, 1885, pp.clxx-clxxi.
④ The Tone-Accents of Two Chinese Dialects, *JAOS*, Vol.35, 1915, pp.199-206.
⑤ Peiping Phonology, *JAOS*, Vol.67, 1947, pp.253-267.

华南方言描述性和历史性研究〉》①、第 79 卷李方桂的《评司礼义〈"方言"中的汉代中国方言〉》②、第 83 卷薛爱华（Edward H. Schafer）的《评高本汉〈汉语语音与汉语言字〉》③。实际上，《美国东方学会会刊》对汉语语音及方言研究的高潮直到二十世纪六十年代后期才真正兴起：有 1967 年第 87 卷张琨的书目简介《杨福绵〈中国方言学 1955—1965〉》④、第 89 卷铁鸿业的《汉语普通话的韵律特征》⑤、第 90 卷赵元任的《常州方言》、易家乐的《区别性特征与语音重建》⑥、第 91 卷顾传习（Chauncey S. Goodrich）的《评安德森〈汉语标音的五种体系〉》⑦、第 92 卷李讷的《评黄励文〈官话发音图解〉》、第 93 卷王靖宇和薛凤生的《临淇方言与普通话的关系》⑧、第 94 卷邓临尔的《汉语的声调之外》⑨、朱乐本（Robert A. Juhl）的《汉语音韵的音系演进》⑩、杜祖贻的《汉语的不送气塞音和塞擦音》⑪、第 97

---

① The Lungtu Dialect. A Descriptive and Historical Study of a South Chinese Idiom by Soren Egerod, *JAOS*, Vol.77, 1957, p.251.

② The Chinese Dialects of Han Time According to Fang Yen by Paul L-M. Serruys, *JAOS*, Vol.79, 1959, pp.309-310.

③ Sound and Symbol in Chinese by Bernard Karlgren, *JAOS*, Vol.83, 1963, p.165.

④ Chinese Dialectology 1955-1965 by Paul Yang, *JAOS*, Vol.87, 1967, p.218.

⑤ Notes on Some Prosodic Features of Mandarin Chinese, *JAOS*, Vol.89, 1967, pp.622-626.

⑥ Distinctive Features and Phonological Reconstructions, *JAOS*, Vol.90, 1970, pp.67-73.

⑦ A Concordance to Five Systems of Transcription for Standard Chinese by Olov Bertil Anderson, *JAOS*, Vol.91, 1971, p.518.

⑧ The Lin-Ch'i Dialect and Its Relation to Mandarin, *JAOS*, Vol.93, 1973, pp.136-145.

⑨ Beyond Tone in Chinese, *JAOS*, Vol.94, 1974, pp.387-388.

⑩ Phonological Evolution of the Chinese Rhymes: Wei to Liang, *JAOS*, Vol.94, 1974, pp.408-430.

⑪ On Chinese Unaspirated Plosives and Africates, *JAOS*, Vol.94, 1974, p.213.

卷邓临尔的《元音长度：汉语语言学的新领域》①、Harold Clumeck 的《评 John Marshall Howie〈汉语元音和声调的声学研究〉》②、邓守信的《评司徒修〈汉语发音及罗马化拼音入门〉》③、第 98 卷鲍则岳的《中古汉语喉音在广东齿音化的年代问题》、第 99 卷 Stephen P. Baron 的《评郑锦全〈官话共时音系〉》④、第 100 卷丁邦新的《评薛凤生〈中原音韵音位系统〉》⑤、鲍则岳的《汉代古典汉语与现代汉语口语的比较》、第 102 卷艾尔曼（Benjamin Elman）的《从观念到实践：中华帝国晚期音系学作为一个学科的出现》⑥、陈洁雯的《再论广东话的齿音化》⑦、第 103 卷 Gilbert W. Roy 的《评丁邦新〈魏晋音韵研究〉》⑧、第 105 卷司徒修的《评蒲立本〈中古汉语：历史语音学的研究〉》、第 114 卷罗杰瑞的《早期汉语的咽化与腭化来源》、第 116 卷蒲立本的《古汉语的韵律化或是咽音化》、第 118 卷蒲立本的《〈切韵〉和〈韵镜〉：汉语历史语言学的主要依据》、柯蔚南的《瓦罗和清代前期官话的发音体系》、第 121 卷韩哲夫（Zev Handel）的《评史皓元〈汉语方

---

① Vowel Length: A New Constituent in Chinese Linguistics, *JAOS*, Vol.97, 1977, pp.187-191.

② Acoustical Studies of Mandarin Vowels and Tones by John Marshall Howie, *JAOS*, Vol.97, 1977, pp.345-346.

③ Introduction to Chinese Pronunciation and the Pinyin Romanization by Hugh M. Stimson, *JAOS*, Vol.97, 1977, p.402.

④ A Synchronic Phonology of Mandarin Chinese by Chin-Chuan Cheng, *JAOS*, Vol.99, 1979, p.495.

⑤ Phonology of Old Mandarin by F. S. Hsueh, *JAOS*, Vol.100, 2000, p.94.

⑥ From Value to Fact: The Emergence of Phonology as a Precise Discipline in Late Imperial China, *JAOS*, Vol.102, 1982, pp.493-500.

⑦ A Response to Boltz' Notes on Cantonese Dentilabialization, *JAOS*, Vol.102, 1982, pp.107-109.

⑧ Chinese Phonology of the Wei-Chin Period: Reconstruction of the Finals as Reflected in Poetry by Ting Pang-Hsin, *JAOS*, Vol.103, 1983, pp.463-465.

言分区的理论与实践:以江淮官话与吴语的分区为例〉》①、史皓元(Richard VanNess Simmons)的《评林德威〈比较方言学的问题:闽语和客家话〉》②、第122卷李文肇的《评端木三〈普通话的语音结构研究〉》③、第123卷柯蔚南的《切韵体系及中国历史语音学的现状》和第128卷的《屈奈特与十九世纪末期的南京话语音学研究》。

汉语教材及词典。出于传教及外交、贸易的需要,对汉语教科书及汉英词典的编纂是最早期美国汉学的一项主要内容。早在1841年,裨治文就在卫三畏的协助下在澳门出版了第一部美国汉语教科书《广东方言读本》,1843年首任会长皮克林的会长演讲对此也有提及;1842年卫三畏在澳门Office of Chinese Repository出版汉语教科书《拾级大成》(*Easy Lessons in Chinese*: *Or*, *Progressive Exercises to Facilitate the Study of that Language*; *Especially Adapted to the Canton Dialect*),1874年又在上海美华书馆刊印了英汉字典《汉英韵府》。鉴于教材对汉语学习者的重要性,《美国东方学会会刊》也历来重视对汉语教材的介绍和评价:1855—1856年出版的第5卷就刊登了由美国东方学会秘书惠特尼(William D. Whitney)、索尔兹伯里(Edward E. Salisbury)和驻华传教士怀德合作的文章《评Stanislas Hernisz〈习汉英合话〉和Stephen P. Andrews〈汉语新发现〉》。出于国家战略的需要,美国在1930年后

---

① Chinese Dialect Classification: A Comparative Approach to Harngjou, Old Jintarn, and Common Northern Wu by Richard VanNess Simmons, *JAOS*, Vol.121, 2001, pp.658-660.

② Problems in Comparative Dialectology: The Classification of Miin and Hakka by David Prager Branner, *JAOS*, Vol.121, 2001, pp.322-323.

③ X-Slots, Feature Trees, and the Chinese Sound Inventory: A Twenty-First Century Take on Mandarin Phonological Structure, The Phonology of Standard Chinese by San Duanmu, *JAOS*, Vol.122, 2002, pp.533-561.

逐渐加强了对东亚语言的教学与研究,此期的汉语教材也层出不穷,在二十世纪三十至七十年代掀起了汉语教材出版的一个小高潮。《美国东方学会会刊》对此做了及时的评介,施赖奥克也发表了大量书评:第56卷的《评马古礼〈汉语书面语文法〉》、第57卷的《评魏鲁男〈哈佛大学初级中文教材词汇〉》《评卜郎特〈汉文进阶〉》、第58卷的《评魏鲁男〈哈佛大学中级中文教材词汇〉》、第59卷的《评顾立雅〈汉语文法进阶,卷一〉》、第60卷的《评顾立雅〈汉语文法进阶,卷二〉》;此外,还有第62卷金守拙的《评卜郎特〈华言拾级〉》和《评陈受荣〈汉语初阶〉》、第68卷Thurston Griggs的《评邓嗣禹〈汉语会话及语法〉》、第73卷金守拙的《评顾立雅〈汉语文法进阶,卷三,孟子〉》、第80卷薛爱华的《评陈受荣〈基础汉语〉》[1]、第85卷的《评斯瓦迪士〈汉语初级会话〉》[2]、第90卷顾传习的《评赵元任〈中国话的读物〉》[3]《评德范克〈初中级汉语〉》[4]《评方亨利、都立华〈说中国话〉》[5]、第91卷的《评德范克〈汉语口语和书面语初中高级教材索引〉》[6]、第92卷什瓦尔尼(O. Švaný)的《评赵元任〈汉语口语语法〉》[7]等。在汉外字典方面,《美国东方学会会刊》1851年出版的第2卷上,布朗在《中国文化:形成中国民族特性的原因》一文中,就谈论过马礼逊(Robert Morrison)的《华英字典》(*A Dictionary of the*

---

[1] Elementary Chinese by Shau Wing Chan, *JAOS*, Vol.80,1960,p.189.

[2] Conversational Chinese for Beginners (Formerly Titled: Chinese in Your Pocket) by Morris Swadesh, *JAOS*, Vol.85,1965,p.609.

[3] Readings in Sayable Chinese by Yuen Ren Chao, *JAOS*, Vol.90,1970,p.416.

[4] Intermediate Chinese Reader by John DeFrancis, *JAOS*, Vol.90,1970,p.417.

[5] Speak Mandarin, A Beginning Text in Spoken Chinese by Henry C. Fenn, *JAOS*, Vol.90,1970,p.417.

[6] Index Volume: Beginning, Intermediate, and Advanced Texts in Spoken and Written Chinese by John DeFrancis, *JAOS*, Vol.91,1971,p.517.

[7] A Grammar of Spoken Chinese by Yuen Ren Chao, *JAOS*, Vol.92,1972,pp.136-137.

Chinese Language,1815)；第6卷刊印了驻华传教士咩士的《评卫三畏的中文词典〈汉英韵府〉》①、第10卷也刊有供职于上海海关的廷德尔(E. C. Taintor)的《评卫三畏的〈汉英韵府〉》②。但此后在很长时期内,《美国东方学会会刊》都没有刊登相关内容,直到第76卷Serge Kassatkin 的《评James C. Quo〈简明英汉词典〉》③、第81卷S. E.的《评James C. Quo〈简明英汉词典〉》④、第83卷薛爱华的《评顾赛芬〈古代汉语词典〉》⑤、第88卷薛爱华的《评E. W. Jameson〈简明汉语简化字字典〉》⑥、第92卷李讷的《评黄伯飞〈广州话辞典〉》和第93卷康达维(David R. Knechtges)的《评安德森〈马修士"汉英词典"指南〉》⑦等陆续出现,但此后再未见到有关汉外词典的文章或书评,直到2009年第129卷柯蔚南的《十八世纪〈汉语—拉丁语词典〉的区域来源》一文。

汉藏语系、汉语与其他语言的关系。西方人初识汉语时,一方面强化对汉语的本体研究,另一方面也考察汉语所属的语系、汉语与满蒙藏语及其他语言的相互关系等,这在《美国东方学会会刊》中也有

---

① On Dr. S. W. Williams's Chinese Dictionary, JAOS, Vol.6, 1858-1860, pp.566-571.

② On Dr. S. Wells Williams's Syllabic Dictionary of the Chinese Language, JAOS, Vol.10, 1872-1880, p.cxxxiii.

③ Concise English-Chinese Dictionary, Romanized by James C. Quo, JAOS, Vol.76, 1956, pp.247-248.

④ Concise Chinese-English Dictionary, Romanized by James C. Quo, JAOS, Vol.81, 1961, p.463.

⑤ Dictionnaire Classique de la Langue Chinoise by F. S. Couvreur, JAOS, Vol.83, 1963, p.282.

⑥ A Short Dictionary of Simplified Chinese Characters by E. W. Jameson, JAOS, Vol.88, 1968, p.364.

⑦ A Companion to R. H. Mathews' Chinese-English Dictionary by Olov Bertil Anderson, JAOS, Vol.93, 1973, p.420.

很好的体现。早期《美国东方学会会刊》对这一主题的关注,主要体现在美国东方学会年会所发的通讯论文内:如 1868—1871 年出版的《美国东方学会会刊》第 9 卷就刊有英国伦敦会传教士艾约瑟(Joseph Edkins)的《古代汉语与雅利安语言的关系》[①]、第 10 卷美部会传教士茹力(John Thomas Gulick)的《论汉语和蒙语的关系》、美国东方学会图书馆馆员 A. Van Name 的《日本的汉字书写》[②]、第 11 卷原驻华传教士麦嘉缔(D. B. McCartee)的《汉字和朝鲜字的起源》[③]等。《美国东方学会会刊》涉及汉语相关比较研究的第一个高潮,以 1935 年第 55 卷施赖奥克的书评《评吴克德〈汉语和泰语〉》为先声,继之以谢飞的汉藏语系系列文章:第 60 卷《汉藏语之元音系统(一)》、第 61 卷《汉藏语之元音系统(二)》、第 64 卷《汉藏语音学的问题》和第 70 卷的《汉藏语系的首辅音》。此期的第 65 卷上也有白保罗的《汉语和泰语的亲属称谓序数词》[④]。该主题的第二个研究热潮见于二十世纪七十年代,有第 92 卷张琨的《汉藏语系的"铁"*Qhleks 字》、第 94 卷罗伊・安德鲁・米勒的《评白保罗、詹姆士・马蒂索夫〈汉藏语概论〉》、第 96 卷白保罗的《再论汉藏语系》、第 99 卷杜润德(Stephen Durrant)的《盛京朝廷的汉满翻译》、第 102 卷 John Street 的《〈蒙古秘史〉中的虚词 gü》[⑤]、第 106 卷邓临尔的《幸运数字九:汉

---

① On the Ancient Chinese, and Its Connection with the Aryan Languages, *JAOS*, Vol.9,1868-1871,pp.xiix-l.

② On the Japanese Use of the Chinese Mode of Writing, *JAOS*, Vol.10,1872-1880, pp.lviii-lx.

③ The Origin of the Chinese and Korean Writing, *JAOS*, Vol.11,1885,pp.cciv-ccv.

④ Chinese and Thai Kin Numeratives, *JAOS*, Vol.65,1945,pp.33-37.

⑤ The Particle gü in the Secret History, *JAOS*, Vol.102,1982,pp.619-630.

语同根词在泰语和越南语中的传播年代》①、第116卷史蒂芬·怀德雷(Stephen A. Wadley)的《阿尔泰语对北京方言的影响:以满语为例》②和第118卷罗伊·安德鲁·米勒的《续议阿尔泰语中的汉字"法"》③等。

四、结语

美国东方学会不仅是早期美国本土汉学的组织者和发源地,并且还孕育了以社会学、人类学、政治学、经济学等社会科学为研究视角的美国中国学,是美国学术史上一个带有"活标本"性质的学术机构。创刊170年以来,在东方学的整体谱系内,《美国东方学会会刊》的汉学研究始终坚持人文科学的主体方向,将重点放在对中国的语言、历史、文学、哲学、艺术、考古等人文主题上。美国汉学,不论是在酝酿时期,还是在初步成立的时期,都有良好的汉语研究传统,这可以以1733年北美出版的《伦敦杂志》(London Magazine: Or, Gentleman's Monthly Intelligencer)上一篇《论巴耶尔的〈汉语语法〉》(A View of M. Bayer's Chinese Grammar)、1838年杜彭寿在《中国丛报》上发表的对汉语的早期论述(Introduction to a "Dissertation on the Nature and Character of the Chinese System of Writing")、《美国东方学会会刊》1843年第1卷上的会长演讲和1851年第2卷《中国文化:形成中国民族特性的原因》,以及1874年卫三

---

① Lucky Nine: Dating a Chinese Cognate in Thai and Vietnamese, *JAOS*, Vol.106, 1986, pp.343-344.
② Altaic Influences on Beijing Dialect: The Manchu Case, *JAOS*, Vol.116, 1996, pp.99-104.
③ Chinese 法 fǎ in Altaic: A Further Note, *JAOS*, Vol.118, 1998, pp.268-273.

畏的《汉英韵府》为代表。作为美国汉学的旗手和中流砥柱,《美国东方学会会刊》历来重视对汉语的研究,截至 2012 年共刊发 208 篇相关文章和书评,其中谢飞的汉藏语系研究系列文章、蒲立本等学者对汉语历史语音学研究的系列文章都堪称精品。《美国东方学会会刊》中诸多对美国汉语教材的评介文章也推动了美国汉语研究、教学的发展。《美国东方学会会刊》曾极大地支持了美国语言学家谢飞、金守拙、邓临尔、蒲立本、柯蔚南等人的汉语研究工作,在保持其汉学研究引擎角色的同时,也成了美国汉语研究的重要阵地。

清末民初东北方言语音研究*
——以清末民初日本人所编汉语东北方言教科书为例

李 逊
（厦门大学汉语国际推广南方基地）

在当前的汉语方言研究中，虽然很多学者对于东北方言有所关注，但对伪满洲国时期(1932—1945)的东北方言探讨得并不多。比如李光杰和李无未《晚清东北方言词语考订——以〈东北鼓儿词选〉张注为例》(2012)、邹德文《清代东北方言语音研究》(2009)等论文的角度虽颇具新意，但是其语料依然是流传下来的唱词、剧本等。国内对日俄战争到伪满洲国前东北方言的研究尚未展开，主要是专门的、有针对性的研究论著还没有见到，这确实是个缺憾。

毫无疑问，现代东北方言有一个历史的形成过程。我们选取日俄战争到伪满洲国前东北方言的语音作为切入点，以当时由日本人编撰的东北方言教科书为对象，分析在日本侵占的不同时期，我国东北方言的语音变化情况以及教科书编撰者对东北方言语音变化的认识，以便能够从中寻找出当时东北方言的语音面貌。

---

* 本文系国家社科基金重大项目（项目编号12&ZD178）"东亚珍藏明清汉语文献发掘与研究"成果之一。

一、日本人所编汉语东北方言教科书介绍

在"九一八"事变之前,日本就已经通过日俄战争继承了沙皇俄国在中国东北地区的权益,主要为"关东州"[①]以及"满铁附属地"[②]的统治权。所以,在当时就有很多日本军人和侨民在中国东北生活。为满足他们在中国东北当地的生活需要,一系列东北方言教科书应运而生。其中,较有代表性的有如下四本:

《满洲语会话一个月毕业》。书中未明确交待作者,但我们据其"序",推测很可能是石冢猪男藏。石冢书店,1904年5月出版。

该书开篇为"说明",正文有80页,分为三编:词语类、散语类、问答类。每一编都有相应的日语对译,作者在所有汉语单词、会话旁边,都用片假名进行标音。对于日本人来说,片假名就相当于拼音,他们可以通过拼读片假名来学习生词的读音。

由于篇幅所限,该书语音材料并不是特别丰富,而作者也在"说明"中提到,只是希望读者能够掌握一些基本的生活用语。在语音系统方面,作者使用的并非中国的拼音系统,而是日文的片假名系统。好处是日本读者可以快速简单地拼出读音,缺点是无法模拟汉语的一些特殊的发音形式,例如声调、送气、开合等。

我们将书中收录的语言材料的片假名,转换为汉语拼音,再转换为国际音标,整理如下:

[①] 位于我国辽东半岛,其名称初期源于1898年沙俄抢占旅大之后,将旅顺、大连、金州、普兰店和貔子窝等地区命名为沙俄的一个省,即"关东省"。日俄战争后,日本接收了沙俄在辽东半岛的一切权益,将其改名为"关东州"。

[②] 中国中东铁路南段(长春至大连)和抚顺煤矿周边的领土。

(1) 声母(共计 21 个)

[p][ph] [m] [f][t][th] [n][l][k][kh] [x] [tɕ][tɕh][ɕ] [tʂ][tʂh][ʂ][ʐ/ɻ][ts] [tsh] [s]

(2) 韵母(共计 32 个)

[A][o][ɤ][ai][ei][ɑu][ou][an][ən][ɑŋ][əŋ][ɚ][i] [iA][iɛ][iɑu][iɛn][in][iɑŋ][iŋ][u][uA][uo][uai] [uan] [uɑŋ][uŋ][y][yɛ][yɛn][yn][yŋ]

(3) 声调：未标明

相较于威妥玛的《语言自迩集》使用了"威妥玛式拼音法",拼音系统自成一系,《满洲语会话一个月毕业》并没有开辟自己的语音系统。但是对初学东北方言而又没有北京官话基础的日本人来说,《满洲语会话一个月毕业》的语音系统相对来说比较容易上手。作者在"说明"当中也提到,希望通过这本小册子使读者能够在一个月之内掌握简单的东北方言词汇和对话,所以使用日文片假名语音系统也是符合作者意图的。同时,《满洲语会话一个月毕业》也收录了一些带有东北方言语音特点的词语,例如"多喒(トヲ ッア)"等。还有一些如"多少钱?""知道"等,因为是片假名标音,所以无法确定是否为东北方言发音。但是总体来说,《满洲语会话一个月毕业》收录了一些具有东北方言特色的语音材料,能够从一定程度上反映当时东北方言面貌。

《满洲语会话一个月毕业》是一本出版较早、比较实用的汉语东北方言教科书,其语音材料虽然并不丰富,使用的语音系统也并非汉语拼音或者国际音标,但是作为一本东北方言教科书,胜在简单实用,就像书名那样,能够"一个月毕业"。

《通俗满洲会话》。熊谷茂之助编。东文舍,1908年4月出版。

全书共101页。一是"凡例"。强调作者编写的意图。二是正文,包括"散语""买东西""旅行"等内容。日本人一般了解更多的是北京官话,而作者希望通过这本书,从语音和语法两方面入手,将北京官话和东北方言进行对比,帮助学习者掌握东北官话的基本信息。

语音方面,与《满洲语会话一个月毕业》相似,作者使用片假名对汉语生词、句子进行注音。作者虽然希望能够区分北京官话和东北方言,但并未在生词或者句子旁边标注哪些是北京官话语音,哪些是东北方言语音,导致学习者比较疑惑。我们将书中收录的语言材料的片假名,转换为汉语拼音,再转换为国际音标,整理如下:

(1)声母(共计21个)

[p] [pʰ] [m] [f] [t] [tʰ] [n] [l] [k] [kʰ] [x] [tɕ] [tɕʰ] [ɕ] [tʂ] [tʂʰ] [ʂ] [ʐ/ɻ] [ts] [tsʰ] [s]

(2)韵母(共计32个)

[A] [o] [ɤ] [ai] [ei] [au] [ou] [an] [ən] [aŋ] [əŋ] [ɚ] [i] [iA] [iɛ] [iau] [iɛn] [in] [iaŋ] [iŋ] [u] [uA] [uo] [uai] [uan] [uaŋ] [uŋ] [y] [yɛ] [yɛn] [yn] [yŋ]

(3)声调:未标明

《通俗满洲会话》的缺点依然是没有描述声调,而北京官话与东北方言很多词语很重要的一个区别就是声调的不同,例如:"多(duō)少"(北京官话)、"多(duó)少"(东北方言)等。但是《通俗满洲会话》收录了很多东北方言特有的语音现象,例如:"快拾掇(shídao)拾掇"(p.17)、"别抽大烟,抽大烟的都是脸面刷(sā)白"(p.44)等,是研究当时东北方言语音的珍贵材料。

《袖珍满韩土语案内》。作者为陆军步兵大尉平山治久。博文馆,1904年出版。分为前后两篇。前篇14节,49页,介绍东北方言。后篇13节,61页,介绍朝鲜语。

作者在"凡例"当中对东北方言的语音进行了解释,认为东北方言的发音和北京官话比较相近,但是与南京官话有很大的差异。

《袖珍满韩土语案内》前篇每节基本结构为先介绍生词,再以生词组成一段或几段短小的对话。作者在"凡例"中也强调学习者需要先掌握前面的单词,然后再练习后面的对话。《袖珍满韩土语案内》同样只是在汉字旁边进行日文片假名标音,并没有单独的语音教学。我们将书中收录的语言材料的片假名,转换为汉语拼音,再转换为国际音标,整理如下:

(1)声母(共计21个)

[p][pʰ][m][f][t][tʰ][n][l][k][kʰ][x][tɕ][tɕʰ][ɕ]
[tʂ][tʂʰ][ʂ][ʐ/ɻ][ts][tsʰ][s]

(2)韵母(共计34个)

[A][o][ɤ][ai][ei][au][ou][an][ən][aŋ][əŋ][ɚ][i]
[iA][iɛ][iau][iɛn][in][iaŋ][iŋ][u][uA][uo][uai][uan]
[uaŋ][uŋ][y][yɛ][yɛn][yn][yŋ][ɿ][ʅ]

(3)声调:未标明

《袖珍满韩土语案内》也使用日文片假名注音,无法体现汉语的声调、特殊音变等。《袖珍满韩土语案内》的作者是陆军大尉,所以其编撰教科书的指导思想必然是为军事行动所服务,所以书中收录了很多的东北地名,例如"营城子""法库门"(p.3)等,使我们可以了解到当时这些地名的东北官话读音。同时,还收录了很多军事用语,例如"行军""帐篷""炮台"(p.48)。这些都是研究当时东北方言的重要资料。而作者在编撰教科书的时候也遵循着"生词—课文"的教学顺序,教学内容设置比较具有科学性。

《满洲人适用日满会话入门》。本间良平、黄艺锡编。大阪屋号书店,1905年出版。黄艺锡在"序"中指出,东北人由于方言和北京官话有所差异,所以对于一些以北京官话为汉语基础的日语课本不能够完全理解,这本书通过对比东北方言和日语,来达到让东北人研究日语的目的。同时,也可以作为日本人学习东北方言的教材。

《满洲人适用日满会话入门》一书分为"单语"(25章)、"散语"(12章)、"谈论"(22章)、"附录"(包括日本制度——货币、尺度、斗量、衡量、里程、反别以及中国制度——货币、尺度、斗量、衡量、里程、反别)。收录十分详细,从日常饮食到军事用语都有所涉及。而且有的词还附上了同义词,例如"昨天—昨儿""从来—向来"等,方便学习者分辨学习。

而在内容设置上,《满洲人适用日满会话入门》一书将一个单词分为三行,第一行为汉语,旁边依据东北方言用片假名标音;第二行为日文翻译;第三行则为日文读音的汉字谐声。这样的设置同时满足了东北人学日语和日本人学东北方言的需要。

而在语音方面,《满洲人适用日满会话入门》在其第一篇的"五十音日满对照发音表"中将日文的片假名、浊音和半浊音都用一个发音相同或者相近的汉字来注音。

表1 《满洲人适用日满会话入门》"五十音日满对照发音表"

片假名

ア(阿)	イ(伊)	ウ(乌)	エ(爷)	オ(欧)
カ(卡)	キ(吉)	ク(雇)	ケ(给)	コ(哥)

（续表）

サ(撒)	シ(西)	ス(思)	セ(些)	ソ(所)
タ(他)	チ(七)	ツ(资)	テ(低)	ト(托)
ナ(那)	ニ(呢)	ヌ(奴)	ネ(内)	ノ(诺)
ハ(哈)	ヒ(唏)	フ(夫)	ヘ(黑)	ホ(和)
マ(妈)	ミ(米)	ム(磨)	メ(妹)	モ(摸)
ヤ(呀)	イ(衣)	ユ(由)	エ(爷)	ヨ(呦)
ラ(拉)	リ(利)	ル(路)	レ(雷)	ロ(勒)
ワ(洼)	ウィ(微)	ウ(乌)	エ(爷)	ヲ(欧)
ン(恩)	—	—		

浊音

ガ(蛤)	ギ(凡)	グ(孤)	ゲ(该)	ゴ(国)
ザ(杂)	ジ(其)	ズ(子)	ゼ(哉)	ゾ(走)
ダ(大)	ヂ(其)	ヅ(子)	デ(爹)	ド(多)
バ(巴)	ビ(比)	ブ(部)	ベ(培)	ボ(勃)

半浊音

パ(怕)	ピ(匹)	プ(布)	ペ(配)	ポ(悖)

值得一提的是，这篇"五十音日满对照发音表"中，日文片假名符号是用汉字注音的，但是其选音的标准并非北京官话，而是东北方言，所以从中我们了解到很多汉字在当时东北方言中的读音，例如：片假名"エ"，读音为[e]，为其注音的汉字为"爷"。虽然作者说明该书选取的汉字只是发音相近，并非完全一样，但是我们可以通过这个细节看到，"爷"在当时的东北方言中，发音是近似于[e]的。又例如："キ"的发音是[ki]，标音汉字为"吉"；"ク"的发音为[ku]，注音汉字为"雇"，从中可以看出当时东北方言发音的一些端倪。

我们将书中收录的语言材料的片假名，转换为汉语拼音，再转换为国际音标，整理如下：

(1)声母(共计 21 个)

[p][pʰ][m][f][t][tʰ][n][l][k][kʰ][x][tɕ][tɕʰ][ɕ][tʂ][tʂʰ][ʂ][ʐ/ɻ][ʦ][ʦʰ][s]

(2)韵母(共计 34 个)

[A][o][ɤ][ai][ei][ɑu][ou][an][ən][ɑŋ][əŋ][ɚ][i][iA][iɛ][iɑu][iɛn][in][iɑŋ][iŋ][u][uA][uo][uai][uan][uɑŋ][uŋ][y][yɛ][yɛn][yn][yŋ][ɿ][ι]

(3)声调:未标明

可以看到,虽然《满洲人适用日满会话入门》一书语料涉及面很广,但是同之前三本一样,依然没有对汉语中很重要的声调、特殊音变等因素进行特别强调、特别教学,其语音标注工具依然是日语片假名。但是其将日语片假名的发音用汉字来进行标注的方法很新颖,方便了中国人学习日语,让中国人在阅读日语的时候可以运用中国传统的反切方法进行拼读。同时,日本人也可以通过阅读“五十音日满对照发音表”,使用自己熟悉的片假名来拼读里面汉字,从而对这些汉字的发音更加熟悉。

相较于《语言自迩集》里面自成体系的“威妥玛式拼音法”,《满洲人适用日满会话入门》也针对日语片假名创造了属于自己的“汉字(东北方言音)标音”发音体系,具有一定的创造性;但是对于东北方言的发音体系,并没有制定相应的发音系统,仅仅是依靠片假名来标音,这不得不说是一个遗憾。

总而言之,《满洲人适用日满会话入门》是一部同时具有东北方言和日语教学功能,收录语料丰富,创造了以东北方言为语音基础的日语片假名标音体系的教科书,对研究当时东北方言的语音、语法、词汇都有一定的学术价值。

二、日本人所编汉语东北方言教科书的共同特点

纵观以上四本由日本人编撰的东北方言教科书,它们有一定的共同特点:

第一,所收录的语言材料以中国东北的日常生活和军事行动为主。《满洲语会话一个月毕业》和《袖珍满韩土语案内》两本书皆收录了大量的军事用语,尤其是《袖珍满韩土语案内》,其作者就是陆军大尉,军事目的更加突出。而《满洲人适用日满会话入门》一书的第二篇"散语"的第11章名称就叫"军用语"。《满洲语会话一个月毕业》和《袖珍满韩土语案内》的很多对话场景,也是在日本军人和东北当地的老百姓之间展开的,军事色彩十分浓厚。而教科书所收录的中国东北的日常生活的语料更是内容丰富。《通俗满洲会话》三大部分"散语""买东西""旅行"都是跟日常生活息息相关的内容;《满洲人适用日满会话入门》共71章,其中跟东北日常生活有关的章节多达56章;《满洲语会话一个月毕业》和《袖珍满韩土语案内》内容虽然偏重军事,但是很多对话都是日本军人在东北生活的细节,也离不开日常生活。所以,这四本东北方言教科书是研究当时东北方言语音的重要资料。

第二,汉语标音工具皆为日语片假名。四本教科书除了《满洲人适用日满会话入门》既针对在东北的中国人又针对想学东北方言的日本人之外,其余的三本都是针对基本不会汉语的日本人的。所以,它们用片假名标音是一种简单实用、能够让学习者迅速掌握生词读音的方法,日本读者在学习的过程中也不用再学习复杂的汉语语音系统。但是其缺点则是声调、特殊音变、开合、送气等汉语的发音现象无法体现,使得学习者的学习并不系统,基础不牢。

第三,语音系统相近。四本教科书收录的声母皆为21个;而韵

母方面,《满洲语会话一个月毕业》和《通俗满洲会话》为 32 个,《袖珍满韩土语案内》和《满洲人适用日满会话入门》为 34 个,多了"[ɿ]""[ʅ]"两个韵母;而对于汉语的声调则都没有特别介绍。

三、日本人所编汉语东北方言教科书的局限性

虽然以上四本日本东北方言教科书具有一定的学术价值和研究价值,在当时也是为数不多的东北方言教科书,但是与一些经典的汉语教科书相比,它们在语音方面还有一定的缺陷和不足:

第一,没有介绍或者编辑完整的汉语语音体系。四本教科书在语言教学方面都使用片假名标音,虽然对于没有汉语基础的日本读者来说简单易懂,但是这只有利于速成,而不利于长期系统的汉语学习。与一些经典汉语教科书相比,缺乏系统性的汉语语音体系介绍。例如威妥玛的《语言自迩集》,在语音上自成系统,创立了"威妥玛式拼音法",虽然在学习初期不如日本学生使用片假名拼读那么简易,但是有利于长期的学习。而在之后伪满洲国时期所编撰的东北方言教科书中,大多数都会在正式课文之前对汉语的语音系统进行系统的介绍,例如《满洲语速成》(寺本三二,天台东开教局,1934 年)花了第二章整整一章的篇幅来介绍汉语的拼音系统,声调系统以及语流音变等特点,然后才进行正文教学。而同一时期的日本北京官话教科书也很注重对汉语语音系统的描写,例如冈本正文的《支那语教科书发音篇》(1902)就系统介绍了北京官话的音系,认为其基本情况包括 23 个声母、37 个韵母以及"上平""下平""上声""去声"四个声调,[①]这样既能为学生长期学习汉语语音打下坚实的基础,又有利于

---

① 李无未《日本汉语音韵学史》,商务印书馆,2011 年,第 296 页。

对汉语语音进行系统的学术研究,这是同时期的东北方言教科书所不具备的。

第二,在教学安排和教学内容上仅仅使用片假名标音,声调、变调等特殊情况没有体现。声调作为汉语语音的重要特征,不但是学习者学习的重点难点,还是中外汉语研究者的研究重点。四本教科书使用片假名标音,勉强能体现声母韵母,但是声调则完全无法体现。尤其是《通俗满洲会话》一书,作者明明希望能够通过该书辨别北京官话和东北方言,但是却没有体现每个汉字的声调,而北京官话和东北方言的主要区别恰恰就是声调不同,例如北京官话"知(zhī)道",东北方言"知(zhí)道";北京官话"多(duō)少钱",东北方言"多(duó)少钱";等等。相比之下,《语言自迩集》中的"威妥玛式拼音法"使用阿拉伯数字1、2、3、4,分别表示阴平、阳平、上声、去声,标在音节的右上角,一目了然。广部精的《亚细亚言语集——支那语官话部》(1880)则另辟蹊径,在"凡例"中称:"以国字记支那音于其右,并附小圈点于该字端、以分四声。其圈在左下为上平,在左上为下平,在右上为上声,而在右下则去声。"[①]但是考虑到这四部教科书的速成性质,以及其中只有《满洲人适用日满会话入门》一书有中国人参与编写,《袖珍满韩土语案内》的作者还是一位军人,所以没有考虑那么周全也是可以理解的。

四、日本人所编汉语东北方言教科书的影响

虽然说这四本教科书有一定的缺陷和局限性,但是这并不能掩盖它们的影响。

[①] 李无未《日本汉语音韵学史》,商务印书馆,2011年,第297页。

第一，为伪满洲国时期大量涌现的东北方言教科书打下了基础，提供了参考。后来许多教科书的内容或多或少都能找到四本教科书的影子。例如使用片假名标音等方法被后来的教科书广泛使用。

第二，四本教科书帮助一部分日本商人在东北进行商贸活动，方便他们与当地人交流，促进了当时中国东北的经济发展。

第三，为当代学者研究清末东北方言语音提供了新材料和新途径。清末汉语东北方言语音的研究是汉语史的重要组成部分，对于普通话语音研究以及正音标准的确定具有特别的意义。历史上这里多民族居住，移民数量大、来源杂、流动频繁，研究的难度大。上文说过，当前研究东北方言，尤其是清末东北方言的材料并不充裕，大多集中在剧本、唱词等文艺作品当中。而这些日本东北方言教科书是珍贵的研究材料，无论是从语音、语法、词汇上都具有宝贵的学术价值。过去，我们对于这些材料的重视程度并不够，而今后应当予以重视。

五、结语

目前对东北方言的研究并不少见，但是与粤语和闽南话相比，成果仍然不够完整和完善。所以，这一系列清末民初日本人所编汉语东北方言教科书的发现，为我们研究清末民初东北方言语音提供了珍贵的语料。而通过本文的分析，也证明清末民初日本人所编汉语东北方言教科书的确能够反映当时东北方言语音的基本面貌。不仅仅是在日本汉语教科书中可以发现东北方言教科书文献，我们相信，在俄罗斯等国家的历史文献中应也存在东北方言教科书文献。随着更多的文献的发掘和研究，我们相信，清末民初东北方言语音研究会得到进一步发展。

《千字文》在日本汉语教学历史上的价值*

刘海燕

(中国传媒大学文法学部)

本文梳理日本汉语教学历史的发端和渊源,认为《千字文》对于历史上的汉语传播发挥了重大作用,考察《千字文》在日本汉语教学历史上的教材价值,可以重新审视汉语教学的独有特征等理论问题。相信日本汉语教学历史上的种种教法、教材都会给当前的汉语国际传播研究带来借鉴意义。

一、将《千字文》为典型教材的古典期纳入日本汉语教学历史研究

(一) 汉语教学历史开端的不同看法

六角恒广《日本中国语教育史研究》[①]以 1871 年"汉语所"的成立,作为近代日本中国语教育的"起步",书中研究 1871 年至 1900 年前后的中国语教育。他认为"中国语"的概念指的是口语,不包括文言。中国语教育"起步"之前的汉语教学,以"汉文"为学习内容,用日语语序阅读,这种改造式阅读是日本独有的,不能算是外语学习。我

---

* 本文原载于《日本问题研究》2016 年第 2 期,略有改动。
① 六角恒广《日本中国语教育史研究》,王顺洪译,北京语言学院出版社,1992 年。

们认为六角恒广先生的观点可能受西方外语教学历史开端界定的影响。

孙德坤《西方语言教学发展概略》①梳理和编译了加拿大安大略教育研究学院现代语言中心主任、课程研究系名誉教授斯特恩(H. H. Stern)的《语言教学的基本概念:应用语言学研究的历史和多学科观点》②、英国的理查德(Richards J. C.)和罗杰斯(Rodgers T. S.)的《语言教学的流派——描写和分析》③、Wilkins D. A.的《第二语言:如何习得与教学》④等论著的内容和观点。从上述资料来看,学界认为以英语为代表的外语教学历史的开端应在一百年前,至多也就在二百来年前。

再看中国的对外汉语教学,如果重视其中政府行为以及规模特征,大概会以1949年中华人民共和国成立为时间坐标。然而人们也都注意到,1949年后清华大学、北京大学开始的对外汉语教学工作,无论是教材还是教学模式,都在参照赵元任等汉语教学与研究的前辈的做法。1925年,上海商务印书馆出版了赵元任为外国人学习中国语言而著的《国语留声机教程》,赵金铭因此指出,赵元任先生在美国的汉语教学和汉语研究,"可看作现代汉语作为第二语言教学的滥觞"⑤。

---

① 孙德坤《西方语言教学发展概略》,《世界汉语教学》1994年第3期。
② 从历史的、多学科的角度,探讨各种环境中的非母语语言教学。该书由H. C.威多森教授担任应用语言学顾问,运用应用语言学的研究成果对语言教学进行理论探讨。牛津大学出版社1987年出版。上海外语教学出版社2002年出版。
③ 按照历史发展来介绍第二语言教学领域流派与方法。剑桥大学出版社1993年出版。外语教学与研究出版社2008年出版。
④ 采用历史的观察角度。英国Collinge N. E.主编《劳特利奇语言百科全书》中的一本,1990年劳特利奇出版社出版。
⑤ 赵金铭《对外汉语教学法回视与再认识》,《世界汉语教学》2010年第2期。

赵元任先生在海外的汉语教学,跟那个特定时代东西方文明接触的历史背景密切相关,东方世界跟西方世界的接触源自"大航海"时代。1405年至1433年,郑和七下西洋,比1415年葡萄牙军队到达直布罗陀海峡休达港要早,但是强烈推动文明交流的力量来自西方。1492年,哥伦布带着西班牙女王写给中国皇帝的书信,开始远航东方的探险。在西方宗教传播的驱动下,1582年利玛窦进入中国,1601年跨入紫禁城的大门。1793年9月英国勋爵马噶尔尼率领使团觐见乾隆,成为东西方两个大国交往史上的一件大事。1862年清朝同治元年北京创立的京师同文馆教授英语、法语和日语,这与1867年威妥玛的《语言自迩集》处于同一时期。

《语言自迩集》算不算对外汉语教材?彼时的汉语教学可否纳入汉语教学历史?回答是肯定的。1879年日本学者广部精编译威妥玛的《语言自迩集》,写成了《亚细亚言语集——支那语官话部》(1880),此后日本汉语教学多数笼罩在这个体系之下。那么,威妥玛《语言自迩集》和广部精《亚细亚言语集——支那语官话部》之前呢?

鲁宝元、吴丽君《日本汉语教育史研究——江户时代唐话五种》[①]以中国明末清初时期,日本通商口岸长崎展开的唐话教学现象为主要内容,这种唐通事汉语教学一方面与同时期以荻生徂徕为代表的汉学研习相辅相成,是中国语文教学传统的延续,跟威妥玛《语言自迩集》开始的西方语言学和语言教学思想影响下的汉语教学有巨大的区别;另一方面,唐通事汉语教学有更加明确的实用目的,具备相当的规模和影响,这一时间大量成熟的教材和教学设计是非常

---

① 鲁宝元、吴丽君《日本汉语教育史研究——江户时代唐话五种》,外语教学与研究出版社,2009年。

值得研究的。

近年来,汉语教学历史的研究思路和观念都有很大进展。李宇明《重视汉语国际传播的历史研究》①认为,汉语国际传播的历史研究,应该包括早年汉学在东西方的传播、华人华侨在海外的语言保持与发展以及1949年以来的对外汉语教学活动三大部分。张西平《世界汉语教育史的研究对象与研究方法》②认为,世界汉语教育史的研究应该有对外汉语教育史(包括断代史)、少数民族汉语教育史、国外华文教育史、国别汉语教育史、国外汉学史五个部分。两位先生把汉语教学的历史推进到汉语传播、汉学传播的"远古"时期,因此一个重要的事实摆在我们面前,正如教育史与人类文明史同时发端一样,第二语言教学也与人类社会文明交流同步。

遥远过去的汉语教学,学习的当然不是今人的、现代的口语,学习方法和外语交际方法也不同于今人,但是古代汉语的"影子"因着汉字的作用,就活在现代汉语之中。今天我们可以做到的,是结合教育学、心理学、文学等相关学科研究成果,深入总结和提炼传统的语文教学实践,我们不应把由于历史局限而没有形成较好理论的外语教学实践割裂在语言教学历史研究之外。我们认为,对日本汉语教学历史开端的探寻势必进一步延伸,以《千字文》为代表教材的古典期汉语教学应纳入研究视野。

(二) 日本汉字以及汉语教学的历史进程

日本汉语教学历史上对汉语的称呼,有"汉文""唐话""清语、支

---

① 李宇明《重视汉语国际传播的历史研究》,《云南师范大学学报》(对外汉语教学与研究版)2007年第5期。

② 张西平《世界汉语教育史的研究对象与研究方法》,《世界汉语教学》2008年第1期。

那语"和"中国语"这几种,我们认为这正暗含了日本汉语教学历史的四个分期:古典期、转型期、战争期和现阶段。

"古典期"时间最长,从公元三世纪《千字文》传入日本,日本皇室开始汉字教学开始,此时期遣唐使的汉语学习是一种超完整意义的、原汁原味的汉语教学,以公元九世纪日本开始出现平假名、片假名为转向,以中国南宋时期日本幕府政治开始为结束。

"转型期"始于日本镰仓时代,中日政府交流减少,随着世界范围内航海技术的进步,日本处于东西方文明接触的中间站,经历了大约六百余年的过渡,日本开始了向西方文明转向。

"战争期"从1868年明治维新开始,到1945年中国抗战胜利,历经77年。从明治维新开始,日本的教育就全面为军事扩张服务。这一时期教材铺天盖地,教学研究以及测试纷至沓来,呈现出畸形的繁荣。

"现阶段"是从1945年到现在,虽然已过半个多世纪,但日本汉语教学并没有从传统与现代的割裂和纠结中走出来,现实中许多问题需要我们回溯历史,从根本上寻求解决之道。尤其是"古典期"汉语教学对中日关系打下的基础,值得我们予以充分重视。《千字文》所代表的中国语文教学传统在今天汉语教学和传播中的价值,值得我们重新发掘。

二、《千字文》的教材模板效应

(一)《千字文》的成书、传播和在日本的使用

关于《千字文》成书,唐朝李绰《尚书故实》(约805年)中提到:"(南北朝)梁武教诸王书,令殷铁石于大王书中,拓一千字不重者,每字片纸,杂碎无序。武帝召(周)兴嗣谓曰:'卿有才思,为我韵之。'兴

嗣一夕编缀进上，鬓发皆白，而赏赐甚厚。"唐朝韦绚的《刘宾客嘉话录》(821年)、宋朝李昉等《太平御览·文部》(977年)也有与此基本相同的说法。从中可以看出：第一，《千字文》是应汉字教学的需求而产生的。第二，《千字文》把一千个常用汉字用二百五十个四字短语不重复地列出，解决了汉字教学中，单个汉字杂乱陈列、无章可循的问题，使得字形（书法）、字音（押韵）和字义得以整合。字形是王羲之的书法，字音是朗读发音的需求，字义是一夜才思一气呵成：《千字文》的四字短句可以体现单音节汉字在使用上字义的相互搭配和组合，《千字文》的对仗和上下句关联可以体现单音节汉字的语义场关联。第三，《千字文》整篇具有哲学和文学的内涵与价值，体现了孔子以来的"名正言顺"——以汉字教学作为阐述儒家思想、实现政治抱负的手段的语文教学传统。

日本关于《千字文》传入的记载跟中国《千字文》成书的记载时间有出入。对这个问题，中日学者都进行过考究，本文从略。日本《古事记》、《日本书纪》卷十、《日本历史大辞典》记载：应神天皇十六年（中国西晋武帝太康六年，285年)，朝鲜学者王仁被请到日本，带来了《论语》十卷、《千字文》一卷。由此日本皇室开始了学习中华文化典籍的汉学学习。

《千字文》较早的注释本《千字文李暹注》在中国早已散逸，仅在敦煌保留部分内容，但在日本《千字文李暹注》尚存完本。公元七世纪末到八世纪初奈良时代日本正仓院保留抄写《千字文李暹注》字句的木简，稍后的平城宫木简当中也有出自《千字文》的内容。

王仁的日本宫廷汉语教学已经跟以往中日民间交往的口耳相传、自发的言语传习不同。公元513年，百济五经博士段杨尔到日本；公元516年百济五经博士汉高安茂到日本；公元553年又有几位百济博士到日本。日本设宫廷学问所,读书活动一直以《千字文》作为教材。后来贵族家庭教育、大学寮、地方的汉学教育都把《千字文》当作重要的教材之一。文屋是日本平安时代的国立教育机关,那里的学子们每天朗读《千字文》,公元1007年源为宪编著《世俗谚文》里面谈到"文屋一带的麻雀啼叫的也是《千字文》里的秋收冬藏这句话"。中世纪以后,日本贵族、武家,各地的藩校、乡校、私塾,上层庶民家庭,都还在广泛使用《千字文》作为教材。十四世纪日本民间出现了名为"寺子屋"的寺院,收七岁左右的庶民子弟入寺学习,是具有初等教育意义的学校。在语文教学方面急用先学,先学习假名,然后学汉字,主要的教材就是《千字文》,将训读音、字形、字义结合起来进行教学,然后在汉字学习的基础上学习和歌和咏诗,还有"尺牍""往来物"即书信的写法。

(二)《千字文》所体现的汉语面貌和汉语教学特点

《千字文》时代,先是梁武帝从王羲之书法作品中,"随意"选取了一千个汉字,后来周兴嗣编写了《千字文》,可以说是那个时代的语文教学工作者凭借经验提取了汉语的常用字词,今天这一千个字绝大多数依然还是常用汉字。唐松波《千字文助读》[①]将《千字文》与1988年1月26日国家语委和国家教委联合发布的《现代汉语常用字表》比较,发现《千字文》的88.4%为现代常用汉字,其中81%为常用字,7.4%为次常用字。《千字文》的11.6%为非常用字,如"坟、妾、禄、凋、诛、犊、筵、枇杷"等,但也并不冷僻。

常用汉字,为我们提供了汉语教学教材应有的全局意识和频次意识。就是说不会让人觉得学习汉语就是掉进词汇的汪洋大海,而

[①] 唐松波《千字文助读》,中国国际广播出版社,1998年,第2页。

能够了解整体和局部,有了层级意识和框架意识。汉语教学应该从少数常用字词入手,通过了解字本义和常用义,了解汉语书面语渊源关系,来了解"由字而词"的现代汉语词汇系统。

《千字文》不仅是识字教材,也是汉语词汇、语法教材。《千字文》成书以及流传和应用的年代,汉语已经出现了由单音节语向双音节、多音节词语的发展变化,但《千字文》仍然是以字为本位,单音节连缀而成的双音节词语,凝固之后又作为一个整体去构成三音节、四音节、多音节词语,四字缀连成句,还有上下句对仗,体现了汉字"一生二、二生三、三生万物"滋生造词功能,体现了汉语语法风貌。李荣先生说过:"在用多字词的时候,其中单字的意思在谈话人的脑子里活着。"①就是说,在使用双音词以及多音节词语时,每个单字的意思都被使用汉语的人所掌握,很多现代汉语新词是旧有字义的翻新。徐通锵说:"汉语的突出特点是语义,而印欧系语言的突出特点是它的语法结构,因此我们可以把印欧语言叫作语法型语言,把汉语叫作语义型语言。语法型语言重点研究'主语—谓语'的结构和与此相联系的名词、动词、形容词的划分,而语义型语言的研究重点是有理据性的字,突出语义、语音及其相互关系的研究。"②

陈辉《汉字文化圈缘何相当于儒教文化圈——基于19世纪30年代西士对中朝日〈千字文〉之译介》③一文发现,十九世纪三十年代集中出现过多个世上最早的中朝日《千字文》欧译刊本。这些西方译

---

① 李荣《汉语的基本字汇》,《科学通报》1952年第7期。
② 徐通锵《语言论——语义型语言的结构原理和研究方法》,东北师范大学出版社,1997年,第52页。
③ 陈辉《汉字文化圈缘何相当于儒教文化圈——基于19世纪30年代西士对中朝日〈千字文〉之译介》,《浙江大学学报》(人文社会科学版)2006年第3期。

本大都无法使用词或者短语跟"字"进行对译，因为西方的语言习惯只能从整句上完成一个意思表达，所以他们的翻译都是以句子为单位。剥离《千字文》的讲字说字功能，欧译刊本剩下的是儒家思想表述的内容。由于这些早期西方译者发挥的作用，使得不少西方人士认为汉字文化圈就是儒家思想文化圈。可见以"字"为本位的语义型语言跟以"句"为本位的结构型语言的差异。

（三）《千字文》的"翻版"和应用

《千字文》于书法界、佛教界都得到广泛应用和传播，被用于练习书写、朗读，是书法教材、文学写作教材，也是孩子们的儒学思想启蒙教材，还生成了字典排序功能。一直到清朝末年的十九世纪，我国还有地方将它作为儿童蒙学课本，使用了将近一千五百年，具有难以超越的教材属性和价值。

《千字文》在中国、日本和朝鲜都产生很多别本，形成一个内容丰富、类型多样的著述群。尾形裕康《我国〈千字文〉教育史研究》（大空社，1998年）把仿照周兴嗣《千字文》而编写的各种《千字文》称为"异系千字文"，根据他的统计，中国仿照周兴嗣《千字文》编写而在日本以写本或者刻本流传过的"异系千字文"有14种29部；而日本人编写的"异系千字文"更是品类繁多，仅尾形裕康家藏的本子就有214部。日本各式各样的"翻版"《千字文》都具有教育功能，最多的是汉字教学功能。比如，江户时代《幼学千字文》《女千字文》等，以及朝鲜《图像注解千字文》《图形千字文》，都是单纯强化《千字文》的汉字教材功能。这些仿效之作在客观上推动了《千字文》汉字教材模式的发展。

以现在多等级、多手段、多技能的外语教材的眼光来看，《千字文》显得很"单薄"。这里我们要阐述的是《千字文》作为对外汉语教材的应用价值。中国古典哲学从"道—法—术"三个层面来看待各种事物,"道"是规律,"法"是一套规则体系,"术"是具体操作技巧。用这种思想看待对外汉语教学,《千字文》这部教材是处于"道"与"法"的中间层面的汉字百科。

《新概念英语》作者路易斯·乔治·亚历山大(Louis Geoge Alexander)在《语言教学法十讲》①等著述中多次谈到,外语学习不要随意组合各种目标的教材,而应该在一套教材中完成不同技能、不同方式的训练,也就是说教材的价值在于利用。

三、《千字文》模板效应得失对当今汉语教学工作的借鉴意义

《现代汉语词典》(第7版)为"教材"下的定义是:有关讲授内容的材料,如书籍、讲义、图片、讲授提纲等。而"模式"的定义是:某种事物的标准形式或使人可以照着做的标准样式。各种各样的教材编写实际上存在着相互借鉴的"教材模式",即在内容和形式上都形成了一定标准的教材编写模式,模板效应指的是以一种教材或词典为模板,配以其他语种翻译的外语教材或词典编写方式。《千字文》不仅创造了我国古代语文教育——儿童习字启蒙教育的教材模式,而且成为一种外语教材编写的"模板",以至于梵语教学也仿拟用作模板。

唐三藏法师义净②《梵语千字文》收录于《大藏经》第54卷《事汇部》下,祖本为东京东洋文库藏本。竺仙著《宗门千字文》用于佛教传

---

① L. G. 亚历山大《语言教学法十讲》,张道一等译,科学技术文献出版社,1983年。
② 关于作者唐三藏法师义净,现在学者们有不同意见,敬光在再版序说:"千文一书,题曰义净撰。识者非无疑,盖依全真唐梵文字而制之,托名净师者也。"又说:"然有益于初学既已不少,伪也真也,何亦须言?"

播,而《梵语千字文》则用于梵语教学。敬光在再版序中提到《梵语千字文》的功用:"为欲向西国人,作学语样。"虽然梵语是"声音中心"的语言,但是义净依据"意义中心"的汉文特点来解释梵语。"梵语下题汉字,其无字者,以音正之",就是把一千个汉字跟一千个梵文常用字词按意义对应连缀成篇,所用字"并是当途要字",内容同样涉及天文、方位、政事、家庭伦理、修身、文学、军事、器具、农事、佛法和身体器官等。

《梵语千字文》共两版:第一版只有意译而无音译,右为梵语,左边为汉语词汇。再版时加入音译,明确标出了韵脚字,仍然按照单字罗列,上为梵语,中间为汉字注的读音,下为汉语词汇。如果掌握这一千个梵文单词,再熟悉三种数(单数、双数、复数)、八种格(主格、宾格、用格、与格、来格、属格、位格、呼格)的变化,就可以说梵语入门了。"若兼悉昙章读梵本,一两年间即堪翻译矣。"《梵语千字文》后来追溯双语词典源流的学者都会提到《梵语千字文》和《一切经音义》,"但学得此则余语皆通"。

《英语九百句》是听说教学法的典型教材,不论是1944年美国语言学者霍凯特和中国学者房兆楹编写的《汉语口语》,还是日本"战争期"汉语教材,其中都有《英语九百句》的影子。在世界范围内,所有语言的外语教学都是从判断动词"是/不是""有/没有""可以/不可以"等句式开始的,好像以《英语九百句》为模板的不同语种的"全球化"翻版。

外语教学是按照目的语的思维去学,还是按照自己熟悉的母语思维去学,这是两种很不一样的想法和做法。用汉语模式教梵语的《梵语千字文》,以《英语九百句》套写的"汉语九百句",都是按照母语思维学习目的语,这种直截了当对译的模板效应有"见效快"的好处,但是很难形成"二语思维",容易造成"洋泾浜式"的外语,出现"石化现象、高原现象"等。我们认为应该按照梵语思维去掌握梵语,按照英语自有规律性去掌握英语,按照汉语的本质特征去掌握汉语。

西方语言教学法专门化研究开始得早,进入二十世纪六十年代西方世界兴起的二语习得理论,承袭了长期以来西方学术界科学求实的严谨态度,而且不断推陈出新。比起西方语言学和语言教学思想重视实验、重视统计计算的探究模式来说,我们有些经验总结式、放任自流式的教学研究只能逊色成为"史前科学"。今天的汉语教学和传播研究中,我们呼吁汉字、汉语教学独有模式的回归。但我们也注意到,中国语文教学传统精华与糟粕并存。古老的中国很多科学技术方面的研究与阐释往往借助儒家思想体系,有时含混了哲学、社会科学、人文科学、自然科学等不同学科的研究方法。我们需要通过历史回顾,科学地提炼中国语文教学传统,以求实、创新的精神建设属于汉语教学的学科理论。

日本明治时期汉语教科书的作者群体研究*

徐丽　颜峰

（山东科技大学文法学院）

日本明治时期的汉语教科书数量多，与之相对应作者群也庞大，且身份复杂。考察明治时期的汉语教科书，有必要考察作者群体。他们的思想观念、身份地位和经历直接影响着教科书的内容和质量。他们中有学者，有军人，大多都有在北京留学的经历或是在北京生活过。这些作者除了日本人以外还有大批的中国人。他们很多人都有汉语教学的经历，活跃在那个时期的汉语教育的舞台。鱼返善雄在1949年5月号的《中国语杂志》上曾发表《日本华语学方向》（下），讨论了中国语教师的分类问题；安藤彦太郎在早稻田大学的校内纪要上发表《中国语教育师承记》，也对教师进行了分类。本文试从以下几个方面对明治时期汉语教科书的作者进行简单分类。

---

* 本文系2016年度教育部人文社会科学研究一般项目（项目编号16YJA740040）阶段性成果。

一、日本作者群体[①]

(一) 唐通事出身

明治初期的汉语教学沿袭的是江户时代唐通事传习的南京话。1871年在外务省设立的汉语学所的教员，大都是唐通事出身，学生也大多是他们的子弟。例如吴泰寿、吴启太、郑永邦、颍川重宽等他们都是唐通事的后代。唐通事的唐话教育是一种家学，所以他们的子弟从很小就开始接触汉语，具有一定的汉语知识基础。吴启太、郑永邦在北京学习过三年多的汉语，后来在其汉语教师的帮助下出版了《官话指南》(1881)。《官话指南》摆脱了《语言自迩集》(1867)的影响，开启了日本人自己编写汉语教科书的先河。它在很长的时间内都被作为汉语教材使用，还多次被翻译、改版，对日本的汉语教育产生了深远的影响。

唐通事出身的汉语教科书的编者数量少，其中郑永邦的贡献较大。他除了和吴启太合著了《官话指南》外，还和吴大太郎合著《日汉英语言合璧》(1888)，和吴大五郎合著《日清英俄四语合璧》(1910)，另外还自己独立编纂了《北京正音反切表附发音须知》(1904)。

吴泰寿曾在东京外国语学校专门教授汉语的发音，著有《日清往来尺牍》(1904)、《官话指南总译》(1905)，与金国璞合著《支那交际往来公牍训译》(1903)。

(二) 军人身份

近代日本的汉语学习已经偏离了对中国文化的学习，真正想研

[①] 作者相关个人信息主要参考六角恒广编《中国语教本类集成》(第3集"所收书解题"，不二出版，1991—1998年)，以及安藤彦太郎《中国语与近代日本》(卞立强译，北京大学出版社，1991年)。

究汉语的人并不多,学习汉语只是为了直接服务于日本外交、商务,直至后来的战争。

根据六角恒广的《明治刊行中国语关系书书目稿》(《东洋文学研究》1959年第7号)和《日本中国语教学书志》(王顺洪译,北京语言文化大学出版社,2000年),明治时期出版的汉语教科书有300余种。其中中日甲午战争(1894—1895)期间出版汉语课本近30种,日俄战争(1904—1905)两年间出版汉语课本近100种。如近卫步兵第一旅团的《兵要支那语》(1894)、柏原政次郎的《军用商业会话自在支那语自学入门》(1895)、善邻书院编辑出版的《支那语速成军事会话附问答之部》(1904)、《北清通用军事会话附问答之部》(1904)、《清国时文军事告示文范》(1904)、汤原景政的《军用日清会话》(1904)、台湾总督府警察官及司狱官练习所编辑的《警察会话篇》(1904)、陆军士官学校的《清语教科书》(1905)、临时台湾户口调查部的《户口调查用语》(1905)等。出版单位也具有军事性质,如近卫步兵第一旅团、陆军士官学校、台湾总督府警察官及司狱官练习所等。

从编者来看,明治时期汉语教科书的编写者很多是军人或是和军队有密切联系的人。

福岛安正,陆军步兵大尉,曾任日本驻北京公使馆的武官。在担任武官期间,编写了《自迩集平仄编四声联珠》(1886)。

御幡雅文于明治十二年(1879年)被日本陆军参谋本部派到中国学习北京官话,归国后在熊本镇台教荒尾精等人学习汉语,后来任日清贸易研究所的老师。他编写了大量的汉语教科书:《沪语津梁》(1907)、《增补华语跬步总译》(上、下卷,1910、1910)、《沪语便商一名上海话》(王凌云补订,1908)、《沪语便商一名上海语总译》(1908)、《燕语生意筋络》(桂林先生校阅,御幡雅文译述,1903)、《官商须知文稿启蒙》(1889)、《警务必携台湾散语集》(1896)、《华语跬步》(1903)、《华语跬步》(增补版,1908)。在《华语跬步》的增补六版,御幡雅文本人在"家常问答"第 49 章中也谈到自己编写的教科书的情况,"原是我为学生们用功做的,一本《华语跬步》,一本《沪语便商》,还做了一本《商贾问答》"。

西岛良尔,曾于荒尾精在上海设立的日清贸易研究所学习,中日甲午战争时从军做翻译,战后又去台湾做翻译,归国后在神户裁判所做翻译官。西岛良尔编写过大量的汉语教材,如《清语会话入门》(上、下卷,1900、1900)、《日文对照支那时文集》(1901)、《清语教科书并续编》(1901)、《清语读本》(1902)、《对译六十日毕业支那语会话》(1902)、《日清会话问答》(1903)、《支那现今尺牍类纂》(1904)、《清语三十日速成》(1904)、《日清会话助词动词详解》(1904)、《清语会话入门》(1905)、《新编清语教程》(1906)、《日清英三国会话》(1906)、《支那语教科书》(1907)、《清瀛商业用语》(1907),与牧相爱合著《四声标注支那官话字典》(1902)和《支那官话字音鉴》(1902),与林达道合著《新编中等清语教科书》(1904),与关口隆正合著《新编辽东语类》(1904)等。

平岩道知,明治十二年(1879 年)被陆军派到北京学习北京官话。著有《日华会话筌要》(1905)、《日清会话》(1894),与金国璞合编《谈论新篇》(1898)。

汤原景政,日俄战争期间的陆军翻译。著有《军用日清会话》(1904)、《实用日清会话》(1905)、《速成科用清语教范》(1907)。汤原景政编著的教科书主要和军事相关,如《实用日清会话》的内容充斥着兵制、军事,中间虽然也有生活用语,但目的仍是为军事服务的。

牧相爱,中日甲午战争中从军当了翻译,战后在鹿儿岛县立商业学校任汉语教师。著有《燕语启蒙》(1899)、《燕音集》(1900),和西岛良尔合著《四声标注支那官话字典》(1902)和《支那官话字音鉴》(1902)。

另外如甲斐靖、冈本茂、皆川秀孝等都有从军的经历。

很多日本的汉语教科书的编者都曾留学中国。"从明治六年(1873年)开始,陆军的参谋组织就有计划、有组织地把将校等派遣到中国,进行谍报活动。"①所以较多的编者很难和军事撇清关系。

(三) 学者

伊泽修二作为东京音乐学校的首任校长,历任东京音乐学校(现在的艺术大学)、东京师范学校(现在的筑波大学)、盲哑学校等的校长,一直从事教育工作。与大矢透合著《日清字音鉴》(1895),用日语的假名夹杂一些符号来表示汉字的发音,但不久他就意识到用罗马字或假名不能表示中国语固有的发音。1909年出版《同文新字典》,提出发音符号的设想。在他1903年创办的乐石社的规约中阐述了其主张创立精确的发音法的初衷:使汉字易学,便于两国的思想交流。"余数年来从事此项研究,今又得外国语学校教师金国璞、张廷彦二氏精心传授北京语音,精微解析之,发现父音24个、母韵及韵尾53个,并与我国语音比较对照,创立可习得精确发音之方法。"在1915年出版了使用上文所说字母写成的《中国语正式发微》。但是其发音方法却并没有在汉语教育中被实际应用。② 除此之外还出版了《读说应用清国官话韵镜》(1904)、《读说应用清国官话韵镜附清国

---

① 六角恒广《日本中国语教育史研究》,王顺洪译,北京语言学院出版社,1992年,第79页。

② 安藤彦太郎《中国语与近代日本》,卞立强译,北京大学出版社,1991年,第68—71页。

官话韵镜音字解说书》(1904)、《读说应用清国官话韵镜音字解说书》(1904)、《读说应用音韵新论》(1906)等。

宫岛大八,曾就学于清朝桐城派的张裕钊。他创立的善邻书院成为当时汉语学习的中心,其编写的《官话急就篇》(1904)被很多汉语学习者所使用。另外还编有《官话辑要》(1897)、《支那语教科书官话辑要》(1897)、《支那语自修书》(1900)、《官话篇》(1903)等。据六角恒广《日本中国语教育史研究》所记,田中庆太郎曾这样评价宫岛大八的教育目标,"培养有志于大陆的青年,不是所谓学者型。……宫岛之目的,今天亦如此——在于造就人物,不在于区区语言"。

青柳笃恒,是善邻书院的第一届学生,后任早稻田大学的教授。著有《支那语助词用法》(1902)、《新编支那语会话读本》(1903)、《支那时文评译》(1904)、《续支那时文评译》(1904),与宫岛吉敏合著《支那语讲义》(1906)、《评释支那时文规范》(1907),与渡俊治合著《支那时文教科书》(上、中、下卷和译筌,1908)。

足立忠八郎,曾在兴亚会支那语学校学习,该校解体后和宫岛大八一起转入东京外国语学校。编有《清国时文辑要》(1902)、《清国时文辑要总译》(卷之壹,1902)、《北京官话支那语学捷径》(1904)、《北京官话实用日清会话》(1904)、《新撰清国时文辑要》(1905)、《北京官话日清商业会话》(1909),与马绍兰合著《北京官话翻译必携》(1905)等。足立忠八郎在《清国时文辑要》的自序中说,"余曾在清国各口公署,办务十有余年",六角恒广据此推断足立忠八郎应该是以当时收集的公文书、公牍类为基础编纂了此书。也是因为这层关系,足立忠八郎关于时文的著作较多。

冈本正文,东京外国语学校清语学科毕业,后在该校任职。著有《支那声音字汇》(1902)、《支那语教科书发音篇》(1902)、《言文对照北京纪闻》(1904)、《支那语笑话集》(1911)，翻译了《谈论新编译本》(1910)，与宫锦舒合著《清国最新书翰文》(1909)。

汉语科出身的中田敬义，曾在1876年和另外两名日本留学生一起被外务省派往北京学习北京官话。回国后中田敬义编辑出版了《北京官话伊苏普寓言》(1879)，这是最早的与中国语有关的出版物。

二、不可或缺的中国人

对于明治时期的汉语教科书，只要稍加留意就会发现，很多教科书的编纂中都有中国人的身影。

金国璞，曾给《官话指南》初版本作序，是吴启太和郑永邦等人在北京的汉语教师。从明治三十年（1897年）到明治三十六年（1903年）期间，一直在东京外国语学校担任汉语教师。他单独著作的北京话教材有《北京官话士商丛谈便览》（上、下卷，1901、1902）、《支那交际往来公牍附北京语直译》（1902）、《华言问答》（1903）、《北京官话虎头蛇尾》（1907），与吴泰寿合著《支那交际往来公牍训译》（1903），与平岩道知合著《谈论新篇》（1898），翻译了《北京官话今古奇观》（第1、2编，1904、1911），与镰田弥助合著《缙绅谈论新集》（1907），与濑上恕治合著《华语分类撮要》（1907）等书。1903年出版了由他改订的《官话指南》。改订版的重要变动是把初版本的第一卷"应对须知"删除，代之以"酬应琐谈"20章。据日本关西大学的冰野善宽《官话指南の来歴の一端》（《关西大学中国文学会纪要》2010年第32号）研究，是因为原版第一章"应对须知"的很多章节借鉴了《正音撮要》（高静亭著，1810年刊行，是清代最早的官话正音教材），内容较为陈旧，为适应新的形势变化，用比较切合实际的"酬应琐谈"取而代之。"酬应琐谈"包括中国商人在日本进行商业会谈、开矿铺路、购买设备等相关实用性会话用语,从一个侧面反映了中国在甲午海战后出现的积极推进近代化的动向。

张廷彦,曾两次赴日,在多个学校教授汉语。"是日本的汉语教育中令人难忘的中国人教师。"[①]编有《北京风土编》(1898)、《支那音速知》(1899)、《支那语动字用法》(1904)、《日清语入门》(1904)、《动字分类大全》(1906)、《急就篇罗马字读法》(1906)、《北京官话中外蒙求》(1911),与田中庆太郎合著《官话文法》(1905)等。

冯世杰,著有《北京笑语会话》(1909),与市野常三郎、高木常次郎合著《北京官话家言类集》(1906)、《燕语新编》(1906),与野村幸太郎合著《北京官话清国风俗会话篇》(1906)。

林久三,编纂《台湾语发音须知》(1903)、《适用台湾卫生会话新编》(1906)等会话类图书,与杉房之助合著《会话参考台湾名词集附台湾烹调法》(1903)。

孟繁英,著有《清语教科书》(1902)、《华语教科书言语入门》(1905)、《华语教科书商贾问答》(1905)、《华语教科书商店问答》(1905)、《华语教科书》(1905)。

宫锦舒,1904年被聘为东京外国语学校教师,专授"尺牍"一课。和田中庆太郎合著《中国商业用文》(1908),和冈本正文合著《清国最新书翰文》(1909),自著《最新言文一致支那语文典》(1912)。

另外如张滋昉与林久昌合著《支那语》(1895),蔡章机与田部七郎合著《台湾土语全书》(1896)等。中国人编写的汉语教科书在明治时期占有重要的地位。

中国人除独立或与人合作编写汉语教科书外,还参与校对工作。

---

① 六角恒广编《中国语教本类集成》(第3集"所收书解题"),不二出版,1991—1998年。

如宫岛大八编纂的《官话急就篇》(1904)的第一页就写有"张廷彦校阅"的字样,说明此书是经过张廷彦校对的。到了昭和八年(1933年)宫岛大八编辑出版了《官话急就篇》的改订本《急就篇》,因张廷彦已去世,新的校阅者是包象寅,而且以"故张廷彦氏校阅"的字样在第一页和现在的校阅者包象寅并列。伊泽修二编纂的《日清字音鉴》(1895)在序言中提到,"四声的区别一个个都经过了张滋昉先生的校订"。黄裕寿和金国璞作为吴启太、郑永邦的汉语教师,曾为《官话指南》作序,序中说,"仆等观是书而佩服深之,爰为之校对一番"。可见很多教科书都有中国文人润色加工的痕迹,离不开中国人的帮助。

中国人参与编纂汉语教科书,在推广了汉语、推进了教科书科学编纂历程的同时,也间接为日本军国主义培养了实用的中国语人才。关于中国文人在日本汉语教育史上的功过,"随着时间的推移,历史是会做出公正的评价的"[1]。

---

[1] 李无未、李逊《中国学者与日本明治时期的中国语教科书》,《国际汉语教学动态与研究》2007年第3期。

《汉文典》(1877—1911):
清末中日文言语法谱系[*]

李无未
(厦门大学中国语言文学系)

清末,中日学者编写了一些具有重要影响力的文言语法著作,称为《汉文典》。已经有学者指出,他们之间存在着明显的学术渊源关系(牛岛德次,1989/1993;海晓芳,2009;袁广泉,2013)[①],但还没有人做进一步系统而深入的探讨。我们在这里进行考察,希望对这个"关系"做出一个有效的清理和定性。

一、清末中日文言语法书《汉文典》

(一) 日本明治末期《汉文典》著作

日本明治末期的《汉文典》比较著名的有九种,以下按发表时间顺序列出:

1. 冈三庆《新创未有汉文典》,出云寺高出版,1891年。分上、下

---

[*] 本文原载于《浙江大学学报》(人文社会科学版)2014年第6期,略有改动。
[①] 牛岛德次《日本における中国語文法研究史》,东方书店,1989年。牛岛德次《日本汉语语法研究史》,甄岳刚编译,杨学军校订,北京语言学院出版社,1993年。海晓芳《汉语语法研究中的词类划分及术语演变问题》,《東アジア文化交渉研究》2009年第4号。袁广泉《明治期における日中間文法學の交流》,石川祯浩、狭间直树共编《近代東アジアにおける翻訳概念の展開》,京都大学人文科学研究所,2013年。

卷。上卷，83页——总括；辞之区别法；第一段，名词；第二段，代名词；第三段，形容词；第四段，动词。下卷，88页——第五段，歇止词；第六段，副词；第七段，前后置词；第八段，接转词；第九段，感词；第十段，诸词性质及关系。与作者《冈氏之中国文典》(1887)文言体系基本一致，是个简化了的《冈氏之中国文典》，由大代信义作序。作者在"编次及其引书等"中说自己编写了《用字明辨》(1877)及《冈氏之中国文典》。《新创未有汉文典》语法体系依据美国学者日根尾《英文典》；其内容，和《冈氏之中国文典》序言基本一样。这个《汉文典》还是以传统的词类划分理论为主，没有超出《冈氏之中国文典》语法体系范围。但因为是教科书，比《冈氏之中国文典》论述更为明晰而简练。①

2. 猪狩幸之助《汉文典》，金港堂，1898年。全书共150页。扉页题为："文学士上田万年阅，文学士猪狩幸之助著。"本书体例构成：序论、凡例、正文。正文目录可见：品词篇，包括名词、代名词、形容词、动词、副词、前置词、后置词、接续词、终词、感动词；还有单文篇、复文篇、多义文字篇、同义文字篇、同音相通、用语对译表。其附录有：《韵镜》的解释、字音假名遣两部分。②

3. 上田稔《中等教育教科用书：汉文典》，甲斐治平，1901年。全书共18页。"凡例"提到，此书为师范学校和中学生所用之教科书，体系也是模仿《英文典》的。在"序言"中，作者说，当时，一些学者已经把"文典"看作是修辞学的一部分。本书顾及到如此定评文字的观点，但同时，也论及实用的"汉文法"。本书结构模仿"国文典"，取英

---

① 冈三庆《新创未有汉文典》，出云寺高出版，1891年。
② 猪狩幸之助《汉文典》，金港堂，1898年。

文法则而通汉文法。该书分为两编,第一编:第一章,名词;第二章,代名词;第三章,形容词;第四章,动词;第五章,助动词。第二编是文章编:第一章,文;第二章,句;第三章,句组织上的种类;第四章,文性质上的种类。①

4. 儿岛献吉郎《汉文典》,富山房,1903年,全书共248页;《续汉文典》,富山房,1903年,全书共220页。《汉文典》第一篇,文字典。第一章,文字言语意思的关系;第二章,字形字音字义的关系;第三章,文字的创作;第四章,文字的构造;第五章,字体的变迁;第六章,字音的转移;第七章,音韵学;第八章,训诂学。第二篇,文辞典。第一章,总说;第二章,名词;第三章,代名词;第四章,动词;第五章,形容词;第六章,副词;第七章,前置词;第八章,助动词;第九章,转接词;第十章,感应词;第十一章,歇尾词。《续汉文典》则为:第一篇,文章典。第一章,提纲;第二章,解剖的观察,词句;第三章,解剖的观察,篇章;第四章,外形上的分类,词句;第五章,内容上的分类,词句;第六章,体裁上的分类,篇章;第七章,性质上的分类,篇章;第八章,用字法,同字异用;第九章,用字法,异字同用;第十章,造句法,同义异形;第十一章,造句法,倒装。第二篇,修辞典。第一章,序论;第二章,文的品致;第三章,文的疵病;第四章,字法;第五章,句法;第六章,章法;第七章,篇法。②

5. 六盟馆编辑所《汉文典表解》,东京六盟馆,1905年。全书共61页,国会图书馆有,也是这个体系,只不过是图表方式表现而已。体例:一、文字;二、声韵;三、语;四、语的位置;五、语位置的概括;六、

---

① 上田稔《中等教育教科用书:汉文典》,甲斐治平,1901年。
② 儿岛献吉郎《汉文典》,富山房,1903年。

国语和汉文的对照;七、名词;八、代名词;九、动词;一〇、形容词;一一、助动词;一二、助词;一三、副词;一四、接续词;一五、感动词;一六、终词;一七、助动词和副词的连结;一八、语的变化;一九、有两性之语;二〇、反语;二一、文的成分;二二、成分位置;二三、句;二四、文的种类;二五、呼应。①

6. 普通学讲习会《汉文典:表说》,此村钦英堂[ほか],1907年。全书共 87 页。体例:第一编,文字篇。一、汉字及音训;二、和字。第二编,品词篇。一、名词;二、代名词;三、动词;四、形容词;五、助动词;六、副词;七、接续词;八、助词;九、感动词;一〇、终尾词。第三编,文章篇。一、文的要素;二、修饰语;三、文句;四、文(句)的种类。第四编,文(句)的构造法。一、由名词(代名词)和副词而变成自动词;二、由名词(代名词)而变成他动词;三、由名词(代名词)和自动词而变成补语;四、由名词(代名词)和他动词而变成副词;五、表示场所而用为副词;六、用为前置词;七、表示间接目的;八、用为终尾词;九、用为关系代名词;十、用为助动词;十一、用为接续词;十二、用为感动词。②

7. 八木竜三郎《汉文典表解:言文一致》,大冢宇三郎,1907年。全书共 116 页。体例。第一编,文字。文字、六书、字音、四声、四声沿革、使字、连用字句、附表。第二编,言语。品词表、名词、名词之形、名词用法;代名词的种别、代名词形、不知代名词形、例表、代名词用法、代名词变则;动词之形、动词之性、动词之用法、动词和其他词的变则置字法、示时动词、动词的性、变则性和时;形容词之形、形容

---

① 六盟馆编辑所《汉文典表解》,东京六盟馆,1905年。
② 普通学讲习会《汉文典:表说》,此村钦英堂[ほか],1907年。

词之性、形容词的用法、形容词的变则用法;副词之形、副词使用方法、前置词、助动词语质、助动词用法、助动词变用、副词和打消助动词、助动词和相连品词;接续词种类和用法;感叹词;结尾词、结尾词用法例。第三编,文章。句的种类、完全的文章语次、文的节段、文的构造、文的意义、不完全文、数种之形、字的对照、文的性、文的解剖法、文的体(之一)、文的体(之二)、论旨设置方法、推理之法、推理的质用法、文的修饰(之一)、文的修饰(之二)、文的修饰(之三)、文的修饰(之四)、文的读法、文的讲解(之一)、文的讲解(之二)。附录,练习问题;练习问题答案。①

8. 森慎一郎《新撰汉文典》,六合馆,1911年。全书共548页。第一章,总论:文字论及品词论;第二章,文字论;第三章,单语的种类;第四章,文的组织及种类;第五章,名词;第六章,代名词;第七章,动词(上);第八章,动词(下);第九章,形容词;第十章,副词;第十一章,介词;第十二章,接续词;第十三章,后词、感叹词及熟语;第十四章,文章的组织及种类;第十五章,文字的布置;第十六章,文章的省略。②

9. 中等教育学会《汉文典:表解细注》("表解细注问答全书"第11编),修学堂,1912年。全书共206页。体例:一、文字;二、声韵;三、语(品词);四、国文和汉文的对称;五、名词;六、代名词;七、动词;八、形容词;九、助动词;一〇、助词;一一、副词;一二、接续词;一三、感动词;一四、终词;一五、语(词)的变化;一六、有二种的性之语;一七、反说;一八、文(句)的成分位置;一九、句;二〇、文(句)的种类;二

---

① 八木竜三郎《汉文典表解:言文一致》,大冢宇三郎,1907年。
② 森慎一郎《新撰汉文典》,六合馆,1911年。

一、呼应法;附录。①

对日本明治末期《汉文典》的研究中,牛岛德次(1989/1993)对冈三庆《冈氏之中国文典》、儿岛献吉郎《汉文典》、广池千九郎《中国文典》(1905)、森慎一郎《新撰汉文典》进行了论述,既涉及日本《汉文典》之间,以及与《英文典》的关系,也触及与中国马建忠《马氏文通》(1898)的联系,但未提到猪狩幸之助《汉文典》、八木竜三郎《汉文典表解:言文一致》、上田稔《中等教育教科用书:汉文典》等著作。袁广泉(2013)涉及《汉文典》类比较多,上述著作都有提及,但没有区分文言书面语和官话口语。中国学者的著作提到了来裕恂《汉文典》和章士钊《中等国文典》,强调了中日《汉文典》的关联,但讨论话题还是十分有限。

(二) 中国学者来裕恂《汉文典》和章士钊《中等国文典》

1. 来裕恂《汉文典》,7卷,商务印书馆,1906年。现在一般学者能够见到的是《汉文典注释》本(高维国、张格注释),南开大学1993年2月版。《汉文典》分为"文字典"与"文章典"。"文字典",包括:第一卷,字由;第二卷,字统;第三卷,字品。"文章典",包括:第一卷,文法。有,第一篇,字法;第二篇,句法;第三篇,章法;第四篇,篇法。第二卷,文诀。有,第一篇,文品;第二篇,文要;第三篇,文基。第三卷,文体。有,第一篇,序记;第二篇,议论;第三篇,辞令。第四卷,文论。有,第一篇,原理;第二篇,界说;第三篇,种类;第四篇,变迁;第五篇,弊病;第六篇,纠谬;第七篇,知本;第八篇,致力。②

中国学者对来裕恂《汉文典》的研究大多是从文章学和写作学角

---

① 中等教育学会《汉文典:表解细注》,修学堂,1912年,"表解细注问答全书"第11编。
② 来裕恂《汉文典》,7卷,商务印书馆,1906年。

度进行的,比如方春《一部颇具价值的写作学理论著作——〈汉文典·文章典〉评介》(2004),介绍了《汉文典》两方面的成因,评介了《汉文典·文章典》体系进一步完善、内涵更丰富广博的独特价值,指出了其不尽人意及有失偏颇处,呼吁写作学研究及教学界要更加重视对《文章典》的研究。宋文《〈汉文典·文章典〉研究》(2012)认为,其是清末民初新旧文化交替时期一部有关写作学理论的不可忽视的重要著作。①

从语言学,尤其是从语法学角度研究的,主要有曹聪孙《有深度的一次宏观把握——〈汉文典〉评析》(1994)。曹先生敏锐地指出,来裕恂《汉文典》,有语言学理论的"卓见",为我们建立自己的语言学理论做出了贡献。《汉文典》所述语法以词法为主,"字品"就是对词分类。姜望琪《汉语"语法"的源流》(2010)在讨论汉语的"语法"概念及术语的起源和流变时认为,从中国的语言研究史看,中国传统的"语法"概念是广义的。它不等于单纯的"词法"加"句法",还包括"章法"和"篇法"。汉语"语法"概念的狭义化是受西方影响的结果。他提到了章士钊《中等国文典》(1907),章士钊说,"文典"包括词性论和文章论两部分问题,但章士钊论及文章论的内容很少。"文典"包括词法学和文章学内容,在具体实践上,做得最好的还是来裕恂,他把文法和文章学统一起来,因为研究的是书面语,文法和文典是同义语。②

姜望琪认识到了这一点十分重要,即来裕恂《汉文典》"文典学"

---

① 方春《一部颇具价值的写作学理论著作——〈汉文典·文章典〉评介》,《赣南师范学院学报》2004年第1期。宋文《〈汉文典·文章典〉研究》,广西师范学院硕士学位论文,2012年。

② 曹聪孙《有深度的一次宏观把握——〈汉文典〉评析》,《津图学刊》1994年第2期。姜望琪《汉语"语法"的源流》,《华文教学与研究》2010年第3期。

就是"文法学",而不是一般学者所理解的现代意义上的"文章学"。来裕恂也好,章士钊也好,"文典学"就是"文法学"的理论构架源于哪里?曹聪孙、姜望琪都没有谈,这却是理解"文典学"式的"文法学"的关键。

2. 章士钊《中等国文典》,商务印书馆,1907年。全书共284页。到二十世纪三十年代末期,商务版《中等国文典》印了近二十版,可见发行量之大。《中等国文典》是继《马氏文通》而作,体系基本相同,研究的是文言语法。全书共九章,分别为:第一章,总略;第二章,名词;第三章,代名词;第四章,动词;第五章,形容词;第六章,副词;第七章,介词;第八章,接续词;第九章,助词。① 该书曾获得语言学家陈望道、黎锦熙等人的好评。

郭双林《章士钊与中国近代文法体系》(2000)、朱铭《章士钊的〈中等国文典〉》(2001)、李日、郭春香《试论章士钊〈中等国文典〉对汉语语法学的贡献》(2002)等论文论述了《中等国文典》的学术贡献。② 只有姜望琪(2010)真正论及章士钊构建"文典学"式的"文法学"的理论创新性。海晓芳(2009)、袁广泉(2013)也论及了与之相关的,比如对英语和日语文法"品词"分类的借鉴问题。

比如海晓芳(2009)研究章士钊对于汉语基本词类的划分(名词、代名词、动词、形容词、副词、介词、接续词、助词)后认为章士钊所使用的术语大部分是对于《马氏文通》术语的继承,而"形容词""副词"和"接续词"这三类词的名称则明显与《马氏文通》的用法不同,可能

---

① 章士钊《中等国文典》,商务印书馆,1907年。
② 郭双林《章士钊与中国近代文法体系》,《中州学刊》2000年第2期。朱铭《章士钊的〈中等国文典〉》,《博览群书》2001年第8期。李日、郭春香《试论章士钊〈中等国文典〉对汉语语法学的贡献》,《古汉语研究》2002年第2期。

来自日本的语法术语。这一点从"接续词"这一用语上也可看出,但是"接续词"的称谓并没有在后来的汉语语法书中得到使用,而"形容词"和"副词"则一直沿用下来。"形容"这一表述在传统的汉语研究中就出现过,但是没有明确用来指称"形容词",而在《马氏文通》之前,由美国人高第丕编写的《文学书官话》中曾使用过"形容言"表示"形容词",后来陆续出版的一些英华字典中也有使用"形容字"来表达"形容词"的用法,如《商务书馆华英字典》(1899)、《商务书馆袖珍华英字典》(1904)等。但是并未在《马氏文通》中得到体现。而章士钊从日本的词类术语中引入"形容词"这个术语的可能性比较大,因为章士钊留学日本的时候,"形容词"这个术语在日本的语法研究中已经比较稳定了,是当时日本各文典中表示"adjective"的比较固定的术语。邵敬敏《汉语语法学史稿》(上海教育出版社,1990:52)指出,通过章士钊的《中等国文典》确立了"副词"这一称谓。

二、清末中日文言语法书《汉文典》"谱系"确认

牛岛德次(1989/1993)以《马氏文通》传入日本为分界,对日本的明治时代汉语语法发展历程的研究进行了考察,似乎《马氏文通》对当时日本汉语语法研究真的是发挥了巨大的作用(牛岛德次,1993:37—38)。但我们认为,这种估计是不符合实际的。从《汉文典》的产生和传播过程来看,《马氏文通》的作用还很有限,至少是没有发挥决定性的影响力。但如果不以《马氏文通》传入日本为分界,那么,从何入手探讨日本明治时代汉语语法发展历程呢?我们认为,如果从清理清末中日众多《汉文典》的学术关系角度,则可以对这个问题有一个比较确切的认识。

如何才能理清清末中日众多《汉文典》的学术脉络?从清末中日

众多《汉文典》之间"谱系"入手就是一个比较有效的方法。中国传统意义上的"谱系",是指中国文献中记述宗族世系或同类事物历代相关联的书,比如《隋书·经籍志二》:"今录其见存者,以为谱系篇。"语言学"谱系"研究源于"进化论"谱系理论。达尔文进化论围绕生物多样性的起源与发展,引导人们探索各种生物之间的亲缘关系,或称进化谱系。这种理论当然也影响到了欧洲语言学研究。历史比较语言学上的谱系分类法又称"发生学分类法",根据语言发展的历史渊源关系、地理位置、亲属关系进行语言分类的方法。借用"谱系"观念探讨清末中日《汉文典》内部各种关系,对于找出它们之间在结构、文字、语音、词汇、语法上的对应关系和异同,具有十分重要的意义。

研究清末中日文言语法书《汉文典》"谱系",当然也需要运用到"谱系分类法"。谱系分类法的一个基本原则就是"形态体系的近似"[1]。如何确定"形态体系的近似"?一个基本方法就是比较,通过比较才能看出同"谱系"文献之间的共性关系和个性差异。但比较要有着眼点,比如是从语音入手,还是从语法、词汇入手?语言要素的选择,是历史比较语言学确定语言亲属关系即"谱系"的关键。

对清末中日文言语法书《汉文典》"谱系"的确认,我们也有自己的着眼点。本文认为,"凡例"或"序言"中的理论观念、编排的逻辑结构、语言要素的呈现、功能体系,是判定《汉文典》"谱系"关系的基本标准。根据这个标准,我们认为,清末中日文言语法书《汉文典》"谱系"类型主要有三种:中国虚词训解和泰西"文法"系,传统"小学"与"文法"结合系,字法、词法、句法、章法综合系。

---

[1] 裴特生《十九世纪欧洲语言学史》,钱晋华译,世界图书出版公司,2010年,第223页。

三、中国虚词训解和泰西"文法"系《汉文典》

牛岛德次(1989/1993:38—42)从大槻文彦《中国文典》(1877)追溯日本现代文言语法理论源头的想法是难以让人认同的,因为,没有证据证明《冈氏之中国文典》"文法"理论体系与大槻文彦《中国文典》有必然联系。

冈三庆在《新创未有汉文典》的"编次及其引书等"中明确说到,自己所编写的《用字明辨》及《冈氏之中国文典》的语法体系依据中国学者虚词著作、美国学者日根尾《英文典》。

《用字明辨》就是《开卷惊新作文用字明辨》(1877)①,又名《汉文典》。在扉页注记明确说明:"据清国徽水唐彪翼修所著《虚字用法》及《英国文典》。"《作文用字明辨序》由恕轩信夫粲撰,其中称:"明乡受业节富森田子,其于文章,眼光如炬,尝著《轨范文法明辨》若干卷,盛行于世。今又出其余蕴,以嘉惠后学。"森田子,就是森田节斋(1811—1868),是江户末期著名的汉学家,对冈三庆影响至大。《文章轨范文法明弁》(1876—1880)为森田节斋述,冈三庆编。在"开卷惊新作文用字明辨自序"中,冈三庆叙述了编写的过程,说:"吾固无创幷之才,而夙忧汉无文典之设,每读古文,致思于兹。用力之久,遂至豁焉贯彻之境。再执夫《文字窍》与《虚字用法》,互(醤)而订参之以《英文典》,渐得详而备,而取例于唐宋汉周文,卒作为此书。"②

在《杂辨十三则》中,冈三庆介绍其"采据"例句的书籍,分为小学类、语录类、注疏类、杂记类、史略类、诗类、论语类。而"所取制造适

---

① 冈三庆、堀口惣五郎《开卷惊新作文用字明辨》,晚成堂,1877年。
② 冈三庆编、森田节斋述《文章轨范文法明弁》,晚成堂等,1876—1880年。

合此编法式的'粉本'"四种则是:《虚字用法》《文字窍》《经传释词》《英文典》。前三种由中国学者所著,冈三庆强调,着重在"辞之区别解释";后一种则是:"汉和之人,固知辞之精别。是为作此编,而得以借此稍学洋之辞区别法。"可见,中国学者虚词著作,《英文典》是其重要理论来源之一。其目录:一、起语辞。第一类,正起语辞;第二类,假起语辞。二、接语辞。第一种,直接语辞。第一类,正直接语辞;第二类,假直接语辞;第三类,指示直接语辞;第四类,杂直接语辞;第五类,异直接语辞。第二种,反接语辞。第一类,反接虚问辞;第二类,反接不然辞;第三类,反接反诘辞;第四类,纯反接辞;第五类,进步反接辞;第六类,代名接辞;第七类,奇装反接辞;第八类,奇异反接辞。三、进语辞。第一类,小进语辞;第二类,大进语辞。四、转语辞。第一种,小转语辞。第一类,小转反语辞;第二类,小转疑语辞;第三类,小转带若辞;第四类,押耳小转语辞;第五类,杂小转语辞;第六类,思想小转语辞。第二种,代名转语辞。第三种,假转语辞。第一类,思想假转语辞;第二类,指时假转语辞;第三类,已然假转语辞;第四类,省文假转语辞;第五类,杂假转语辞。第四种,大转语辞。第一类,两通大转语辞;第二类,专用大转语辞。五、名语辞(冈三庆小字原注:所谓名词是也)。六、代名语辞(冈三庆小字原注:所谓代名词是也)。七、用语辞(冈三庆小字原注:所谓动词是也)。八、助用语辞(冈三庆小字原注:所谓助动词是也)。九、衬语辞(冈三庆小字原注:所谓副词、前置词等是也)。第一类,纯衬语辞;第二类,指示衬语辞;第三类,接转衬语辞;第四类,杂衬语辞;第五类,助语衬语辞;第六类,虚用衬语辞。十、束语辞。十一、叹语辞。十二、歇语辞。第一类,顺歇语辞;第二类,逆歇语辞;第三类,歇语辞用法余辨。

由此可以看出,《开卷惊新作文用字明辨》与大槻文彦《中国文典》都在同一年出版,但语法理论体系却更为明确,依据中国学者虚词著作、美国学者日根尾《英文典》而写成。后来的《冈氏之中国文典》已经将术语由"辞"改为"词",不用名语辞,而用名词;不用代名语辞,而用代名词;不用用语辞,而用动词;等等。理论来源十分清楚。另外,大槻文彦《中国文典》研究的对象是汉语官话口语语法,而冈三庆《开卷惊新作文用字明辨》研究的对象是汉语文言书面语语法,文体性质不同,对象不同。

与冈三庆《开卷惊新作文用字明辨》《冈氏之中国文典》《新创未有汉文典》相似的,还有上田稔《中等教育教科用书:汉文典》等,泰西"文法"理论脉络十分清楚。这是毋庸置疑的。

上田稔《中等教育教科用书:汉文典》"序言"称,有学者把汉文法作为汉语修辞学的一部分,但这是不正确的。此书结构模仿《汉文典》,但法则依据《英文典》。"凡例"也称:取例务求平易、脍炙人口。因为教学对象是中等师范学校等的学生,所以力求简洁、条理清楚。至于术语的使用,也是力求学术界能够接受而常用的。

具体论述,如名词:从性质上区分,普通名词、固有名词;从结构上区分,分为单纯名词和复合名词两种。还专门讨论"名词的格",比如主格、宾格、呼格。代名词则分为人称代名词、指示代名词、关系代名词三种。人称代名词又细分为自称、对称、他称、不定称四种,作者把"彼"看作是他称。指示代名词分为事物代名词(之、其、彼、孰)、地位代名词(此处、其地、彼所、某处)、方向代名词(此方、其方、彼方、一方)。与现在许多学者认定的人称名词、指示代词观点有所不同,有些不是词而是词组。对形容词的讨论,作者认为,是形容名词、代名词意义的,比如青山、白鹤、庶民。今天的学者肯定不同意这个说法。有嫌简略不说,还很不周全。具体涉及每一个词定性,还值得重新考虑。

姜望琪(2010)称,章士钊认为"文典"包括词性论和文章论的两部分,亦即构建"文典学"式的"文法学"体系,但毕竟还只是停留在理论探讨上,从具体实践上来说,还是泰西"文法"思维模式占了上风,《中等国文典》就是如此,也是属于泰西"文法"系著作。

四、传统"小学"与"文法"结合系《汉文典》

(一)猪狩幸之助《汉文典》

牛岛德次(1989/1993)没有提到猪狩幸之助《汉文典》,我们觉得是个很大的遗憾,这部与《马氏文通》同一年发表的著作具有明显的"独特性"。猪狩幸之助《汉文典》当是传统"小学"与"文法"结合的一个代表性著作,它在"文法"为主体形式的同时,还注意穿插文字、音韵、训诂等"小学"内容,传统"小学"与"文法"结合,大有突破语文学藩篱束缚、昂首阔步迈向汉语语言学的气势。

冈井慎吾《日本汉字学史》(有明书房,1934:406—412)"汉文法研究"就认为日本明治末期到昭和初年最具有代表性的《汉文典》著作是冈三庆《冈氏之中国文典》、猪狩幸之助《汉文典》、儿岛献吉郎《汉文典》、广池千九郎《中国文典》、松下大三郎《标准汉文法》。松下大三郎《标准汉文法》(纪元社,1927年)属于昭和年著作,不属于本文讨论范畴,而其他四种恰好属于中国清末和日本明治末期。可见,猪狩幸之助《汉文典》在许多日本语言学者心目中是十分重要的。

猪狩幸之助《汉文典》的"序论"和"凡例"很值得一读,对于我们理解作者的理论性实质很有帮助。

猪狩幸之助《汉文典》的"序论"很像一篇《汉文典》汉语语言理论的"宣言",涉及字体、文字的构成、音义、四声、字音、字书、外国语汉译、汉译音、训读九个方面问题，有一些观点，就今天来看，也是很有价值的。比如具有明确的"汉字文化圈"视野。"序论"第一句话就是："中国、朝鲜以及本朝（日本）文书所用历来是汉字，其渊源甚深，因此，与东方文化存在着十分密切的关系，对其研究极有趣味。"

论及字体，猪狩幸之助认为，有"八体""三体"的阶段性区别。汉字同音同义但字体歧异，面对这种情况，《正字通》本着"从古遵时，古今通用"原则。值得注意的是，元明清"官话文体"字书应运而生。"汉字的别体"，比如日本、越南、朝鲜制汉字字体构成，也是应该重视的。论及文字的构成，以"六书"来说明，但社会上常用的汉字不超过五千个，《说文解字》等字书超过了一万个，后来不断增加，达到了五万个。为何？需要进一步思考。论及音义，每个汉字存在固有音义，但一字一音一义的现象很少，一字数音、一音数义、多音多义很多，这带来了一些学者在解释上的谬误。《字汇》区别本音和别音；《音韵日月灯》"韵母卷"在每个字的右侧以"众（一字数音）独（一字一音）之字"加以区别。论及四声，外国学者认为这是区别汉字字音的一个重要方面。《五音集韵》则区别六声：上平、中平、下平、上声、去声、入声，描述了中国各地四声的分布情况。论及字音，自古以来，字音不是一层不变的，变化次序应该证之于书面文献，杨升庵、顾炎武、吕维琪、江永等的著作十分严密，但有隔靴搔痒之感，古韵今韵之别、通韵叶韵之说、等韵等应该论及。加上本土之音，有日本汉音、吴音、朝鲜音、安南音四音，无论如何，都是比较研究的好材料。此外，中国各地"土音"不同，亦不可等闲视之。广东、厦门等方音与古代字音相近，近来欧洲人有关这方面的论述很多。论及字书，从部首而论，字书有三种：《说文》《释名》《尔雅》。字画倚重偏旁解释文字，这类字书如《字林》《玉篇》《字汇》《正字通》《康熙字典》等。韵书甚多，如《广韵》

《五音集韵》《古今韵会》《洪武正韵》《佩文韵府》等。对于字书，应该特别注意的是检字、辨似、运笔、醒误、略字等诸项目。论及外国语汉译，以汉字翻译外国语，从汉代与西域相"交通"之际就已经开始，运用梵文汉译。明代以后，用汉字翻译欧美语。但同音的文字很多，而且，正确书写它们需要用数十个汉字，很多情况下是用数个汉字来表示一个意思。所以，用汉字推测"原音"比较容易。佛书发生新译旧译之争，毕竟在此理之外。由他的《翻译名义集》，还原梵语，是至难之业，大概存在着这样的弊病。邦人（日本人）音训并用，如"浦盐斯德"之写作，汉字滥用实在是达到了极点。论及音读，举了日本佛经汉音、吴音注读之例，比如空海所著文献。论及训读，汉学东渐日本后就用了训读之法。日本人要解释汉字意义，就施加"和训"，读汉文就用"邦语"（日语）。因袭之久，用功至深，但是"彼我言语性质"本来不同，其中有"破格的读法"，不得不靠自己揣摩。所施加"返点"，附加"送假名"，应该注意。德川以后，汉学勃兴，"道春点""一齐点""后藤点"之流盛行于世，自立门户、相互争斗。学者们认为，"道春点"最可信服，以其"语格"为正。如此，利用"训读"研究汉语，就要理解它的复杂性特征。

　　猪狩幸之助为何在《汉文典》的"序论"中提出这么多的研究课题？这和《汉文典》理论体系构建有何关系？这确实是需要我们思考的问题。

　　此书"凡例"称："从来就是国语有国语文典，外国语有外国语文典，但汉文却没有文典，这在教育上是一个很大的欠缺点。"而该书就是为此而作。这点明了作者的写作目的。又说："日本人写汉文，读书，主要以古文为主，所以，本书写作又是以供日本人钻研古文的基础为目的。对本书所涉及的用语都进行解释，如此，读者才会理解本书大要。吾人从来驯服于破格的训读法,却不讲文法,此等弊习应该破除。""引用书很多,限于《史》《汉》以上者。""本书还参考了 Gabelentz, *Chinesische Grammatik*; Watters, *Essays on the Chinese Language*; 伊藤东涯《操瓠字诀/补遗》《新刊用字格》;东条一堂《助辞新释》。"又强调该书是在上田万年教授校阅并指导下写成的,这表明上田万年教授的现代语言学理论意识对该书的影响十分突出。

(二) 六盟馆编辑所《汉文典表解》

该书编者首先安排了一个"文字表",分为两个层次:第一层次分为"构成""转借"两类。在"构成"中所列第二层次是象形、指示、会意、形声;在"转借"中所列第二层次是转注、假借。为了说明,还举了一些实例。其次,安排了"声韵表"。"声韵表"主要是"四声"即平上去入。按106韵《平水韵》形式,每一个声调都附上相应的韵目。至于声母是什么则不列。实际上,"声韵表"以韵目、四声为主线,没有声母,也是残缺不全的"声韵表"。还有就是"语表"(品词表),分成十个类别。可贵的是列有"文的种类表",即句的类别表。比如结构分类,有单文(句)、复文(句)、重文(句);而从性质分类,则有叙事、疑问、命令、感叹四种文(句)。还有"文(句)的成分表",分为主语、说明语、客语、修饰语四类。同时,专门列有"兼有两性之语表",比如兼有副词和助动词者(未需)、兼有动词和助动词者(使遣令)、兼有代名词和助终词者(诸)。这是承认了汉语词类的"跨类性质",就是在今天,这个认识也是非常到位的。① 另外提到"语的变化",主要是表明"一字多义""一字多词"性质,比如:"与"有六种意义,"义随音转"②,还

---

① 沈家煊《语法六讲》,商务印书馆,2011年。
② 王志成《多音字分读研究——以语音读音为中心》,文史哲出版社,1987年。

兼有副词、接续词、动词、疑问终词四种词性。该书分析非常细致。与猪狩幸之助《汉文典》一样，六盟馆编辑所《汉文典表解》是十分明确的传统"小学"与"文法"结合体。

（三）普通学讲习会《汉文典：表说》

该书有四编。第一编，文字篇。用图表的形式主要讲了两项内容，一是汉字及音训，二是和字。在"汉字及音训"中，专门列有"六书表""音和训表""汉吴唐音表"。"六书表"分"构造法"（象形、指示、会意、谐声）、"使用法"（转注、假借）两类。"音和训表"，比如"音"讲"一字一音"，也讲"一字二音、三音、四音"。还说明有"汉吴唐音"三音类别。很显然，这是就日语语音汉字音层次来说的，并不是就汉语语音史来说的。而"训"注意区别"汉语汉字的意义"和"日语汉字的意义"。"汉吴唐音表"则就汉音、吴音、唐音举例说明。"和字"分解说（强调是指日本当用汉字）、一般运用（日本通行的）、新近制作（日本明治末期流行的）三部分。有意与汉语中的汉字进行区别。

第二编，品词篇。对名词的种类划分很有意思，分为单语、熟语两大类。单语分有形、无形两类。熟语之下分类就更细，有八类：意义相对者（日月、昼夜）、意义相反者（大小、老少）、意义相同者（战斗、家屋）、名词和形容词复合者（苛政、猛虎）、名词和动词复合者（怒涛、战国）、动词熟合者（游戏、兴起）、助词和助动词熟合者（不欲、五亩之宅）、同字相叠者（人人、年年）。代名词分为人代名词、指示代名词、关系代名词、复合代名词四类。人代名词分为本来的（自称、对称、他称、不定称）、其他品词转来的（自称：仆、孤臣；对称：陛下、先生；他称：寡君、细君）。指示代名词分为近称、中称、远称、不定称。关系代名词，比如"者、所"。复合代名词，比如"自、躬、亲"等。动词也分为本来的、其他品词转来的、自动词、他动词、自他五类。助动词分得更细:受身、使役、可能、否定、断定、指定、反语、时、叠语。副词分为结构、性质两大类。接续词分为单纯的、接副词的、接续句子的三类。助词则分为前置、后置两类。终尾词分为指定、疑问、感动三类。

第三编,文章篇。"文(句)的要素"有:主语、客语、补语、述语。从位置来说,有正序法、颠倒法、省略法。还专门讲修饰语。"文(句)的结构种类"有:单文(句)、复文(句)、重文(句),和六盟馆编辑所《汉文典表解》一样。"文(句)的词类所属种类"有:形容句、副词句、名词句;"文(句)的性质种类"有:平叙体、疑问体、命令体、感动体。

第四编,文(句)的构造法。主要着眼于词与词之间的构造关系,比如,名词和自动词(主语和述语)、代名词和自动词(主语和述语)、名词和形容词(主语和述语)、代名词和形容词(主语和述语)、名词和副词、名词和他动词(客语)、名词和自动词补语等,非常具体。重点放在句子的内部结构特征揭示上,这是《汉文典:表说》的一个十分突出的"文法"研究特色。

(四) 中等教育学会《汉文典:表解细注》

该书编者在"凡例"中称,此书为各类中等学校学生和小学教员考试专用复习参考书,带有标准"文法"名签。行文力求简洁、实用,"表""注"相配套。

其"文字"部分,分构成(象形文字、指示文字、会意文字、谐声文字)和用法(精法、转法、意义)两大部分,在解说上更为细致。其"声韵"部分也是"四声表":按 106 韵《平水韵》形式,分平上去入,每一个声调都附上相应的韵目,不列中古声母"三十六字母"。"声韵表"以韵目、四声为主,仍然让人感到"残缺不全"。

和六盟馆编辑所《汉文典表解》一样。"语的品词"分"名词、代名词、动词、形容词、助动词、助词、副词、接续词、感动词、终词"十类，注解时强调"意义"，列举实例说明。"语之位置"则分别讲述各类词所处句中的位置和功能情况，比如名词，做主语、客语、间接目的、主语及客语的修饰语。而代名词，编者认为和所有的名词不同，但如何不同没有讲。对名词的分类，从来源上区别，比如本来名词、来源于动词的、来源于形容词的、来源于副词的、来源于成语的。从性质上区别，分为普通名词、固有名词。对名词的作用，提到了主语、客语、补足语、在他动词下做客语补足语、在客语之上（倒装句）、客语补足语原初形式、修饰语。代名词分为人称（自称、对称、他称、不定称）、指示（事物、地位、方向）、关系（代表人或事物、连接前后句）三类。动词分为本来动词、名词变来动词、形容词变来动词、副词变来动词、助动词变来动词。从性质上分为自动词和他动词。形容词分为本来形容词、名词变来形容词、代名词变来形容词、动词变来形容词、成语用为形容词、叠语用为形容词。形容词在文章上的位置，用作说明语、修饰语。在名词之上，起修饰作用；在名词之下，是说明语，说明动词的工作；位于前置之上，用于比较。副词分为本来副词、名词变来副词、形容词变来副词、动词变来副词、成语用为副词、熟语用为副词。从性质上区分，有场所（于，现在是介词）、时间（方今、今日、后世、以后、昔者、古者）、方位（东、西、南、北、上、下、乾、坤）三类，现在大多列入名词。助动词分为受身、可能、打消、狭役、时（未来）、推量、指定、反语几类。助动词作用：位于动词之上，表明动作完成；位于形容词之上，表现状态；位于副词之上，表示限定意义；位于名词、代名词之上，表示动词动作完成；助动词连用，表示持续意义、意义省略；等等。

作者列了"和国词一致的汉文表"，确实是一个特点，带有比较意味。有"名词和名词连接""名词和自动词连接""名词和形容词连接""副词和动词连接""副词形容词名词连接"。还列"和国词不一致的汉文表",有"名词和他动词连接""名词和补足语,主要是和助动词连接""两个助动词重叠,和动词连接""助动词和动词的连接""助动词和副词的连接""名词和名词的连接""代名词和代名词连接""动词和动词的连接"。

"语(词)的变化"讲了"词的用法多样化",比如"之",有助词、动词、代名词、转倒法四种。"有二种的性之语",讲的是"兼类词",比如"当、应、和、将、且、宜"兼有副词和动词用法。"文(句)成分的位置",如主语、说明语、客语、修饰语,也讲正序法、转倒法、省略法三种。"句",分附属句、独立句。"文(句)的种类",从结构上分,则有单文、复文、重文。从性质上分,则有叙事文、疑问文、命令文、感叹文。最后,专门讲"呼应法",分为即已矣呼应、决呼呼应、未也呼应、非也呼应、岂也呼应、尝矣呼应、不我连用、不我运用八类。实际上,这讲了句尾语气词和句中语气词,有的还是副词。

《汉文典:表解细注》术语运用比较混乱,比如"句",就有文、句两种说法。还没有注意区别词和词组。体例安排上也问题不少,比如名词谈功能在先,而谈分类在后,又不是放在一起说明,连续性很差。在具体的词类之下小类分类上以偏概全,比如"呼应法",就是不科学的。此外,用日语汉文代替汉语,与实际汉语不符,带有明显的时代局限性。

即便如此,我们认为,《汉文典:表解细注》仍然是《汉文典》一类"文法"书中比较有代表性的著作,可以称作是日本明治末期有意识将传统"小学"与"文法"结合的典型。

五、字法、词法、句法、章法综合系《汉文典》

（一）儿岛献吉郎《汉文典》与来裕恂《汉文典》

儿岛献吉郎在《汉文典》"例言"中针对有学者提出该书"参酌《国文典》《欧文典》"这一问题回答道："我初次读涅氏《英文典》及大槻氏《广日本文典》而聊有所得，于是就立志开始写一部《汉文典》。后来，获得马氏《文通》及猪狩氏《汉文典》，我心甚慊焉。因此，为实现前志，遂提笔为之起稿。时至明治三十四年七月草成。"这说明其语法理论来源于日本大槻氏的《广日本文典》和美国涅氏《英文典》文法体系。作者在读了马建忠《马氏文通》和猪狩幸之助《汉文典》后又难以落笔，原因在于，诵读所有文法书后，又陷于深深的"模拟"恐惧之中。于是，作者下定决心，走出一条不同于前人的文法研究之路："此书的体裁，和何人《文典》有一致的地方，我是知道的。此书的分类，和何人《文典》有所不同，我也是知道的。"儿岛献吉郎直截了当地解释说："训读汉文，其语法，以《国文典》的法则律之；音读汉文，其语格，以《英文典》的法则论之。"

为何要把传统"小学"纳入到《汉文典》"文法"体系中来，作者也进行了说明："说起汉字之不便，有人说，汉字的笔画容易错；还有人说，汉字的音义难记。这是不了解汉字的教授法，妄自归罪于汉字。顾我邦人（日本人）讲读汉字，六书在后，经史子集解义在前。这是在大的顺序上出现了谬误。无论如何，从整体上辨识六书，了解文字上的构造法，此乃小学之事。推演经史子集意义，是大学之事。然而，我邦从来的汉文教学法，不是先教以小学课程，却直接先教大学教程，这是导致我邦人笔画谬误多的重要原因。况且，汉字本来从象形发生，所以，教诸生以六书之义，就很容易理解，也是最容易记忆的。

而且,体察汉字的偏旁等,就可以大概了解文字的性质。所以,我切望改良教学法。这也是本书第一篇述及文字的构造及其音韵训诂的原因。"可以看出,作者认为,讲传统"小学"知识是理解文法的前提。从教学法的角度也应该如此考虑。

设置"文辞典"的考虑是,"从来(日本)汉文讲习的方法,因为用了训读法,就唯有存在解释上的误解;文章上存在着'转倒'之弊,此即本书第二篇著写文辞典'诸词的关系及其位置种类'"的原因。

儿岛献吉郎设置"文章典"和"修辞典"的原因何在?在《汉文典》"例言"中作者没有提及。《续汉文典》因为没有"例言",也更是无从寻求缘由之所在。

关于"文章典",我们也可以从儿岛献吉郎《续汉文典》"正文"中窥见一二。在"文章典"第一章"提纲"第一节中,儿岛献吉郎说:"文章典,就是讨论文章构成的典则。文章典的功用,就是指示做文章规律的方法,帮助人们正确理解章句意义,把握文章的性质。""文章,从语言上说,就是文法上的品词集。以作句、为章、成篇为宗旨,彰显意义。所以,文章典论述的范围,在于由用字造句的方法而推及到篇章的'方则'。""文章,在一定的典型之下,联接各种品词,尽力表达人们的情思意想。"(第1—2页)。从"文法上的品词集""用字造句的方法"角度理解,儿岛献吉郎的"文章"还是"文法"观念上的"文章",而不是现在许多人理解的"文章学"的"文章"。

关于"修辞典",在其第一章"序论"中提到:"修辞典,止于教授构成规则的文辞法则,指示写作优美文章的方法。""文章达意,有两种修辞,即规律和典型。达意之文,以正确和明晰为主,既能够抒发自己的意思,又能够让别人理解我的意思。虽然,修辞之文,一定遵守规律典型,有抑扬,有收放,有正反,有详略。在正确之中求得圆活,在明晰之中意达婉曲。"(第117页)"修辞就是使所写文章,具有美术的技能。""修辞功用,恰恰与绘画、雕刻、写真相似。绘画、雕刻、写真,直觉地显示山水人物花鸟的实相,而文章,则是想象中的现实山水的景致、花鸟的色相、人物的性质及其行为。即文章家依靠技术家的形线,直接地诉诸于视觉力,交给读者去想象,其真相从胸中浮现出来。"(第118—125页)可见,儿岛献吉郎"修辞典"已经走出了语言学范畴,进入到了文学创作的范畴。

虽然如此,儿岛献吉郎并没有忘记"修辞"的语言特性。比如在"序论"中说道:"把在修辞上,讲求文字修饰使用功夫,叫字法;讲求语句排列,叫句法;讲求段落节次配置,叫章法;讲求一篇文章的结构安排,叫篇法。"(第125页)应该说,"修辞典"七章中有四章和这个有关,这确实不是偶然的。比如"字法"一章,对"字法的分类",就有"假借用法、比喻用法、省略用法、婉曲用法"四种,而且,一定要和"品词"研究结合起来,比如就有"假借用法转为品词特有意义"(第141页)的认识,由此,讨论到了"名词假借法"和"动词假借法"上。

儿岛献吉郎《汉文典》基本上还没有超出汉语语言学范畴,所谓的字法、词类、句法、章法综合性,还是贯穿着"文法"这条主线。儿岛献吉郎研究汉语文言语法的创造性也就体现在这一点上,可惜的是,许多学者并没有意识到他的这个贡献。

来裕恂《汉文典》"序"对儿岛献吉郎等学者的批评失之偏颇,说他们"断以臆说,拉杂成书","非徒浅近,抑多讹舛"(第2页),这不符合实际。来裕恂于1903年赴日本弘文书院师范科学习教育,对日本汉语语法学著作熟悉是可以肯定的,在写作《汉文典》时,他不可能不注意接受日本学者汉语语法理论。从我们的判断来看,来裕恂《汉文典》应该与儿岛献吉郎《汉文典》更为近似,也就是说,来裕恂参照儿岛献吉郎《汉文典》构建自己的《汉文典》理论体系的可能性更大。如此，我们把它们列为一系著作。

比较来裕恂《汉文典》与儿岛献吉郎《汉文典》，它们的近似之处在于：

1. "典"的命名。儿岛献吉郎《汉文典》第一篇就是"文字典"；来裕恂《汉文典》分为两部分，第一部分设置也叫"文字典"。儿岛献吉郎《续汉文典》第一篇是"文章典"，来裕恂《汉文典》第二部分设置也叫"文章典"。

2. 设置"文字典"和"文章典"的宗旨。对于儿岛献吉郎《汉文典》设置"文字典"的理由，《汉文典》"例言"说得直截了当，就是"改良教学法"。理解"汉文法"，先要知道文字的构造及其音韵训诂知识。来裕恂《汉文典》"文字典序"说："读书必先识字"，"然欲研究，不外解字。解字之要，惟形、声、义。字之不识，乌能缀文？此识字所以为作文之阶梯也，爰作《文字典》。"文字学的应用功效可见一斑。儿岛献吉郎《汉文典》设置"文章典"，其理由："文章典，就是讨论文章构成的典则。""文章，从语言上说，就是文法上的品词集。以作句、为章、成篇为宗旨，彰显意义。所以，文章典论述的范围，在于由用字造句的方法而推及到篇章的'方则'。"而来裕恂《汉文典》"文章典序"则说："战国以来，诸子原本六艺，著书立说，文章之学，遂极专家之能事。"但后来处于"斯学不替""卑弱""颓靡""末流"之势，"文日以荒，缀文之士，于是苦之，斯亦缺憾也，爰作《文章典》"。两者都在寻求作文的法则，由语言视角进而延展到修辞表达手段，殊途同归。

3. "文字典"和"文章典"的内容类别。以"文字典"而言，儿岛献吉郎《汉文典》"文字典"与来裕恂《汉文典》"文字典"大致对应的项目有：字形字音字义的关系/字之纲要；文字的创作/字之功用；文字的构造/字之根本,形部——体制之学;字体的变迁/字之起源,字之变化;字音的转移/音韵之变迁,声部——音韵之学;音韵学/声部——音韵之学;训诂学/义部——训诂之学。

其他,大致相重合的,比如儿岛献吉郎《汉文典》"文辞典"和来裕恂《汉文典》"文字典"之"字品":名词/名字;代名词/代字;动词/动字;形容词/静字;副词/状字;前置词/介字;助动词/助字;转接词/联字;感应词/叹字;歇尾词(文辞典)。

以"文章典"而言,儿岛献吉郎《续汉文典》与来裕恂《汉文典》大致对应的项目有:解剖的观察,词句/句法;解剖的观察,篇章/句法;外形上的分类,词句/句法;内容上的分类,词句/句法;体裁上的分类,篇章/文体;性质上的分类,篇章/篇法(文要);用字法,同字异用/字法;用字法,异字同用/字法;造句法,同义异形/句法;造句法,倒装/句法。

儿岛献吉郎《续汉文典》"修辞典"与来裕恂《汉文典》"文章典"大致对应的项目有:文的品致/文诀(文品);文的疵病/文基(文忌);字法/章法(转法、起法);句法/章法,篇法;章法/章法,篇法;篇法/章法,篇法。

来裕恂《汉文典》"文章典"也增加了许多儿岛献吉郎《汉文典》没有的内容,比如第四卷"文论"中的"原理""界说""种类""变迁""弊病""纠谬""致力"等,距离儿岛献吉郎《续汉文典》"修辞典"的语言学范畴越来越远,真的是走向了后来学者所说的"文章学"和"写作学",恐怕这也是来裕恂《汉文典》"文章典"独创之所在,如此,我们就不能简单地进行类比了。尽管如此,从中日汉语文言语法学《汉文典》研究的历史来看,来裕恂《汉文典》中儿岛献吉郎《汉文典》的"影子"处处都有,"遗传因子"还在,所以,把来裕恂《汉文典》归入儿岛献吉郎

《汉文典》一系,也不算是勉强。

来裕恂"字品"说道:"东文讲明词性,属于《文典》之第二部,西国文典亦如之,大致分字法、句法两种。中国讲明词句之法久已失传。秦汉以上多以国语入文,故有释词之法。至骈文兴,以积句积章为重,而释词之法废矣,厥后韩柳作古文,亦只讲积章之法,而词法鲜有究及者。中国于字之品性,大率分虚实两种。凡遇两实字,则必变其声读,异其义解,故有实字虚用、虚字实用之曲说。盖中国素不知品词之道。"(第74页)

但在具体研究时,来裕恂还是免不了受外来"文法"影响。名字(词)分为有形、无形、普通、特别、指示、复杂六类。指示名字,分为示时、示处、示计、示数四类。在示时指示名字之下,又分远过去指示词、近过去指示词、最近过去指示词、泛然过去指示词、现在指示词、未来指示词六类,很细。动字分为自动、他动、使动、被动、同动、助动六类。静字分为品名、切指、泛指。一般认为,这里"品名"除少数是动词之外,大部分是形容词。切指、泛指包含了数量词、方位名词、指示代词等。其状字,有名词、动词、疑问代词,但大多数是副词,分为状时、状地、状象、状量、较别、和同、断制、约度、诘难九类。代字,分为指名、连接、切指、泛指、疑问五类。介字包含了一部分介词,也有助词、连词、副词。分为着所属之介字、着所在之介字、着所用之介字、着所由之介字、着所舍之介字、着所共之介字六类。其联字,就是连词,分类辞联字、析辞联字、转辞联字、原辞联字、竟辞联字、譬辞联字、例辞联字、系辞联字八种。助字,分为起语助字、歇语助字(顿语助字、止语助字)两类。叹字分为慨叹字、怨叹字、赞叹字、惊叹字四类。

关于"文法",来裕恂说道:"《易》曰'有序',《诗》曰'有章'。序与章者,所以明言之有法也。中国自上古至三代,语言文字不甚相离,故能以词见法。魏晋以来,骈文盛行,于是尚造句配章之法。逮唐宋古文家又专篇章格调,而文法益密。故汉以前之文,因文生法;唐以后之文,由法成文。因文生法者,文成而法立;由法成文者,法立而文成。"(第130页)所以,来裕恂将"文法"分为:字法,讲语助、形容、分析、增改、锻炼、类用;句法,主要讲关系格调、节次、性质、声情、优劣;章法,讲起法、承法、转法、结法;篇法,讲完全、偏阙两种。完全法,比如提纲法、叙事法、照应法、比兴法等。偏阙法,讲相形、层叠、宾主、缓急、论断、预伏、推广等法。来裕恂"文法"已经完全脱离了西方句法范畴,进入到了篇章、修辞、作文领域了。

(二)八木竜三郎《汉文典表解:言文一致》与森慎一郎《新撰汉文典》

八木竜三郎《汉文典表解:言文一致》没有"序言",在正文前只有一个"例言表",告诉人们编写该书的目的是:对学生来说,是本好的参考书;对参加考试的人来说,是好伴侣;对自学者来说,是稀有的研究者。夸大的成分很浓。该书体例很清楚,分文字、言语、文章三部分。与儿岛献吉郎《汉文典》的结构和内容设置非常类似,显然脱胎于儿岛献吉郎《汉文典》一系,只不过以"表解"形式呈现出来罢了。

牛岛德次(1989/1993)注意到森慎一郎《新撰汉文典》(第55页)把它和广池千九郎《中国文典》一同作为马建忠《马氏文通》的后继著作来对待,但这其实也是主观性很强的判断。大槻文彦在《新撰汉文典》"序"中称赞森慎一郎《新撰汉文典》比起马建忠《马氏文通》和广池千九郎《中国文典》来,"另辟蹊径""更简洁",这是很有道理的。

森慎一郎在《新撰汉文典》"绪言"中说:"本书讲读汉文,论述了与古体汉文有关的文法大要,仅供参考。论述的事项,按文字论、品词论、文章论三大编十六章区分,逐次论述。""区分品词,参稽邦语及外国语,还斟酌汉字的特性,分为名词、代名词、动词、形容词、副词、介词、接续词、后词、感叹词九种。""研究古汉语文法的著作,首称中国清代马建忠的《马氏文通》。此书是以英语文法为基础解释汉文法的,论证充分,不过所立名目往往奇僻,读者难以晓解。""近年在我国有广池千九郎、儿岛献吉郎及其他二三人的著作。这些人虽然有不少的建树,但其中尚有可商之处,故将此作为学习者的参考书,略感不足。""本书参考了荻生徂徕《训译示蒙》《译文筌蹄》,伊藤东涯《操觚字诀》《用字格》,马建忠的《马氏文通》,皆川淇园《助字法》,河北景桢的《助字鹄》,大槻文彦《国文法》,ネスフィールト、ベイン诸氏《英文法》。"

可见,森慎一郎《新撰汉文典》理论的来源是多向性的,就文法来说,也是欧美、日本、中国杂混在一起的,很难区辨清楚。宏观地看,文字论、品词论、文章论三大编的主体结构框架确是有章可循的,已经讲明了自己的"参照系"就是儿岛献吉郎《汉文典》,所属谱系十分明显。因此,我们把他的《新撰汉文典》归入儿岛献吉郎《汉文典》一系中,这应该是没有疑问的。

六、确认清末中日《汉文典》"谱系"原因和意义

确认清末中日《汉文典》"谱系"的原因和意义有四:

第一,有效厘清清末中日《汉文典》之间的复杂关系。到目前为止,学术界对清末中日三种《汉文典》之间关系还停留在一般性的,甚至是错误的认识中。比如一些学者提出的大槻文彦《中国文典》是《汉文典》先导,以及《汉文典》受《马氏文通》影响等论断,都是先入为主的。我们的研究,毕竟是在前人的基础上,向前跨进了一大步,这

种从"谱系"角度的清理,让人们看到了清末中日《汉文典》发展的基本脉络和特征,不管是否清晰,毕竟开辟了一条切实可行的路径。

第二,凸显清末中日《汉文典》的学术脉络主线。中日之间语法研究关系比较复杂,早期的日本汉语语法研究受中国虚词理论影响是不可低估的,甚至进入了语法研究的"基因"当中。人们经常批评的"训诂语法"就是和这个因素关系密切,比如皆川淇园《助字详解》。富士谷成章总结中日语法传统,建立了比较系统的语法观念,他的《插头抄》(1767)、《脚结抄》(1778)将词类分为四类:名(名词)、装(动词、形容词)、插头(代名词、副词、接续词、感动词)、脚结(助词、助动词、接尾语)。① 但荷兰语言学、欧洲语言学进入到了日本的语法理论系统中后,情况发生了本质的变化。杉本孜说道:"现代日本语文法使用的文法术语,比如品词的各类称谓,无论如何是翻译语。"② 翻译语主要是欧美语文法理论。最早涉及的是和兰(荷兰)语文法。和兰文法翻译的鼻祖是中野柳圃(1759—1806),其重要著作就是《九品词名目》(1800年前后)。《九品词名目》分词类十种:发声词(冠词)、静词(名词)、虚词(形容名词、形容词)、代名词、动词、动静词(分词)、形动词(副词)、助词(接续词)、慢词(前置词)、叹息词(间投词)。③ 杉本孜又说到了他所发现的国会本、著者不详的《幡卷得师》(1828年前后)。《幡卷得师》就以当时人所学习的和兰译语语法为框架,看到和兰语语法对日语的影响。比如"九品"语法构成,分"名言、附属名言、活言、代言、添言、接言、数言、上言、性言"④,与《和兰语法解》

---

① 山东功《日本语的观察者们》,岩波书店,2013年,第8—13页。
② 杉本孜《兰学和日本语》,八坂书房,2013年,第73页。
③ 杉本孜《兰学和日本语》,八坂书房,2013年,第74—85页。
④ 杉本孜《兰学和日本语》,八坂书房,2013年,第338—342页。

类似。英语语法的渗透是与日本人学习英语分不开的。庭野吉弘《日本英学史叙说》①提到,日本"开国"后,美国"通译官"推进日美各类条约签订,并进行英语教育;一批日本学者,比如伊东贯斋、津田仙、津田梅子等,率先接受英语教育,进而在学校实施英语教育,其中语法教学成为不可或缺的内容。明治维新以后,英语教育进入系统化时代,以英国"品词"为代表的《英文典》语法理论框架,使日本文言语法理论研究产生了革命性变革,这是必须承认的。"泰西"语法的魔力太大,套用《英文典》语法理论研究汉语文言语法比比皆是,举不胜举。

　　清末中国留学生学习语法自然免不了受其影响,进而研究中国文言语法,"师夷之长,避夷之短,趋利避害",后出转精,势所必然。来裕恂《汉文典》独领风骚,一点儿都不奇怪。"风水轮流转",《汉文典》中心倾斜到了中国,但那预示着中国文言语法研究很快会达到日本《汉文典》难以企及的高度。这种学术主线脉络的触摸,如果不以"谱系"的眼光审视,则很难发现其中所蕴藏着的奥秘。

　　第三,认识清末中日《汉文典》的学术创造意义。清末中日《汉文典》"谱系"的确认,不仅仅是对清末中日《汉文典》关系的清理,更重要的是,在清理过程中,发现了中日学者为构建《汉文典》文言语法体系所付出的超乎想象的艰苦努力。不但是注意借鉴《英文典》和日本《国文典》,而且在对汉语文言语法原始语料的分析上也是殚精竭虑,充分挖掘汉语语法的独有特征,避免生搬硬套西方语法理论,找出了许多汉语文言语法独有的规律性东西,个性特征十分突出,由此,对汉语的认识进一步加深。这是他们优于西方学者的地方。从世界性

---

① 庭野吉弘《日本英学史叙说》,研究社,2008年,第81—104页。

的汉语语法学史来看,其学术意义极其伟大,这种探索所带来的创造性贡献为后来的汉语语法研究奠定了坚实的基础。所以,才有后来黎锦熙、王力语法理论在日本汉语语法学坛二十多年的绝对优势地位。

　　第四,从汉语国际教育发展史研究来看,汉语文言语法教学具有制度上的"正统性"。我们研究汉语语法系统,一般没有考虑到汉语国际教育发展史是文言和口语并重的。提起中国语法理论贡献一定要说马建忠,但很少有人会把马建忠的《马氏文通》和文言书面语语法联系起来考虑。为何马建忠的《马氏文通》不以分析汉语官话口语为对象,却偏偏去以书面语文言为对象?清末的中国文言书面文体是"正统",就是在日本也是如此,所以《汉文典》才一再进入到正规的中等教育的语法课堂中去,这是当时的中日语言书面语教育的"同一性"使然。山东功《明治前期日本文典研究》(2003)[①]提到,服部四郎从制度层面划分日本语言学史时代,比如明治十九年(1886年)学校令的颁布为转换期。山东功认为,文法研究有其特殊性,应该以明治五年(1872年)学制颁布为起始时间。在那个学制中,《小学教则》已经有了与今天相对应的"国语"关系科目——"缀字、习字、单语、会话、读本、书牍、文法"七个科目。"文法"科目规定,教授"词的种类""词的变化"等内容(山东功,2003:96—101)。山东功指出,明治十九年(1886年)学校令颁布,从制度上规定了语言学教学的合法性,逐渐形成了一整套文法教科书体系,其中大槻文彦《语法指南》(1891)、《广日本文典》(1897)成为教科书的主流学说。

---

　　① 山东功《明治前期日本文典研究》,和泉书院,2003年。仁田正义《ある近代日本文法研究史》,和泉书院,2005年。

上田稔在《中等教育教科用书：汉文典》"凡例"第一句话就说："此书以编写师范学校及中学校（初中）教科用书为目的。所以，说明问题，往往举一隅而以三隅反，有待于教师进一步补充，而有所教益。"在"序言"中又强调："师范中学校的学生，如今要修十七门各类课程。"汉文学史是日本自古以来的"文物制度根基"，"东洋危机"之时，研究它尤其重要。但研究汉文学首先要研究"汉文法"，"汉文法"成为必修课。可见，当时的日本中等教育制度已经将"汉文法"纳入师范教育的重要教学环节中，教育制度催生出文言书面文体"正统"文法书，所以，《汉文典》才如雨后春笋般争相出现。再加上"汉文法"的"日本国语"性质，使《汉文典》异乎寻常地受到青睐。我们今天认识《汉文典》的存在，不要单从汉语文言语法的角度去看待，也要认识到它是日本"国语"教育链条上一个重要的语言学习环节。《汉文典》的"双面标签"性质是我们认识问题的根本。清末中日两国出现了大量的以汉语官话口语为主体的"文典"性汉语教科书，看似风光无限，但是却进入不了"国语"语言教育的主流。实用性强，却在主流语言教育中居于"非正统"地位，是很让人觉得不公的。但从清末中日两国的语言教育实际来看，却非常正常。清末激荡着汉语国际教育的两条语法"湍流"，一个是正统的学校教育的文言语法体系，就是《汉文典》体系；另外，就是"非正统"的实用"速成式"的"书院汉语"，即汉语官话口语语法体系。语体不同，分析的理论与方法也不同，清末中日《汉文典》文言语法"谱系"的典型性研究价值，恐怕也必须顾及这一点。如此，给我们的启示是，今后研究汉语国际语法教育史，应该沿着这两个并行不悖的"路线"走，才会切合实际。

从东亚汉语学史视野看，清末中日《汉文典》"谱系"存在着"不对称性"。葛兆光以"交错的亚洲、东亚与中国"谈到了"分道扬镳",即十七世纪以后的东亚是否还有认同问题。① 清末中日《汉文典》"谱系"以日本为"文法"学术主导,并引领"文法"学术潮流,新的"思维范式"确实使中华"文法"文化的"天朝中心"位置受到了前所未有的挑战,与中国传统的文化大国地位并不相称。东亚学术中心的移动带来了东亚学术发展过程中的不平衡性,汉语语法研究也难以摆脱这个命运。对"东亚汉语语法学史"理论中心的认同不免出现了危机。但我们还是强调"东亚汉语语法学史"研究的必要性,原因在于离开了东亚这个范畴,就会无原则地把东亚内部各种学术关系切割开,如此,就会陷入一种盲目混沌状态,东亚各类学术"谱系"的研究必然无果而终。汉语文言语法"不对称"是相对的,而中日《汉文典》"谱系"的时空交错存在是绝对的。事实已经证明,这种认同是解决汉语文言语法学史诸多问题的有效途径。

清末中日三种《汉文典》"谱系"的生命力在于它们的延续性。1912年以后,中国也出现了一些《汉文典》类著作,比如以文言为主要研究对象的语法著作,有名的有戴克敦《国文典》(1915)以及刘复《中国文法通论》(1920)等。《中国文法通论》颇受英国语言学家H.斯维特的《新英语法》的影响,比如十分注意区分理论的文法和实际的文法。金兆梓《国文法之研究》(1922)参照刘复的书而又有所变通。陈承泽《国文法草创》(1922)在词类区分上增加本用和活用,这在辨识词性方面有所改进。稍后杨树达的《词诠》(1928)和《高等国文法》(1930)也是独树一帜,体系完整,但仍然可以见到早期文典"词

---

① 葛兆光《宅兹中国:重建有关"中国的历史论述"》,中华书局,2011年,第165—168页。

品语法"体系的影子。①

　　1912年以后,日本又出现了不少的《汉文典》著作。这表明,牛岛德次(1989/1993:56)关于《汉文典》居于"二流"学术水平的说法并不客观。1912年以后的《汉文典》著作还有:石川诚《国语汉文提要:文检受验》"汉文典提要"(1918)、松下大三郎《标准汉文法》(1927)、佐佐木藤之助《提要文检汉文科组织的研究》"汉文典研究"(1930)、佐佐木藤之助《文检参考汉文典》(1937)、山口经济专门学校图书课《山口高等商业学校东亚关系图书目录(和汉书分类之部)》"支那文典(汉文典を含む)"(1944)。② 这些著作不仅仅继承了《汉文典》的教学事业,更为重要的是,它们开始有意识地研究《汉文典》历史,从学术史角度进行总结。由此可以证明,它们不是简单地沿袭《汉文典》传统,而是上升到了中日两国《汉文典》"文法"理论发展的高度来认识,就不是一般性类比所能概括的。

　　我们总结清末中日两国《汉文典》"谱系"正是这种工作的继续,希望在《汉文典》学史回顾中,找到研究东亚汉语史交错与分离的符号性特征。

---

　　① 戴克敦《国文典》,商务印书馆,1915年。刘复《中国文法通论》,群益书社,1920年。金兆梓《国文法之研究》,中华书局,1922年。陈承泽《国文法草创》,商务印书馆,1922年。杨树达《词诠》,商务印书馆,1928年。杨树达《高等国文法》,商务印书馆,1930年。

　　② 石川诚《国语汉文提要:文检受验》,广文堂书店,1918年。松下大三郎《标准汉文法》,纪元社,1927年。佐佐木藤之助《提要文检汉文科组织的研究》,启文社书店,1930年。佐佐木藤之助《文检参考汉文典》,启文社书店,1937年。山口经济专门学校图书课《山口高等商业学校东亚关系图书目录(和汉书分类之部)》,山口经济专门学校,1944年。

《中国言法》与《通用汉言之法》之比较研究

康太一
(对外经济贸易大学中国语言文学学院)

十九世纪是福音派在基督新教国家复兴的世纪,亦是基督新教海外传教扩张的世纪。1792年,英国浸信会(BMS)的创始人,后来的"塞兰坡三杰"(Serampore Trio)之一,威廉·凯瑞(William Carey,1761—1834)出版了一本题为《论基督徒当竭尽所能归化异教徒之义务》[①]的小册子,从此掀起了基督新教各个教派差会全球性的传教热潮。马士曼(Joshua Marshman,1768—1837)与马礼逊(Robert Morrison,1782—1834),正是在此感召之下代表各自差会——浸信会和伦敦会(LMS)——对华传教的英国新教先驱。

作为福音异域传播的承载媒介,异族语言成为传教士首要攻克的难关;虽然过程艰辛,但却也因此成就了他们打开文化间对话与交流之大门的不朽功业。1814年和1815年,印度当时最具影响力的塞兰坡传道出版社(Serampore Mission Press)先后出版了马

[①] William Carey, *An Enquiry into the Obligations of Christians to Use Means for the Conversion of the Heathens*, Ann Ireland, 1792.

士曼与马礼逊的中文语法著作：《中国言法》①与《通用汉言之法》②，为十九世纪初的英语世界提供了最有力的汉语学习成果，更为之后的世界汉语教学留下了宝贵经验。故此，本文旨在依托"二马之争"背后的历史缘由，比较研究这两部十九世纪初英语世界最重要的汉语语法书，探究二者所展现出的汉语观及内容结构上的异同，析述它们对早期对外汉语教学之意义，以期对今日中西文化交流有所裨益与借鉴。

一、殊途而同归

1799年，马士曼一行远渡重洋，前往印度；几经漂泊与辗转，终于同年10月13日登陆加尔各答（Calcutta）北部16英里的塞兰坡（Serampore）。③ 然而，迎接他们的并不是英属政府的热情友好或东印度公司的辅助，而是受限的活动范围、贫穷和疾病。此后，为了能够落户印度并顺利推行传教事业，马士曼等人接受了塞兰坡总督伸

---

① Joshua Marshman, *Clavis Sinica*: *Elements of Chinese Grammar, with a Preliminary Dissertation on the Characters and the Colloquial Medium of the Chinese, and an Appendix Containing the TA-HYOH of Confucius with a Translation*, Serampore Mission Press, 1814.

② Robert Morrison, *A Grammar of the Chinese Language*, Serampore Mission Press, 1815.

③ John Clark Marshman, *The Life and Times of Carey, Marshman, and Ward, Embracing the History of the Serampore Mission Vol. I*, London: Longman, Brown, Green, Longmans & Roberts, 1859, p.111. John Fenwick, *Biographical Sketches of Joshua Marshman of Serampore*, Newcastle upon Tyne: Emerson Chamley, 1843. p.7. （伟烈亚力的 *Memorials of Protestant Missionaries to the Chinese* 一书中所记述的到达时间和地点为：1799年10月12日，至加尔各答，后转至塞兰坡登陆。笔者在此选择 J. C. Marshman 更为详尽和符合逻辑的记录结果。）

出的"橄榄枝"①，委曲求全地留在了这片丹麦属地，并以此作为他们的传教根据地；而 1800 年得以建立的塞兰坡传道出版社恰是得益于他们最初的妥协。在开始几年里，塞兰坡浸信分会经费拮据，马士曼等人除了要专心学习印度当地语言，加紧翻译《圣经》并印行，还要办学校、筹资金以支持他们的传教事业；如此，对于中国的关注与汉语学习，确非他们当时的首选要务。不过，这并不意味着他们的目光止步于印度，因为很快他们就在行动中彰显出了从未沉寂的野心。

1803 年至 1806 年，加尔各答与塞兰坡两地浸信会士的日程表上开始出现汉语学习与工作的踪影，以马士曼为中心的塞兰坡汉语事业初现端倪。1804 年 4 月，凯瑞等人共同署名的一封寄予总会的信中已然明确他们即将着手把《圣经》翻译成多种东亚语言，汉语跃然其列。② 而在马士曼 1806 年前后寄回英国浸信总会的多封信件中，他不仅陈述了在塞兰坡开展汉语事业的必要性，还提及这是他们早在 1803 年便定下的计划："……在我们 1803 年 1 月的译经备忘录上写明：'同意凯瑞负责马拉地语（Mahratt）的学习，沃德负责波斯语（Persian），马士曼负责汉语，并以将《圣经》译成以上语言为己

---

① 塞兰坡总督曾于 1799 年 11 月 6 日召见了马士曼一行，并建议他们考虑定居在丹麦属地塞兰坡，同时还允诺了一系列的优厚条件：一、除了授予传教许可令以外，保证他们除了所有土地以外一切和丹麦国民一样待遇；二、允许他们建立学校来支持传教；三、允许他们建立报馆并印行《圣经》；四、愿为他们翻建一座教堂；五、任何时候他们想要前往英属地，他都保证为他们提供印有其官印的护照。John Clark Marshman, *The Life and Times of Carey, Marshman, and Ward, Embracing the History of the Serampore Mission Vol. I*, London: Longman, Brown, Green, Longmans & Roberts, 1859, pp.191-192.

② Extract of the Last Letter from the Baptist Missionaries in India to the Society in London, dated Serampore, April 1804, in *The Evangelical Magazine*, Vol.13, T. William and Co. Stationers Court, 1805, p.275.

任。'"①1806年初,通过福特威廉学院(Fort William College)②的教务长布坎南(Claudius Buchanan)的引荐与资助,马士曼开始跟随拉萨尔(Joannes Lassar,1781—1835?)学习汉语,此后亦师亦友,合作无间,至他们的汉译《圣经》全部出版之日,整整延续了十四载;而拉萨尔的教学方式和汉语观也深深影响了马士曼及其后来的汉语著作,包括《中国言法》。

与此同时的马礼逊还在伦敦,尚未来华。马礼逊所属的伦敦会是公理会于1795年发起组建的跨教派性差会,虽较浸信会成立时间晚了两年,但却是当时最有影响力的差会之一。受到独立派牧师莫斯理(William Moseley)的小册子《译印中文圣经之重要性与可行性研究》③的影响,伦敦会开始考虑以汉译《圣经》为主要目标,向中国派遣传教士并译印圣经。直到1804年4月,伦敦会都认为向中国派遣传教士,学习汉语、编纂汉语字典以及翻译《圣经》的计划既是新教创举,又不会与其他差会有所冲突;然而,却意外看到了凯瑞等人在塞兰坡浸信会翻译并计划出版汉语《圣经》的报道,一时间竞争临近。伦敦会不得不重新考虑他们的计划,但结果未改,原因是凯瑞等人所

---

① 笔者转写翻译自:Joshua Marshman, Letter to Dr. Ryland (BMS), Serampore, 25 May, 1806.

② Fort William College 由印度总督韦尔斯利始建于1800年,旨在为东印度公司培养未来骨干力量,同时为英属印度政府培养语言人才,从而更好地管控殖民地区。Abhijit Gupta, Note on the Chinese Printing in Serampore, in Swapan Chakravorty and Abhijit Gupta (eds.), *New World Order: Translational Themes in Book History*, Worldview Publications, 2011.

③ William Moseley, *A Memoir on the Importance and Practicability of Translating and Printing the Holy Scriptures in the Chinese Language*, 1800.

提到的汉语翻译拉萨尔的译经资格令人怀疑。^① 故此，伦敦会坚信自己派遣的传教士才是最适合的人选，而入华习文译经才是最有效的方式；于是，1804年7月底，马礼逊被伦敦会选中，成为那个即将改变历史的人物。^②

为了让自己派遣的传教士更具说服力，1805年10月马礼逊被安排与正在伦敦学习英文的中国人容三德交换教学，学习汉语。不过，由于马礼逊个性太强，两人相处的不甚融洽，曾一度中断学习。^③至于容三德的汉语水平与教学方法，来华两年后的马礼逊曾取笑其汉语实在不够资格教人。^④ 如此可见马礼逊在来华之前的汉语启蒙教育，收获甚微；不过，容三德协助他从大英博物馆抄出的汉文新约^⑤，以及英国皇家协会(The Royal Society)借予的一部拉丁文汉文字典，却对其之后的学习与译经至关重要。1807年1月31日，马礼逊离开英国，绕道美国，辗转赴华，于1807年9月4日登陆澳门；^⑥虽然平安踏上了中国的土地，但在华居留仍是十分棘手的问题。所幸马礼逊得到斯当东爵士(Sir George Thomas Staunton, 1781—1859)

---

① 质疑主要集中在两方面：一是拉萨尔为亚美尼亚人，既非神职人员，又不懂希伯来文、希腊文或拉丁文，如何能够仅凭亚美尼亚文《圣经》进行汉译；二是马士曼本不识汉语，如何能够督导拉萨尔的翻译。

② 苏精《中国，开门！马礼逊及相关人物研究》，基督教中国宗教文化研究社，2005年，第8—10页。

③ 苏精《中国，开门！马礼逊及相关人物研究》，基督教中国宗教文化研究社，2005年，第19—20页。

④ 苏精《中国，开门！马礼逊及相关人物研究》，基督教中国宗教文化研究社，2005年，第22页。

⑤ 此汉文新约即为《四史攸编耶稣基利斯督福音之会编》，拉丁语题名 *Evangelia quatuor Sinice MSS.*。

⑥ 苏精《中国，开门！马礼逊及相关人物研究》，基督教中国宗教文化研究社，2005年，第28页。

的倾力帮助，终于1807年10月底持美国护照落户广州，开始随当地汉语教师学习汉语，并为译经使命积极准备。①

马礼逊及伦敦会对于塞兰坡汉语事业的警惕与竞争之感，从其来华计划之初对拉萨尔汉语水平的质疑与苛责就已显见，而马士曼与塞兰坡浸信会在1806年得知伦敦会计划之后，虽有祝福并表现出愿意分享资源的善意，②却也难掩不悦。③ 马礼逊初到中国不久便致信马士曼，尽管因交通不便，曾有误会，但在1814年以前，他们彼此还是有所交流和互助的。④ 只不过，随着双方学习与工作的进展，为了争取首先的历史地位，从汉语知识的权威到印刷出版媒介的优势，再到汉译《圣经》的进度，都让双方的竞争心日益发酵，最后演变为因汉语语法书出版而起的一场辩驳。不过，马士曼和马礼逊身处异地，时年有差，却均几经辗转，不约而同地开始学习汉语、汉译《圣经》以及对华传教的工作，不可不谓殊途而同归。

二、一致而百虑

1809年，马士曼已习汉语三年，始有所成：他英译了《论语》的前十章并配以原文出版，题为《孔子的著作》⑤；而同年稍早时，他出版

---

① 苏精《中国，开门！马礼逊及相关人物研究》，基督教中国宗教文化研究社，2005年，第34—40页。
② Joshua Marshman, Letter to Dr. Ryland (BMS), Serampore, 25 May, 1806.
③ Joshua Marshman, Letter to John Ryland (BMS), Serampore, 20 August, 1806.
④ 苏精《马礼逊与中文印刷出版》，学生书局，2000年，第136页。
⑤ Joshua Marshman, *The Works of Confucius Containing the Original Text with a Translation Vol.I*, Serampore Mission Press, 1809.

了自己的博士论文《论中文之汉字与音韵》①,可谓语法书的铺垫之作。此时的马礼逊也完成了他最早的汉语著作——《通用汉言之法》的初稿,并在斯当东的审查和劝荐之下,决定出版。② 由于当时塞兰坡的汉语印刷出版条件最佳,故马礼逊的书稿由东印度公司广州办事处于1812年初送往孟加拉,建议印度总督出版。③ 近两年半后,马礼逊才收到孟加拉政府的印刷通知,而自己的书还未出版,却于1815年收到了马士曼寄来的《中国言法》(1814)一书;一时激怒之下,马礼逊便认定马士曼抄袭了自己的作品,这才引发了双方的公开争论。然而,两者作品是否真有雷同之处呢?

马士曼的《中国言法》采用汉语铅活字单张正反印刷,开本约为22.6cm×28.2cm,硬皮洋装,共计324页,648面。全书包含三大部分:第一部分内含"汉字"(Character)与"口语媒介"(Colloquial Medium)两个章节,基于马士曼的博士论文;第二部分是"语法"(Grammar),以英语语法体系中的名词实词(Substantives)、形容词(Adjectives)、代词(Pronouns)、动词(Verbs)、虚词(Particles)等将汉语字词分类析述,并以此为基础梳理汉语的句法(Syntax)与诗学韵律(Prosody),最后附以少量对于方言的阐述(以粤语为主);第三部分则是"附录"(Appendix),包括由当时研习汉语已逾七年的马士曼长子约翰(John Clark Marshman,1794—1877)英译的《大学》与朱熹评注,外加404个相关汉字之对照解析(The Praxis)。马礼逊《通用汉

---

① Joshua Marshman, *Dissertation on the Characters and Sounds of the Chinese Language: Including Tables of Elementary Characters, and of the Chinese Monosyllables*, Serampore Mission Press, 1809.
② 苏精《马礼逊与中文印刷出版》,学生书局,2000年,第140页。
③ 苏精《马礼逊与中文印刷出版》,学生书局,2000年,第140页。

言之法》的内封汉语题名采用竖版印刷,此外出版规格与《中国言法》类似,亦是硬皮洋装,全书共计144页,288面,内容涉及汉语语音、词类、语法、方言和诗词格律等;除却序目、目录、勘误表等,正文共240面,其中关于词法的部分篇幅最长,占近90面。两相比较,马士曼《中国言法》的内容含量显然多于马礼逊的《通用汉言之法》,但在一些板块的内容设计上,二者却相当一致,比如关于汉字、汉语语音语调、词类与词法、句法与标点、地方方言以及诗学韵律的章节。当然,若仔细比对两者内容,不难发现这种相似的架构绝非源于马士曼对马礼逊的抄袭,而是基于二者相似的著书目的以及一致的英语语法观念。

受限于环境,马士曼学习汉语的最初三年多时间里身边没有一本英汉对照的工具书,用汉语学汉语的艰苦可想而知;然这也敦促他勤勉习文的同时,将自己的所学记录下来,成为教材、教辅和最终的这本语法书——为传教教友服务,也为想学汉语的外国人服务(《中国言法》,第187页)。而马礼逊的写作初衷在序言开篇中则表达得更加直白:"本书旨在给汉语学习者一些实际的辅助。故所有关于汉语性质的理论性论文在本书中均有意除去。关于这个主题的讨论已有很多,但迄今为止,仍没有以我们语言写成的,可为学生提供实际帮助的著作。希望这本语法书可以从某种程度上弥补这一缺憾。"(《通用汉言之法》,第iii页)由此可见,两本语法书的目标受众与写作对象均为英语读者,以英语语法原则对照勾勒汉语的样貌,显然是最可行、方便,也最易被读者接受的方式。缘此,两本语法书有相仿的章节名称、顺序,甚至部分内容一致,也就不足为奇了。

不过,尽管两书架构模式有类似之处,但内容侧重却是风格迥异,甚至可以说是两种不同类型的语法书。

（一）马士曼的书面文言语法书——《中国言法》

马士曼身在印度塞兰坡，虽有汉语老师拉萨尔和中国助手，也会遇到一些往来印度的中国商人，①但并没有稳定持久的汉语口语交流环境；所以，他对于汉语的认知主要依靠拉萨尔的讲解和阅读汉语典籍，而这也决定了《中国言法》侧重于书面文言之语法。

对汉字的记识是马士曼初学汉语时最重要的科目，而拉萨尔的教学计划也是着重于研讨汉字的意义。② 当时他们手中的基础教材仅有三本，前两本共包含约一千字，后一本亦有约一千字；③拉萨尔会依书逐行逐字念诵并讲解，马士曼则会努力记忆字音、字形与字义。如此的教学方式让马士曼在自学的过程中形成一套自己的汉字与汉语观：汉语是一种独特的语言，它与字母语言（Alphabetic Language）的规则大不相同，无论是其性质，还是其不甚规律的构字法（《中国言法》，第3页）；而之所以要重视汉字，是因为"它组成了汉语这种依赖视觉超过听觉的语言的最重要部分"，它的字形甚至可以脱离它的读音，与西方的读音相组合来传播（《中国言法》，第4页）。也因此，为了方便西方人学习，他参照《康熙字典》"部"的分类，以英语的构词模式解释汉字，将其分为可以衍生出1600字根（Primitives）的214个元件（Elements），如"一""丨""、""丿""乙"等；他认为这些元件与引申出的不同级别的（由几个元件组成即为几级）字根相互组合派生字词，从而构成庞大的汉语书写系统之根基。

---

① Joshua Marshman, Letter to Dr. Ryland (BMS), Serampore, 25 May, 1806.
② 笔者转写翻译自：Joshua Marshman, Letter to Dr. Ryland (BMS), Serampore, 25 May, 1806.
③ 清朝的一般启蒙识字读物主要有三：《百家姓》《三字经》和《千字文》。马士曼的信中虽未注明书籍名称，只有所含汉字数量，但考虑到其所处时期以及拉萨尔在澳门和广州可能接受的汉语教育，笔者推测其提到的基础识字教材很有可能是《三字经》与《千字文》。

尽管,马士曼认为语音可能会随着时代改变,只有汉字字形会指明其意义,但他并没有忽略汉语口语和语音语调的问题(《中国言法》,第81、84页)。他发现汉语的发音和英语及其他欧语系统很不一样,构字要素(元件或字根)与汉字语音并不如西语字母同其读音一般两相对应,紧密相连,有很多字更是同音不同形的(《中国言法》,第83页)。对于汉字的拼音系统,马士曼主要参照了1809年他从柔瑞国(Padre Rodrigues)①那里获得的一本《拉汉字典》副本,不过有意做了一些变化,例如将"ch'"改为"chh",将"c'"改为"ts'h"等;其中有些变化后来遭人诟病,被认为是不标准的拼注,而对于四声调的标注变化比对如下:

表1 《拉汉字典》与《中国言法》四声调标注比较(《中国言法》,第175页)

欧标排序	《拉汉字典》	《中国言法》
一声	mō,mô	mo
二声	mò	mó
三声	mó	mò
四声	mǒ	mǒ,mǒh

显然,缺乏语境的马士曼对语音的探讨,确实有些勉强。不过其以历史比较语言学的视角,结合自身语言学习的经历,比较汉语与其他语言的部分倒是别具特色:马士曼以汉语与希伯来字母、梵文比较,发现与前者相似度很小,但与后者则有一定的相似度;此外,他还重申了自己在学习汉语之初的推测,即汉语语音系统在周边一些国

---

① 柔瑞国是一名天主教神父,他曾在中国生活二十年,并于北京居住过十年,后于1809年到1810年期间访察兰坡八个月有余。柔瑞国对马士曼等人的汉译《圣经》给了不少有益建议。Joshua Marshman, Letter to Andrew Fuller, Serampore, 23 August, 1809.

家的语言系统中盛行,如不丹(Bootan)、缅甸(Burman)和暹罗(Siamese,即泰国)。鉴于这些国家的字母系统与梵文字母多有交织,马士曼推测梵文字母可能传入汉语系统,或以佛教为媒介(《中国言法》,第118—169页)。

词类与语法是全书的重点。马士曼认为汉语没有同英文相应的语法系统,所以他以英文语法的分类为蓝本对汉语的词汇进行了解析,同时观察每一词类系统下汉语的独有特质,并有所针对地填补相应的句法析述,分列于"词法"和"句法"两个章节中。例如,在分析"者"作为中介组成的名词时,马士曼选取了《论语》中的三组句子为例:

> 我未见好仁者、恶不仁者。好仁者,无以尚之;恶不仁者,其为仁矣,不使不仁者加乎其身。有能一日用其力于仁矣乎?我未见力不足者。盖有之矣,我未之见也。
>
> I have not yet seen the man who thoroughly esteems virtue, and who abhors vice. He who thoroughly esteems virtue, has nothing which he prefers thereto; he who abhors vice, for the sake of preserving his virtue, suffers not the least vice to approach his person.[①]
>
> (《中国言法》,第 198 页)
>
> 予所否者,天厌之! 天厌之!
>
> If I have done that which is improper, may heaven abhor me, may haven abhor me.
>
> (《中国言法》,第 199 页)

[①] 书中汉语原文无句读,自右向左竖排版,且每个字旁有注音(粤语)。

士志于道,而耻恶衣恶食者。

The man of letters whose mind is toward the path of virtue, but who is ashamed of mean clothing and coarse fare.①

(《中国言法》,第 200 页)

而在后篇谈到名词的主格宾格时,他又一次提及这几个例句,并解析说以"者"结尾的词组既可以做主语又可以做宾语,这取决于它在句中的位置(《中国言法》,第 220 页)。由于汉语没有词形变化,所以马士曼认为判断划分汉语词类与相应句法的"关键在于词语的位置",这也是他的独有创见。

值得一提的是,马士曼坚持"最可能揭示汉语本质的方法是通过中文经典中的句子来论证每一个汉语元素"(《中国言法》,第 vi 页),因此他引用了大量的典籍原句作为例句,涉及的语料有"四书五经"、朱熹的《四书章句集注》和程子的注说以及当时对"四书"的一些评注,还有"二十四史",十五世纪成书的两卷本《古诗词源》(*Koo-se-tshin-yuan*)以及《康熙字典》中"古文"及引用(《中国言法》,第 vi—vii 页)。如前文所用之《论语》,又如之后解析汉语诗学韵律时,所选之李白的《送友人》,均附英译以对照为例。在马士曼眼中,汉语的本质可以通过这些时间跨度三千多年的著述中的五百个例子展现出来,即使不能,也能为未来的工作打好基础;相较之下,口语的例子则具有其偶然性,必须依赖说话人的喜好,不如著作中的例子禁得起考验(《中国言法》,第 vii 页),这与他对汉字字形与语音的看法是一

---

① 在《中国言法》第 513 页中,此例再次出现,但英译文有所出入," The man of letters directing his attention toward the *Way*, but ashamed of mean clothing and coarse food …"。

致的。

(二) 马礼逊的实用白话语法书——《通用汉言之法》

马礼逊的学习情况与著述策略与马士曼不甚相同。他身在广州,每日有意无意、交往接触的多为中国人,所以口语交流是最实用也最经常的汉语练习。另外,彼时当局严禁中国人教外国人汉语,良师难求,而仅从典籍又不足以全面了解中国人与中国文化;故此,自抵华之初起,马礼逊便有意识地与中国本地人接触,商人、裁缝、童仆,甚至和尚,通过与他们的交流来体察民情并学习汉语。[①] 所以,马礼逊的《通用汉言之法》从开篇就明确了其"实用"的特点,这完全缘于他在华生活学习的切身体会。

与马士曼一样,马礼逊当然也发现了汉语的与众不同——没有字母,且其读音与字形没有必然联系,因此"通过一个汉字的确切发音,无法知道它的形貌与所指"(《通用汉言之法》,第 1 页)。但马礼逊并没有因此轻视或放弃对汉语语音的描述,相反,他对汉语的解读是从语音开始的,在这一点上他确实有天时、地利、人和的权威性。关于当时中国人的注音方式,马士曼并没有解析,但马礼逊却讲解了"音切"与"反切"的中式注音方法,然后给出了有汉字示例与相应英译对照的音标字母"A、C、E、F、G、H、I、K、M、N、O、P、S、T、U、Wa、Y"的音节表。音节表中的每个汉字示例旁都由上至下注有葡萄牙人的官话读音、英国人的官话读音与广州方言,如下图所示:

[①] 苏精《中国,开门! 马礼逊及相关人物研究》,基督教中国宗教文化研究社,2005年,第 36—40 页。

| Heŏ Hiŏ Hoak | 學 | To learn. | Gae Ngai Oe | 愛 | To love. |

图 1 《通用汉言之法》音节表示例

马礼逊指出汉语有官话与方言之分,外国人不仅要学会官话,而且要学会方言;而现在欧洲大多使用葡萄牙人的注音方法,故也于音节表中一并标出(《通用汉言之法》,第 3 页)。至于四声调,马礼逊的标注与马士曼手中天主教传教士编写的《拉汉字典》一致,分别为平声(ē、ê)、上声(è)、去声(é)、入声(ĕ)。对于"四声"特点的分析,他引用了曼宁(Thomas Manning,1772—1840)的说法:"上声发音最易受相邻音调的影响;去声中同样的发声出现于关闭的音节;平声却非常开放。分辨这三种声调需要一定的辅助。而入声最易分辨,因其极短,且于拼写上与别的音调不同。"(《通用汉言之法》,第 20 页)马礼逊在此虽未阐述自己的观点,但显然他已注意到汉语"连读音变"的现象,且对于汉语语音的认知确有深度。

当然,对于汉字的重视,马礼逊也并不亚于马士曼。他在序言中首要强调的也是"汉字",并且认为反复的书写记忆是学习汉字最好的办法,他说,"如果学生不能默写下短语中的每一个汉字,就算不上懂得……然若能先做到这一点,那么他在未来的进步会比仅仅记住字词的发音更加容易、愉快,理解作者的观点也能更快"(《通用汉言之法》,第 iii 页)。马礼逊对于汉字的解析主要有三个部分:汉字字体、汉字部首以及汉语辞典检字法。对于汉字部首的阐述,他与马士曼一样都参照了《康熙字典》中 214 个"部"的分类并附以列表,唯一的区别是他将它们称为字根(Radicals)而非元件(Elements);在他看来,汉字组成复杂,中国人以"部"编类,使之更为简单易懂(《通用汉言之法》，第 27 页）。而汉字字体与辞典检字法这两部分是马礼逊体现"实用"的独特之处。书中他介绍了正、行、草、隶、篆五种字体及其所用之处，其中"正字"是指字形或拼写符合标准的字体，如今日所说的"楷书"，细节如下图所示：

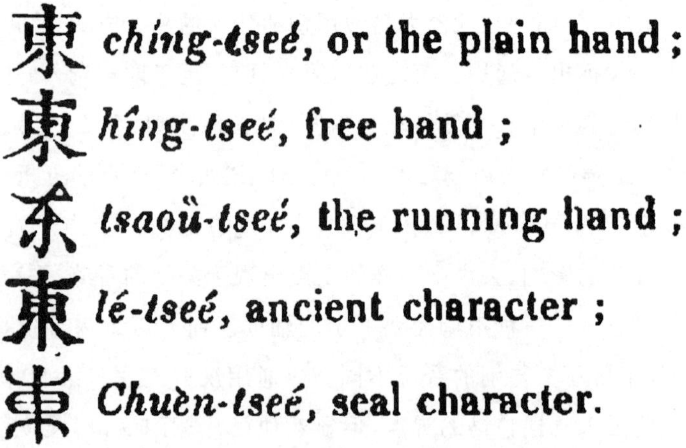

東 ching-tseé, or the plain hand;
東 hing-tseé, free hand;
东 tsaoŭ-tseé, the running hand;
東 lé-tseé, ancient character;
東 Chuèn-tseé, seal character.

图 2 《通用汉言之法》中介绍的汉字字体

此外，对汉字字体变化与构词特点马礼逊还认识到："汉字最初是象形文字，如今也可见其被保存得很好；但是为了写作的简便或急速，这些字逐渐并反复变化，如此伤害了大多数字形中表示象征意义的部分。但这些象征意义仍旧保留着，在字典中也常会通过阐明这些象征意义来定义汉字。当进一步解释复合字时，他们有时会展示参与组合的每一部分的意义。"（《通用汉言之法》，第 26 页）综上可见，马礼逊对于汉字的解读比之马士曼更为实用，甚至还包括了一些常规语法书不会阐述的内容，如字体与辞典检字法。

涉及语法的篇章是《通用汉言之法》的重点，而词法是马礼逊的重中之重。对于词类的划分，马礼逊同样受到印欧语系的影响，以英语分类模式将汉语分为名词、形容词、代词、动词、介词、连词和叹词;只是界定多依照某一个词在特定语境下的特点,所以会有模糊性与不确定性。马礼逊发现:"汉语是单音节词,没有词形变化;名词的性、数、格在词尾没有显示,而动词在所有语气、时态和人称下都是一个样。"(《通用汉言之法》,第37页)而汉语名词的性、数、格往往是通过其他词的辅助来完成表述的,这其中就包括量词(《通用汉言之法》,第37页)。他很重视量词,在书中也举了很多实例,比如"一餐饭""一盏灯""一方墨""请讲书一节"等,形式大致如下图:

Tsĕĕ 節 the numeral of joints, as the joinings in the cane and bamboo. Also of the paragraphs of a book.

節 tsĕĕ paragraph.　一 yĭy one　書 shoo book　講 keǎng discourse　請 Tsǐng Pray

'I'll thank you to explain a paragraph.'

图3 《通用汉言之法》中量词实例

对于其他词类的示例,马礼逊也均采用类此形式,即便有时直译生硬有误,但为了尽可能展现每个汉字的意思,也不采取意译。与马士曼不同,马礼逊的举例多是常用语或口语,鲜有出自典籍的。即使在解释"者"这个书面语中常用的名词后缀时,他也仅以两个典籍例句匆匆带过:一为"三光者,日月星",出自《三字经》;另一为"心者身之所主也",出自《大学集注》。此与《中国言法》形成鲜明对比。

马礼逊虽未单列章节讲述"语气"与"时态",但在动词一节中解析有、是、能愿动词等之用法时,却有杂糅,分类展现。至于句法,他说得很少,一共仅列举了九种情况。其中除最后一类是讲双重否定以外,前八组都是在讲语序的问题;显然马礼逊敏感地注意到了汉语中语序的重要性,这与马士曼对于词语位置的见解倒有异曲同工之妙。

三、为敌亦为友

《中国言法》与《通用汉言之法》这两部十九世纪初英语世界最重要的汉语语法书因"二马之争"而相提并论,虽有令人紧张的火药味余存,但却不失为比较研究的好契机。其实,梳理两个差会的传教背景与历史境遇之后,便不难理解马士曼与马礼逊二者争执的真正缘由,而难的是如何去看待他们之间亦敌亦友的关系,并以两部著作为今日对外汉语教学以及中西文化交流提供借鉴。

综合前文对两本语法书内容的析述,二者著述侧重与写作方式迥然不同,如此马士曼抄袭马礼逊一议,已可澄清;而关于马士曼是否故意拖延《通用汉言之法》的出版,比对其1816年写回总会的辩驳信①与其他相关资料②,也可知其所言确实,非恶意延宕。当然,马礼逊恐被抄袭的敏感以及对马士曼在著作中未提及自己的愤怒,也均可理解,毕竟碍于两会的竞争与通信的不便,想要彼此单纯为友或为敌,都非易事。所谓英雄匹敌,知己难觅,某种程度上说,二马之间更是耐人寻味的关系:彼此祝福、帮助,分享学习与出版资源,可为友;彼此攻错、争论,各自谨慎提防,强争为先,可为敌。然而所幸结果是积极的。

如此再看二马之语法书,则需要另一种视角:两相比对,非意在比出高低,而是相互参照,从当时汉语学习之书面文言与实用白话两个方面综合考虑,还原十九世纪初英语世界对汉语的解读。与今日语法书相较,无论是马士曼的《中国言法》还是马礼逊的《通用汉言之

---

① Joshua Marshman, Letter to Dr. Ryland Respecting Morrison, Serampore, 13 December, 1816.

② 苏精《马礼逊与中文印刷出版》,学生书局,2000年,第142页。

法》均不规范，却更像是杂糅了中国文化介绍的汉语教学手册。然而，恰是如此广泛的涉猎，使今人在感叹这两本著述对汉语的敏锐分析及特点归纳早于中国人自己编写的汉语语法书八十余年的同时，更了解到早期西方人学习汉语时的文化需求与跨文化特质，于今日对外汉语教学与中西文化交流有所借鉴与帮助；同时亦可从中描摹我们自己的语言文化历史。

琉球官话课本中方言词语的重新审视
——以清代闽人官话正音书 《新刻官音汇解释义音注》等为据*

范常喜
(中山大学外国语学院国际汉语系)

琉球官话课本即清代琉球国人学习汉语官话的课本,以抄本形式保存至今的代表性教材有《官话问答便语》《白姓官话》《学官话》《琉球官话集》《广应官话》《人中画》等。关于琉球官话课本中方言语料的研究,学者们已有所论及,如佐藤晴彦(1980)、濑户口律子(1994、2011)、郭芹纳(2000)、陈泽平(2004)、木津祐子(2004)、王振忠(2009)、张全真(2009)、李丹丹(2013)①等。不过,由于清代的官话并无一个官方统一的成文标准,所以研究者对于其中方言词的判

---

* 项目来源:教育部哲学社会科学研究后期资助项目"琉球官话课本整理与研究"(16JHQ042);国家社科基金重大招标项目"海外珍藏汉语文献与明清南方汉语研究"(12&ZD178)。本文初稿蒙暨南大学华文学院李丹丹先生雅正,后来在"海外汉语方言暨世界汉语教育史国际学术研讨会"(2014 年 11 月 14—17 日 • 深圳大学)上宣读,得到与会专家赐正,谨致谢忱。

① 佐藤晴彦《琉球官话课本研究序说——写本〈人中画〉のことば(2)》,《人文研究》1980 年第 2 号。濑户口律子《琉球官话课本研究》,香港中文大学中国文化研究所吴多泰中国语文研究中心,1994 年。濑户口律子《琉球官话课本研究》,榕树书林,2011 年。郭芹纳《对日本琉球的中国语课本〈广应官话〉一文的一点商榷》,《汉语史研究集刊》(第三辑),巴蜀书社,2000 年。陈泽平《试论琉球官话课本的音系特点》,《方言》2004 年(转下一页)

定和讨论多据当今的福州话和其他各地方言来立论,但这种对比分析显然在时间层面上是不对称的,因此一定程度上导致得出的结论并不一定符合当时福建人对官话和方言的认识。

　　清乾隆十三年(1748年)福建漳浦人蔡奭所编官话正音书《新刻官音汇解释义音注》(以下简称《官音》),以及此后编写的《新刻官话汇解便览》(以下简称《便览》)①,是当时福建人学习官话的教材。为了便于官话学习,两书中广泛收罗了当时日常所用的官话表达,并与其当地的方言词句相对应。《官音》《便览》二书与琉球官话课本基本是同时期的,其中所收官话又是福建人所认同的官话,因此二书可以为以往所认定的课本中方言词语的重新判定提供最为直接的参照。

　　日本法政大学冲绳文化研究所藏《官音》《便览》属于琉球"楚南家文书"资料,二书曾为琉球人魏掌政所藏,《官音》中还留有多处"魏掌政"的朱书签名。据那霸市企画部市史编辑室(1980)②记述,"魏

(接上一页)第1期。木津祐子《清代福建的官话——以琉球官话课本的语法特点为例》,《第五届国际古汉语语法研讨会暨第四届海峡两岸语法史研讨会论文集》(Ⅱ),"台湾中央研究院语言学研究所",2004年。王振忠《清代琉球人眼中福州城市的社会生活——以现存的琉球官话课本为中心》,《中华文史论丛》2009年第4期。张全真《〈白姓官话〉所记录的南京方言及山东方言现象发微》,《长江学术》2009年第2期。李用丹《清琉球官话课本〈人中画〉语法研究》,北京大学出版社,2013年。后文所引诸家对方言词的认定观点出自上述文献者不再一一出注。

　　① 据木津祐子(2001)的研究,蔡奭先编撰了《官音》,《便览》是后来在此基础上修订而成的,是作为《官音》的普及本出现的。日本法政大学冲绳文化研究所以及筑波大学大冢秀明先生均藏有《官音》一书,上书"乾隆十三年仲春漳浦西湖八十四老人蔡奭伯龙氏纂著"。关于此二书的编写背景、作者、版本及现藏等情况,详参木津祐子先生文,为节约篇幅,兹不再赘。木津祐子《〈新刻官音彙解釈義音注〉から〈新刻官話彙解便覽〉へ》,高田时雄《明清时代の音韵学》,京都大学人文科学研究所,2001年。

　　② 那霸市企画部市史编辑室《那霸市史・资料篇・第1卷之6・家谱资料二(下)・久米系》,那霸市企画部市史编辑室,1980年。

掌政"见于琉球久米系《魏姓家谱（楚南家）》，此人生于清道光六年（1826年），汉语汉文水平颇高，咸丰六年（1856年）做过都通事，咸丰七年（1857年）转为汉文组教师，但卒年不详。此外，该处所藏琉球官话课本《广应官话》的另一抄本中，还直接移植了大量《官音》《便览》中的内容。由此可见，当时流行于福建地区的《官音》《便览》等官话、官音读物还曾经被用作琉球人学习官话的材料。由此亦可知，利用《官音》《便览》中所列官话、方言词语，重新考察琉球官话课本中以往被认定的方言词语是合适的。

有鉴于此，本文以《官音》《便览》所收语料为基础，对以往研究者所认定的琉球官话课本中的方言词语做一重新审视。文中所用琉球官话课本以日本天理大学藏本为主，名称较长的课本多用简称，如《官话问答便语》简称《官便》，《白姓官话》简称《白姓》，《广应官话》简称《广应》。《人中画》所收故事名《风流配》《自作孽》等均以首字称之。《官音》用日本大东文化大学语学教育研究所藏复印本[①]，《便览》用日本法政大学冲绳文化研究所藏"楚南家文书"本[②]。

一、《官音》《便览》认定为官话的词语十五例

以往对琉球官话课本中方言词的认定，各家标准有所不同，在具体方言词的判定方面意见也有所不一，本文暂不讨论各家标准和具体词的认定问题，仅将诸家所列方言词与《官音》《便览》所列词语相比对，找出其间归属的差异。通过比较可以发现，琉球官话课本中有

---

① 此本当复印自筑波大学大冢秀明先生家藏本。
② 此本仅存《便览》上卷。

相当数量以往被认定为方言的词语在《官音》和《便览》中却属于官话词。下面择取十五例较为典型者略述如次:

1. 挨

《白姓》:"他们一天挨一天,总不修拾。"

濑户口律子(2011:178)将"挨"归入受闽方言影响的词。李丹丹(2013:137)认为,"挨/捱"表示拖延见于同时期其他语料中,如《儒林外史》《红楼梦》《醒世恒言》等,不是福州话的区别性特征。按:《官音·口头套语》第67叶正列有官话表达"捱一天",其中的"捱"当即课本中表示拖延的"挨",可见,"挨"被视为官话词。

2. 表

《学官话》:"这个病无妨事,你是冒着风失表的,如今寒深了,我撮一剂药,带回去吃,今晚表得些汗出来就好了。"

王振忠(2009):"'表',在福州方言中是指用药物将人体内所感受的风寒发散出来。"按:《官音·病症医药》第58叶正:"发汗,正发表。"可见在当时的福建地区,"表"亦被视为官话词。

3. 便

《学官话》:"你要买什么菜?讲来赶早好去买,买便就好到山上去,再挨越迟了。"

濑户口律子(2011:170)将"便"归入福州方言词,并认为是"现成,具备,备办停当"之义。王振忠(2009):"'买便就好到山上去,再挨越迟了',明显是福州式的官话。'买便'的意思是'买好了'(以下的'汇便',指全部集拢了)。"按:《官音·时事常谈》第77叶正所列官话例文:"相公,菜便了,请坐坐吃酒。"可见,其中的"便"同样是"备办妥当"之义,显然被视作了官话词语。

4. 不过(形容词+不过)

《广应》:"这个学生好劣不过。"
《广应》:"取来切开,好吃不过。"

濑户口律子(2011:217—218)将其归入受南方方言影响的语法。按:《官音·口头套语》第68叶反所列官话:"在行不过、淘气不过、啰嗦不过、艰苦不过、难为不过、好吃不过、好玩不过、方便不过、偬懂不过、强梁不过、聪明不过、乖巧不过、齐整不过、高兴不过、失礼不过、混障不过、利害不过、忠厚不过、害羞不过、俏皮不过、轻快不过、四海不过。"可见"形容词+不过"亦被视为官话表达。

5. 不好看相

《学官话》:"你们慌手慌脚的,不好看相。"

濑户口律子(2011:201)将"不好看相"归入受福州话影响的语法。李丹丹(2013:142)认为"不好看相"广泛存在于下江官话、北方官话当中,如《喻世明言》《儒林外史》《醒世姻缘传》等,并非福州话的区别性特征。按:《官音·时事常谈》第74叶正:"不好看,正不好看相。"可见,"不好看相"在当时的福建地区被视为官话表达。

6. 好

《人中画·风四》:"吃酒好久,大家才告辞多谢。"
《人中画·自一》:"看他好聪明。"

李丹丹(2013:156)通过与《老乞大》相比较,认为琉球官话课本中程度副词多用"好"是与南方方言的"蛮、尽、好"相对应。按:邢福义曾经指出,广东、海南、台湾、香港等地的人爱说"好"字句,认为

"好"做程度副词是"南味儿"说法。① 南方方言中,南京、扬州、苏州、上海等都用"蛮",闽语用"野、尽"。据此可知,"好"用作程度副词当是南方话的用法。不过,《官音·口头套语》第 66 叶正所列官话中有"好热闹""好齐整""好奇怪",其中"好"皆用作程度副词。可见,"好"做程度副词在当时的福建地区被视为官话。

7. 脚胑

"脚胑"见于《广应》,濑户口律子(2011:196)将其归入受福州话影响的词语。按:《官音·身体举动》第 3 叶反:"肟廉骨,正脚廉(双行小字下注:骨有廉隅)。"其中的"脚廉"当即"脚胑",可见,"脚胑"亦当属官话词。

8. 尽

《官便》:"我省中好玩的所在尽多。"

濑户口律子(2011:202)将"尽"归入受福州话影响的语法成分,并谓:"尽"与"很""太"同义,福州话以及闽语都有如此用法,明代白话文小说《二刻拍案惊奇》第十五卷中也有此用例。王振忠(2009):"此处的'尽多',是很多的意思,福州话原作'尽佋',翻成官话,也就成了'尽多'。"按:《官音·口头套语》第 64 叶反所列官话表达有"有些、尽觳、狠好",其中的"尽觳"即"很够",可见,此类程度副词"尽"也被视为官话。

9. 卯(卵)包

《学官话》:"我那一天去看戏,戏台底下,有个大卯(卵)包的人,站在那里看戏。"

---

① 邢福义《南味"好"字句》,《华中师范大学学报》(哲社版)1995 年第 1 期。

濑户口律子(2011:166)将"大卵包"视为福州方言词,即"大阴囊"之义,现在福州话使用"类扫"。王振忠(2009):"大卵(卵)包,即大阴囊,为旧时福州当地的一种地方病(这在传教士留下的福州医学文献中,多有所见)。"按:抄本中的"卵"当即"卵"之误。① 《官音·身体举动》第 3 叶正:"㾏帕,正卵胞、胞囊。"其中的"卵胞"当即《学官话》中之"卵包"。据此可知,"卵(卵)包"亦当是官话词语。

10. 起大风

《学官话》:"不然,恐怕起大风的时候,就会吹倒。"

濑户口律子(2011:171)将"起大风"归入受福州话影响的词语。按:《官音·天地山水》第 43 叶反:"做风台,正起风报""做东海,正起东风""回南,正起南风""做霉北,正起北风"。可见,"起大风"也应是官话词。

11. 弃嫌

《白姓》:"不要弃嫌。"

濑户口律子(2011:169):"'不要弃嫌'在《白姓》中出现了三次,《官便》和《学官话》中未见。福州话以前曾用此词,但现在使用'嚜'。厦门话现在仍然使用。"按:《官音·口头套语》第 65 叶正所列官话表达有"弃嫌"一词,显然被视为了官话词语。此外,"弃嫌"还见于元曲和明代小说,如元李寿卿《伍员吹箫》第二折:"这个则是豆儿粥……如不弃嫌,这两罐都与将军食用波。"明冯梦龙编撰《警世通言·庄子休鼓盆成大道》:"婆娘道:'我央你老人家为媒说合,若不弃嫌,奴家情愿服事你主人。'"

---

① 也可能是缺笔避讳所致。

12. 抬搁

《官便》:"用木架抬着车动,叫做抬搁;人站在人肩上,名为肩马。这两样的,只是官模,转动不作声。又有地上走的,名为嚷歌。这个又有官模,又会唱曲,更觉好看。"

濑户口律子(2011:159)将"抬搁"归入受福州话影响的词汇。王振忠(2009):"抬搁亦作台阁,是以木板为台,上布剧景,以善唱者分坐其中,两旁笙箫和之,四人舁前后,谓之台阁。不仅是元宵,立春之日亦有抬搁。清代侯官(今福州)进士李彦彬所撰的《榕亭诗钞》,就对嘉庆年间福州民间迎春时装扮台阁之盛况,作了较为细致的描述。"

按:"抬搁"亦写作"抬阁""台阁"等,是福州地区的一种民间游艺活动,但这种活动广泛存在于全国各地,不限于福州一处,而且来源甚早。宋周密《武林旧事·迎新》:"户部点检所十三酒库,例于四月初开煮,九月初开清,先至提领所呈样品尝,然后迎引至诸所隶官府而散。每库各用匹布书库名高品,以长竿悬之,谓之'布牌';以木床铁擎为仙佛鬼神之类,驾空飞动,谓之'台阁'。"清二石生《十洲春语·攦余》:"郡城于四月望赛元帅会……更以行院姣女,饰之绣缛画茧,绿绤红兜,扮演故事,谓之抬阁。"鲁迅《朝花夕拾·五猖会》:"其次是所谓'高跷'、'抬阁'、'马头'了;还有扮犯人的,红衣枷锁,内中也有孩子。"《官音·戏耍音乐》第37叶反:"迎艺,正妆抬阁。"同时双行小字注曰:"妆出楼阁,抬遍街市。"综合这些记述可知,"抬搁"在当时的福建地区被视作官话词语。

13. 晏

《学官话》:"好的,如今就来修拾,趁早来去,若是晏了,就没趣。"

濑户口律子(2011:181)将"晏"归入受南方话影响的词语,并谓"吴语、粤语也有同样的用法。《官便》和《白姓》中未见此词。明代白话文小说《醒世恒言》卷三也有用例"。李如龙认为,"晏"有"晚"义,这样的用法也见于赣语和吴语,但是只有闽语能单说。① 李丹丹(2013:171)据此认为,《学官话》中的"晏"是单说,可以视作受福州话影响的成分。按:《官音·时事常谈》第 73 叶正:"日晏,正晏了。"可见,"晏了"也被当时的福建人视作官话词。

14. 有

《官便》:"这些书我们年年都有买的。"

《学官话》:"身上有发潮热么?"

濑户口律子(2011:202):"在福州话、闽语、南方方言中,'有'可以加在动词前表示动作的完成。"李丹丹(2013:161)认为,《老乞大》《红楼梦》等北方官话语料中均未见"有＋VP"的用法,也没有"有＋VP＋没有"的用法。琉本的"有＋VP""有＋VP＋没有"与粤、客、闽"有＋VP"等的功能一致,都表示对事件现实性的肯定。按:《官音·口头套语》第 65 叶反:"有偏、有慢"其中的"有偏"当是指"用过茶饭了"之义,是一种寒暄客套用语。如《官音·时事常谈》第 73 叶正:"食了,正偏过了。"《白姓》:"请烟,刚才偏过了。""有慢"是"有所怠慢"之义,《官音·问荅詈骂》第 78 叶正:"有慢有慢,请了请了。"此外,《官音·问荅詈骂》第 78 叶反也录官话例句云:"有劝他一家宽限,一家快还。"可见,"有＋VP"也当视为当时福建地区的官话表达。

---

① 李如龙主编《汉语方言特征词研究》,厦门大学出版社,2002 年,第 304 页。

15. 着、不着

《白姓》:"看有不着所在,自家更正。"
《学官话》:"这样说狠着。"

濑户口律子(2011:177)将"着"和"不着"归入受闽语影响的词语。李丹丹(2013:145—146)认为,"着"表示"对"也见于同时期的粤语课本,今日粤语之阳江话、客语之梅县话、闽语之厦门、潮州话,表示"对"时都用"着"。因此,"着"表示"对"也不宜视作福州话的区别性特征。按:《便览·口头套语》第3叶反列有"着了""不着",[①]据此可知,"着"表示"对",也被视作了官话词。

二、琉球官话课本的官话性质

通过以上对以往研究者所列琉球官话课本中方言词语的重新审视,我们可以发现,许多以往考订为福州话、福建话、南方话等的方言词语,在当时福建人编写的官话正音书《官音》《官便》中,均被视作官话词语。我们不禁要问:难道以往考察出的方言词语都有问题吗?显然不是,事实上以往认定的方言词语大部分都是可靠的。个中原因主要是当时的官话并无一个统一的标准,更兼中国幅员辽阔,官话传布不广,各地对官话的认识便打上了强烈的地域烙印。因此,无论是琉球官话课本还是《官音》《官便》等官话正音书都吸收了相当数量的当地方言词语,虽然这些方言词语在如今看来不应属于官话,但在当时当地却仍被当作官话并用于当地以及琉球学生的官话教学。从

---

① 不过,《官音·口头套语》第65叶反、第66叶中与"着了""不着"相对应的部分原先分别写作"是了""不是",可见当时的人在"着"表示"对"是否是官话词这一点上还是有所犹豫和反复的。

前文考察可知,在这些被视作官话的词语当中,有一些可以明确是福州话或者闽语色彩的词语。如前文指出的表示"晚"义的"晏",李如龙便将其视作闽语特征词。下面可以再举一例:

《官便》:"学生书中大半晓得,内中只有一二句细微处不当憧,想要问先生,恐问得多,先生劳神。""你不要仔细。诲人不倦,是先生本等,你来问,我先生更欢喜。"

对于上述对话中的"仔细",王振忠(2009)指出:"此处的'你不要仔细',乍看颇难索解——因为以普通话视之,与上下文完全不搭界,显得相当突兀。但从福州方言来看,其中的'仔细'二字,应当是由福州话的'细腻'一词直接翻译而来。在福州方言中,'细腻'有三个意思:一是仔细,二是客气,三是小心谨慎。'你不要仔细(细腻)',其实是你不要客气的意思。"

据李如龙等编(1994)介绍,福州话中"细腻"有两个义项,分别是:客气、小心谨慎。如:"莫细腻,都是自家侬(莫客气,都是自己人)。""马垱车真价,过马垱着细腻(马路上车很多,过马路要小心)。"①另据周长楫主编(2006)和陈正统主编(2007)②的记录,漳州话和闽南语中"细腻"有三个义项,分别是:小心、认真细心、拘谨客气。据此可知,王振忠(2009)对《官便》中"不要仔细"的解读和分析当符合语言实际,其中的"仔细"二字,的确应当是由福州话的"细腻"一词直接翻译而来的。

---

① 李如龙等编《福州方言词典》,福建人民出版社,1994年,第260页。
② 周长楫主编《闽南方言大词典》(修订本),福建人民出版社,2006年,第202页。陈正统主编《闽南话漳腔辞典》,中华书局,2007年,第463页。

《便览·时事常谈》第 14 叶正:"莫细二,正不要仔细。"①其中"莫细二"之"二"当即"腻"之借音字,漳州话"二""贰"同音,均读作[dzi⁶],参见周长楫主编(2006:795)。又《官音·问答詈骂》第 78 叶正也录官话例句云:"少年家还高量不消仔细,吃几杯不妨。"同样是用"仔细"为"客气"。由此可见,表示"客气"的"仔细"的确是由福建话"细腻"直译成官话所致。由于福建话中的"细腻"有"认真""小心""客气"三个义项,而官话当中的"仔细"却只有"认真"和"小心"两个义项,当时的福建人学官话时简单地将"细腻"和"仔细"相对译,从而产生了"不要仔细"这种并不符合官话表达的说法。但是,这种"中介语"形态②的官话表达在当时的福建人眼中仍然属于官话范围。

另据李丹丹(2013:90—91)介绍,关于琉球官话课本的官话性质,以往主要有四种观点,分别是:以北京官话为基础的北方官话,南京官话(下江官话),南方(地区)官话,福州官话。不过,从琉球官话课本中的整个语料来看,其基础仍当视作北方官话,但同时也整合了许多南方官话的成分,如"有+VP"的用法和"好"做程度副词等。《官音》当中也有同样的体现,而且在注释中有明确说明,如《官音·饮食调和》第 27 叶正:"板食,正馄饨、扁食。"其下双行小字注云:"北人曰馄饨,南人呼扁食。"显然《官音》的作者将北方话通用的"馄饨"

---

① 《官音·时事常谈》第 73 叶正并无此例,有另一例"细二食,正仔细吃",用的可能是福州话"细腻"的"小心"义,同样直接误译成了官话"仔细"。

② 关于这一点,木津祐子(2000)谈到:"《官话汇解》所反映的语言已经有一点媒介闽南话和官话之间的境界语言色彩。日本通事在境外学习这样有媒介性的官话,他们把其媒介再强化,嘴里的中国话正变了南腔北调再加'东味西道',简直是一种很多错误的语言。"木津祐子《〈新刻官话汇解便览〉的音系初探——兼论明清正音书在日本的影响》,《中国音韵学研究会第十一届学术讨论会、汉语音韵学第六届国际学术研讨会论文集》,香港文化教育出版社有限公司,2000 年。

以及南方话较为通行的"扁食"①全部视作了官话。又《官音·时令神明》第36叶正:"佛祖,正观音、大士。"其下双行小字注云:"南人称观音,北人称大士。"此处显然也是将南北官话中说的"观音"和"大士"均列入了当地人需要学习掌握的官话。

不过,琉球官话课本的官话最有特色之处还是夹杂了许多福州话或者说福建话的成分,这些成分显然是在其他地域无法学到的。即使一些具有闽语色彩的方言词在粤语、客语等方言中也有用例,但课本的作者和使用背景并不存在与粤、客等方言发生关系的可能,所以其中的许多方言成分仍应视作带闽方言色彩的词语。参见濑户口律子(2008)②。因此从这个方面来说,琉球官话课本的官话应当视作清代福建人说的官话,而当时学官话的琉球人又基本上都集中在福州,因此也可以说他们学习的是福州人说的官话或者说福州人认定的官话。陈泽平(2004)认为:"体现在'琉球课本'附注上的音系从整体上说,既不是南京音,也不是北京音,更不是'通行全国的汉民族共同语的标准音',它仅仅属于'福州的官话'。"木津祐子(2004)认为,琉球人学习的是一种地方化(Localize)的官话,在《官话问答便语》《白姓官话》《学官话》中都有与现代闽方言相似的特点,是清代福建的官话。我们认为,这两位先生的研究结论最为公允可信。

---

① 福建厦门、建瓯等地,至今多称"馄饨"为"扁食"。李荣主编《现代汉语方言大词典》,江苏教育出版社,2002年,第2935页。另据调查,三明、莆田、漳平三地也如此称说。
② 濑户口律子《琉球〈官话问答便语〉及其语言的考察》,《中国语言学报》(第十三期),商务印书馆,2008年。

麦都思《新约全书》的语言特征

盐山正纯

（日本爱知大学国际交际系中国研究科）

欧美基督教的传教士在近代的中国从事宣教活动的同时，在语言研究方面做出的成果也不少。例如，《圣经》的汉译、英华·华英字典的编纂以及官话、方言等。马礼逊（1782—1834）最早在十九世纪初来华从事《圣经》的汉译（命名为《神天圣书》，1823年）之后，基督教的许多传教士们也在中国陆续完成了《圣经》的汉译。汉译《圣经》的文体，按照浅深分成"文理""浅文理""官话（或白话）"三种。《神天圣书》等早期汉译《圣经》属于"文理"。十九世纪中叶才出现一本用"官话"来翻译的《圣经》，即1857年麦都思等出版的《新约全书》。官话《圣经》的正文反映了欧美传教士的汉语研究，也可以说，传教士们所学到官话词汇或文体反映在官话《圣经》的正文中。因为传教士们翻译《圣经》时尊重原典，所以我们也可以依照《圣经》的原典与各种官话译《圣经》正文进行比较研究。本文以麦都思《新约全书》（1857）的《马可福音》卷为核心资料，将《新约全书·马可福音》与马礼逊《神天圣书》（1823）、相关官话著作进行比较，初步探讨以麦都思为代表的早期官话译《圣经》的文体特征，以及地域差异和时代变化对官话的影响。马礼逊的《神天圣书》是基督教传教士的第一本全文汉译《圣经》，而麦都思的《新约全书》是最早期的官话译《圣经》。

一、汉译《圣经》的文体:"文理"和"官话"

通过雅洪托夫(1969)①的关键虚词以及一些句末助词、人称代词看一下汉译《圣经》的文体。这些关键词是雅洪托夫(1969)为了识别唐宋时代文献的文体(即文言、混淆体、白话(口语))制定的26个虚词。

文言虚词A组:其,之(代词),以(介词),于,也,者,所,矣,则;B组:而,之(定语),何,无,此,乃

白话虚词C组:便,得,个,了,里,这,的,着,只,儿,子

(一)"文理"马礼逊的《神天圣书》

表1 《神天圣书》虚词统计

a. A组(表格中的"于"是"于"和"於")

	其	之	以	于	也	者	所	矣	则
马可	332	362	108	46/41	139	171	81	59	32
全文	1449	1761	746	455/272	990	1145	546	278	301

b. B组(表格中的"无"是"無")

	而	之	何	无	此	乃
马可	333	385	70	73	95	58
全文	1436	2097	374	320	592	365

---

① 雅洪托夫《七至十三世纪的汉语书面语和口语》,《汉语史论集》,北京大学出版社,1986年。原文出版于1969年。

c. 文言句末助词

	乎	哉	耶	与	欤	耳	然	焉
马可	62	1	0	0	1	0	0	3
全文	254	28	23	1	6	5	17	71

d. C组（表格中的"个"是"個"和"箇"，"里"是"裏"和"裡"，"的"是"底"和"的"）

	便	得	个	了	里	这	的	着	只	儿	子
马可	0	10	31/0	8	5/0	0	22	3	0	0	6
全文	16	41	99/11	36	14/1	1	110	8	2	0	25

《神天圣书》人称代词的用法全面按照文言规范。第一人称区别了"我"和"吾"，可以看出，马礼逊正确地把握了文言语法。第二人称区分为"尔"和"汝"。第三人称基本上主格和修饰格使用"其"，目的格，尤其是在句末时，大都使用"之"。这是文言最常用的格式。另外，在吏文中常用的"伊"和"伊等"也在《神天圣书》中出现。"伊"和"伊等"后面不带"的"，也不用于句末。马礼逊的《神天圣书》正文中使用"伊"和"伊等"的对象几乎都有性格上的特征。

（二）"官话"麦都思的《新约全书·马可福音》

表 2 《新约全书·马可福音》虚词统计

a. A组（表格中的"＊"表示概数）

	其	之	以	于	也	者	所	矣	则
马可	0	0	23*	0/0	0	0	极多	0	0

b. B组（＊何："如何"3例；此："彼此"5例，"从此"2例）

	而	之	何	无	此	乃
马可	0	0	3*	0	7*	2

c. 文言句末助词

	乎	哉	耶	与	欤	耳	然	焉
马可	0	0	0	0	0	0	0	0

d. C组（表格中"得"的次数正在调查中，大部分是动词的用法）

	便	得	个	了	里	这	的	着	只	儿	子
马可	12		183/2	310	共141	179	0/938	116	21*	40	138

比较表1和表2中各虚词的使用次数可以看出，从"文理"到"官话"文体有明显不同。《新约全书·马可福音》中人称代词统一使用"我（们）""你（们）""他（们）"，而不使用"咱们""其""伊"等其他词。

二、官话的地域差异和时代变化

（一）地域差异

关于当时的南北官话，日下恒夫（1974）、尾崎实（1973—1978？）、永井崇弘（2003）、地藏堂贞二（2004）[①]等先行研究已明确它们的差异。本文依照这些先行研究以及西泽治彦（2011）[②]关于南京官话词汇特征的记述，初步探讨一下麦都思《新约全书》正文的语言特征。

第一，先行研究认为，南京官话有避开"～得狠（～得很）"的倾向（日下恒夫，1974；地藏堂贞二，2004）。与此相反，《新约全书·马可福音》中有12个"～得狠"，而没有"～得紧"和"～得慌"。

05—42　那女就起来行走那时女子的年纪才刚十二岁众人

[①] 日下恒夫《清代南京官话方言の一斑—泊園文庫藏〈官話指南〉の書き入れ—》，《關西大學中國文學會紀要》1974年第5号。尾崎实《〈官話類編〉所收方言詞對照表》，《或問》2003年第19号；原文发表于1973—1978？年。永井崇弘《〈A First Reader in the Mandarin Dialect〉と南京官話について》，《關西大學中國文學會紀要》2003年第24号。地藏堂贞二《〈品花寶鑒〉再考》，《滋賀県立大学国際教育センター研究紀要》2004年第9号。

[②] 西泽治彦《アメリカ人宣教師の著わした漢語テキスト—Absalom Sydenstricker 著 An Exposition of the Construction and Idioms of Chinese Sentences; As Found in Colloquial Mandarin for the Use of Learners of the Language（1889）を巡って—》，《武藏大学人文学会杂志》2011年第2号。

惊奇 得狠 ①

〈北〉那女孩儿立刻起来行走他年方十二岁众人惊异 得很

第二，南京官话的动词和否定副词不是"没"而是"没有"（日下恒夫，1974；地藏堂贞二，2004）。《新约全书·马可福音》中只有1个"没"（1例），其他都是"没有"（57例），与日下恒夫（1974）、地藏堂贞二（2004）的记述一致。

第三，表示场所的"这儿、那儿、那儿（上声）"，南京官话为"这里、那里、那里（上声）"（日下恒夫，1974）。据我们统计，《新约全书·马可福音》中表示场所的词汇都是"这里、那里、那里（上声）"，没有其他表现。

第四，表示某动作的"干"，南京官话中为"做"；询问原因的"干什么"为"做什么"；而"做菜"的"做"为"弄"（日下恒夫，1974）。《新约全书·马可福音》中的"干"，只有"能干"的2例而已。而"做"有77例（包含复合词）。询问原因时都用"为什么"，共19例。

第五，做介词的"起、解、打"南京官话中为"从"（日下恒夫，1974）。《新约全书·马可福音》中，没有"起、解、打"的用例。表示开始点的有"打从"（1例）和"从"（38例）。其实北京官话译本也基本是以"从"来表示开始点。

02—23　安息的日子耶稣 打从 田里经过学生一面走一面摘谷的穗

〈北〉当安息日耶稣 从 麦田经过他门徒行路的时候摘了

---

① 例句前面的数字为《新约全书·马可福音》章节序号，第二行的〈北〉为1872年出版的北京官话译本正文的同一部分。原文为繁体字。余同。

麦穗

01—09　那时候耶稣[从]加利利拿撒勒来到约但河受约翰的洗礼

〈北〉那时候耶稣[从]加利利的拏撒勒来在约但河里受了约翰的洗

第六，动词的"给"原来是北方官话的特征，南方原来使用"把"字，1901年时动词的"给"已经成为南北官话的共同词汇（日下恒夫，1974）。《新约全书·马可福音》中的"把"（80例）和"与"（2例）都是介词的用例。而动词"给"有17例，"V给"有22例。

第七，南京官话中介词"给"为"替"（日下恒夫，1974；地藏堂贞二，2004）。《新约全书·马可福音》中，介词"给"17例，介词"替"10例。

05—43　耶稣严严的禁戒他们道不要叫别人晓得就吩咐人把东西[给]这女子吃

〈北〉耶稣切切的嘱咐他们不可叫人晓得这事就分付拏东西[给]女孩儿吃

15—17　拿紫色的袍替耶稣穿上又把荆棘编成冕疏[替]耶稣戴上

〈北〉拏着紫袍给他穿上又用枳枣编作冕[给]他戴上

第八，南京官话中介词"跟"为"对"和"和"（日下恒夫，1974）。《新约全书·马可福音》中介词"跟"5例、"对"52例，而"和"（74例）基本都是连词的用例。

第九，南京官话中表示禁止的副词"别"为"不要"（日下恒夫，

1974；地藏堂贞二，2004)。《新约全书·马可福音》中表示禁止的只有"别"的 1 例，而"不要"却有 36 例。

01—44　说道你要小心别告诉人只去指给祭司看照着摩西吩咐的话去献礼物叫他们晓得你是干净了

〈北〉你要谨慎不可告诉人要去叫祭司察看你的身体因为你干净了献上摩西所分付的礼物在众人面前作凭据

05—10　就恳求耶稣不要赶他们离这地方

〈北〉就恳求耶稣不要赶逐他们离开这地方

第十，南京官话中不论是强调还是转折，都明显地避开"可"(日下恒夫，1974)。《新约全书·马可福音》中没有表示强调和转折的"可"，"却"也只有 3 例。

第十一，南京官话和北京官话有"我们"和"咱们"的区别(地藏堂贞二，2004)。《新约全书·马可福音》中没有"咱们"，第一人称复数都用的是"我们"。

第十二，南京官话中助词不使用"哩"，而使用"呢"(地藏堂贞二，2004)。《新约全书·马可福音》中基本上都使用"呢"，共 55 例，只有 3 例"哩"。

09—42　若是坑害信我的小子犯罪这个人倒不如把磨石挂在脖子上丢在海里还好哩

〈北〉凡叫信我的一个小子陷在罪里这人倒不如将磨盘石拴在颈项上投在海里

14—63　顶大的祭司自己撕破了衣服说道还要用什么别的见证呢

〈北〉大祭司长就撕开衣服说我们何必寻别的见证 呢

第十三,"与＋NP＋V"是南京官话的特征(狄考文,1922①;转引自永井崇弘,2003)。但《新约全书·马可福音》中只有 2 例"与＋NP＋V"。

14—39　耶稣又进去祈祷上帝说话 与 前一样

〈北〉耶稣又去祷告话 和 先前一样

第十四,关于动词的不同,"引"是南京官话,而"领"是北京官话(狄考文,1922;转引自永井崇弘,2003)。《新约全书·马可福音》中相关例句只发现 1 例,而例句中,用的是"领",并不是"引"。

07—33　耶稣 领 他离了众人到僻静的地方用指头探他的耳朵吐些唾沫儿抹他的舌头

〈北〉耶稣 领 (原文资料看不清楚)

第十五,介词"将"是古白话,而"把"是北京口语(永井崇弘,2003)。《新约全书·马可福音》中只有 5 例"将",而"把"有 81 例。

02—11　我吩咐你起来 把 你的床抬回去罢

第十六,A First Reader(1887)为南京官话本,其中"V＋着"句式不多(永井崇弘,2003)。与此相反,《新约全书·马可福音》中有 116 例"V＋着"(包含若干结果补语)。

03—34　说时就看 着 座上的人说道请看我的母亲我的兄

---

① 狄考文(Calvin Wilson Mateer),《官话类编》(A Course of Mandarin Lessons Based on Idiom),1922 年。

弟呵

〈北〉就四面观看周围坐[著]的人说你们看我的母亲我的弟兄

第十七，吴启太、郑永邦《官话指南》(1881)为北京官话本，但它的注释明显地避开"儿"字(日下恒夫，1974)。《新约全书·马可福音》中使用"～儿"字的用例有"道儿、样儿、话儿、一伙儿、一块儿、空儿、枝儿、名儿、唾沫儿、一点儿、悄悄儿、雪花儿、前儿、叶儿、一声儿、法儿"，共39例。

第十八，大体来说，北方使用"儿"，而南方使用"子"(日下恒夫，1974)。《新约全书·马可福音》中也有"～儿"，但大多是"～子"，一共有135例。例如"杯子、标子、脖子、枕子、床子、肚子、儿子、鸽子、根子、棍子、果子、孩子、盒子、筐子、篮子、聋子、幔子、盘子、妻子、日子、身子、铁链子、屋子、瞎子、驴子、鞋子、样子、一会子、银子、玉盒子、园子"等。

第十九，关于疑问代词，北方使用"谁"，南方使用"那个"(即哪个，笔者注)(西泽治彦，2011)。《新约全书·马可福音》中的"谁"有4例，"那个"有7例。

第二十，关于比较句，北方是"A＋比＋B＋Adj"，南方是"A＋Adj＋似/起/过＋B"(西泽治彦，2011)。《新约全书·马可福音》中只有使用"比"(8例)的用例，没有出现"似/起/过"的用例，北京官话译本的情况也一样。

10—25　骆驼穿针的眼[比]财主入上帝的国还更容易咧

〈北〉骆驼穿过针的眼[比]财主进天主的国还容易呢

第二十一，北方使用"不知道"，而南方使用"不晓得"(西泽治彦，

2011)。《新约全书·马可福音》中,"晓得"最多,有23例,"不晓得"有13例;没有出现"晓的"。另外,"知道"只有1例,"觉得"没有发现。

  14—68 彼得不肯承认因说道我 不晓得 呵我也 不知道 你讲的是什么话说着就走出来到了院门鸡就叫勒

  〈北〉彼得不认说我 不知道 也 不明白 你说的是什么于是出来到了门前鸡就叫了

第二十二,一些先行研究中提到的南北官话区别词汇,在《新约全书·马可福音》中没有用例,或者只有极少用例。以下括号中为《新约全书·马可福音》的相关用例数。

  有一些动词有"北—南"的不同:折(2例)—断(6例),挪(0例)—搬(3例),拐弯儿(0例)—转弯儿(0例),扙(1例)—抹(5例)等(日下恒夫,1974)。

  有一些副词有"北—南"的不同:没(0例)—未(1例)(日下恒夫,1974)

  有一些时间表达有"北—南"的不同:今儿(0例)、明儿(0例)—今天(1例)、明天(0例)(日下恒夫,1974)

  有一些连词有"北—南"的不同:只管(0例)—尽管(0例)(地藏堂贞二,2004)

  南方不使用"～得了"(0例)(日下恒夫,1974)

  一些表现认识的动词有"北—南"的不同:显着(0例)—显得(0例)、通达(0例)—晓得(多例)(日下恒夫,1974)

  同义词"北—南"的区别:喝茶(0例)、喝酒(0例)—吃茶(0例)、吃酒(0例),沏茶(0例)—泡茶(0例),起身(1例)—动身(0

例),拾掇(0例)—收拾(4例),涮(0例)—洗(3例),忘了(0例)—忘记了(1例)("忘记"1例),逛("游逛"2例)—玩(0例)(日下恒夫,1974)

(二) 时代变化

麦都思所编写的官话会话教科书 Chinese Dialogues, Questions and Familiar Sentence 第一版于1844年出版,第二版于1863年出版,《新约全书》于1857年出版,我们试对三本书的词汇进行比较,探讨时代变化对南京官话的影响。

第一,动词的"没",教科书第一版只有"没酒"(1例),第二版只有"没钱"和"没人"(各1例)。动词"没有",第一版出现"没有钱、没有铺子、都没有"(3例),第二版有更多的用例,例如"没有空儿、没有钱、没有雨伞、没有量、没有饭吃、没有房子住、没有违例、没有准单、没有错误、没有生意"等。《新约全书·马可福音》中没有出现动词"没"的用例,而动词"没有"有37例。

第二,否定副词"没",第一版只有1例"没得饭食",第二版也只有1例"没带现银子"。否定副词"没有",第一版没有出现相关用例,第二版有"没有弄好、没有伤人、没有偷漏走私、没有开枪、没有起卸、还没有到、没有打扫"等例。《新约全书·马可福音》中否定副词"没"的用例1例,否定副词"没有"的用例20例。教科书第一版和《新约全书·马可福音》11—14的"没得"也有可能是吴语的"没得"。

11—14 耶稣对那树说道从今以后人家没得吃你的果子了学生们都听见这句话的

〈北〉耶稣对树说从今以后你永远不能结果子给人吃门徒都听见了

第三，表示被动和使令的动词，"请＋人称＋V"的"请"在第一版有 10 例，第二版有 17 例；两版均没有"让"的用例；"叫"在第一版没有用例，而在第二版有"叫英人比他多出、叫人过秤、叫一个人相帮、叫他天天送两个馒头、叫他每日带一斤牛奶、叫卖菜的也天天担几样来、叫你赔、叫人疑心嫌弃"等；两个版本均没有"被"。《新约全书·马可福音》中，"请"19 例，"让"表示使令的有 4 例、表示被动的有 1 例，"叫"43 例，"被"28 例。

13—04 请你告诉我们在什么时候有这件事这事应验的日子先有什么预兆呢

〈北〉请告诉我们什么时候有这些事并且这一切的事将要临到的时候有什么预兆呢

第四，表示认识的动词"知道"和"晓得"都有若干用例。"知道"在第一版有 1 例，在第二版有 7 例。"晓得"在第一版有"不晓得老爷要来"和"我听不晓得"2 例，在第二版有 1 例"晓的"。两个版本均没有"觉得"的用例。《新约全书·马可福音》中，"知道"1 例、"晓得"23 例、"不晓得"13 例、"晓的"0 例、"觉得"0 例。

第五，表示动作的动词，没有"干"，大部分例句使用"做"字。第一版有"做工、做生意、做和尚"等，第二版则有"做什么、做奴才、做和尚、做工、做买卖、做领事、做戏僧"等。《新约全书·马可福音》中有 2 例"能干"，2 例"相干"，"01—24 和你有什么相干"和"05—07 与你什么相干"。其他都是"做"的用例（77 例）。

第六，表示出发的动词，"起身"在第一版和第二版的同一例句中各出现 1 例，而两版都没有"动身"的用例。《新约全书·马可福音》中只有 1 例"起身"，没有"动身"。

07—24　耶稣 起身 到推罗西顿交界的地方到一个屋子里不要人家晓得竟不能隐藏

〈北〉耶稣从那里 起身 往推罗西顿得境内去进入一家不愿人知道却不能隐藏

第七，表示共同的介词几乎都是"同"。例如第一版的"同我走"，第二版的"同我一块儿走"等。"跟"在第二版只有"跟人要"1例。"和"在第二版也只有"和什么字一个样子"（1例）和"和洋字一个样"（1例）。"替"在第二版只有"替他查办"和"替我找"（各1例）。关于"连"字，两版情况稍有不同。例如：第一版为"房子尽坏连货物烧去甚多"，而第二版为"许多货连房子都烧干净了"。《新约全书·马可福音》有介词"同"14例。"和"几乎都是连词的用例，没有介词的用例。介词"跟"有5例。另外，介词"替"有10例。"连"的全5例都是"连～都/也"。

01—13　在那里四十天让撒但魔鬼所试 同 野兽住着有天使服事他

〈北〉他在那里住了四十日受撒但的试探 和 野兽同住并且有天使服事他

15—17　拿紫色的袍 替 耶稣穿上又把荆枣编成冕疏 替 耶稣戴上

〈北〉拏着紫袍 给 他穿上又用枳枣编作冕 给 他戴上

第八，连词大都是"同"。第一版、第二版均有"饭同黄姜、黑酒酸酒同（那）三变酒"等例句。两个版本都没有连词"和"。《新约全书·马可福音》中，连词"同"有4例，"和"（74例）基本用作连词。

04—41 众人实在惊疑彼此相问道这个是什么人 连 风 同 海 都 顺从他了

〈北〉他们都惊恐得很彼此说这是怎样的人 连 风 和 海 都 听从他了

第九,"照着"在第二版只有 3 例,《新约全书·马可福音》只有 1 例。

01—44……别告诉人只去指给祭司看 照着 摩西吩咐的话去献礼物叫他们晓得你是干净了

〈北〉……不可告诉人要去叫祭司察看你的身体因为你干净了献上摩西所分付的礼物在众人面前作凭据

第十,表示禁止的副词,"别"在第一版、第二版都没有用例,"不要"在第一版有 1 例、在第二版有 4 例。另外,第一版还有"勿"的用例(3 例)。《新约全书·马可福音》中,"不要"的用例最多,37 例;"别"1 例;没有"勿"的用例。

第十一,关于"儿化",第一版没有用例,第二版则有很多用例。例如:"那里(那里来的)→那儿(是那儿来的)、名→名儿、实价→实价儿、时→时候儿、话→话儿、半点钟→一会儿"等。第二版还有"几儿、昨儿、这儿、逛逛儿、一块儿、闲儿、空儿"等用例。《新约全书·马可福音》中"儿"的用例有 39 例。

第十二,第一版有"几多"等使用"几"的用例,另外还有"几大、几久"等。但是,第一版表示疑问的"几~",到第二版都消失,大部分改为"多少"。例如第一版的"几多钱"在第二版改为"要多少钱呢"。《新约全书·马可福音》中使用"几"字的疑问句式很罕见,数量疑问都使用"多少"（8例），例如"06—38耶稣说道现在有 多少 饼你们去看看学生们道只有五个饼两条鱼完了。"

第十三，表示"饮食"的动词，第一版都使用"食"，例如"食饭、食完鱼、食酒、食饱、食雅片"，而第二版则把它分成两类，"吃"的行为使用"吃、喫"，"喝"的行为使用"喝"。例如"吃饭、吃过了鱼、喝酒、吃饱、吃鸦片烟"。《新约全书·马可福音》中使用"食"的例句有9个，例如"禁口不食、禁食、饮食"。此外，"吃（喫）"有43例（1例），"喝"有5例，北京官话译本中表示"饮食"的动词基本与《新约全书·马可福音》中相同。

第十四，表示"给予"意思的动词，第一版基本上都使用"畀"，例如"请你把几样绿茶 畀 我看"。第二版则只使用"给"。关于介词，第一版是"畀"或"与"，而第二版则改为"给"，例如"请你拏几样绿茶 给 我看看"。《新约全书·马可福音》中基本都使用"与"和"给"。

16—15 耶稣说道你们到普天下去传福音的道理 给 万民听

〈北〉耶稣对他们说你们在普天下去传福音 与 万民听

第十五，表示"大概"的副词，第一版使用"谅约"，而第二版则改为"大约"。《新约全书·马可福音》中没有用例。

第十六，否定副词，第一版使用"弗"的例句，第二版均改为"不"。《新约全书·马可福音》中均使用"不"。

第十七，表示概数的"～（的）光景"，第一版没有例句，第二版则有4例，例如"每担值得二拾二三两 的光景 "。《新约全书·马可福音》中没有用例。

第十八,"狠"在第一版只有补语"～得狠"(4例),第二版就有很多用例,例如狠丰盛、狠好看、狠难、狠多等。《新约全书·马可福音》中只有"～得狠"的用例(12例),例如"05—42那女就起来行走那时女子的年纪才刚十二岁众人惊奇 得狠"。

第十九,询问理由的疑问词,第一版是"为何"(4例),例如"为何昨天不来"。第二版是"为什么",例如"为什么昨天不来"。《新约全书·马可福音》中有19例"为什么",使用的汉字都是"什"。"什么"只有1例,"何"有"如何"的3例。

三、小结

通过以上考察,我们知道《新约全书·马可福音》的几个语言特征:第一,从虚词使用频率和人称代词使用倾向来看,有口语特征。第二,基本使用典型的南京官话词汇。第三,也使用北京官话的若干词汇。这说明,南北官话在词汇上没有那么严格的隔断。

本文通过对《新约全书·马可福音》和北京官话译本进行比较,以及对一些先行研究所指出的词汇特征进行考察,发现了南北官话词汇的一些共同点。教科书两个版本之间有所不同的词汇,《新约全书·马可福音》大部分与第二版一致,这说明翻译时已经开始记录词汇的变化。今后我们将进一步考察《新约全书·马可福音》和北京官话译本正文之间的一些不同之处,探讨南北官话之间的差异。

民国时期华人社会方言和国语关系研究
——以东南亚华人社会为对象

于锦恩

(南京信息工程大学语言文化学院)

一、民国政府处理华人社会方言和国语关系的相关政策

民国政府有关华人社会国语教育的正式文件始自1934年2月20日,教育部、侨务委员会修正公布《侨民中小学规程》,后有十余个政策文件涉及相关内容。总的政策导向是要求使用国语,杜绝方言,大致包括以下几个方面:

第一,教学用国语,不用方言。1932年11月,侨务委员会发布《侨民学校应一律改用国语教授令》规定,"查旅外华侨因省界县界之区别,语言隔阂,情感难通,每为团结之障碍,各地侨生回国因语言不一,尤感困难,……仍用闽粤乡音或土语教授者,殊乖统一主旨,为此通令各地领事,转饬该辖内华侨学校,其已实施国语教授者,应极力推进,其仍用方言教授者,应恳切劝止"①。该政府令明确指出了方言教授的弊端——"情感难通""团结之障碍",侨生回国"尤感困难","殊乖统一主旨"。1934年2月,教育部、侨务委员会修正公布《侨民

---

① 侨务委员会秘书处文书科《侨务法规汇编》,重庆,1940年,第140—141页。

中小学规程》重申了上述规定。①

第二，重注音符号，助国语推广。众所周知，注音符号是扫除文盲、推广国语的利器。二十世纪二十年代，在国语运动大背景下，国内各学校纷纷推行小学首宜学习注音字母等语言文字政策。作为中国在海外的教育阵地，华校也不例外地贯彻执行了国家的语文政策。1948年8月19日，侨务委员会会令公布《巡回施教办法》第六条：巡回教学班之课程……，并特别注意学习注音符号。② 华校不仅自身传习注音符号，推行国语，而且参与到了相关的社会教育工作中。如教育部给驻棉兰领事的命令中说，民国政府在北京开办国语讲习所，南洋华校也要派人员参加。③ 此外，1948年10月公布的《侨民社会教育推行委员会组织规程》中规定了侨民社会教育推行委员会的任务，其中两项一是推行注音符号与侨民识字运动事项，二是促进侨民国语普及事项。④

第三，国语教员要国语文通顺。1934年2月20日，教育部、侨务委员会修正公布的《侨民中小学规程》规定："侨民中小学教员，以服膺三民主义，品性良善（如无不良嗜好等），学力相当（如国语教员须国语文通顺等）并具下列资格之一为合格。"⑤

---

① 宋恩荣、章咸选编《中华民国教育法规选编》（修订版），江苏教育出版社，2005年，第620页。
② 侨务委员会秘书处文书科《侨务法规汇编》，重庆，1940年，第72—73页。
③ 教育部《教育部公报》（第八期），北京，1920年，第20—21页。
④ 侨务委员会秘书处文书科《侨务法规汇编》，重庆，1940年，第90页。
⑤ 宋恩荣、章咸选编《中华民国教育法规选编》（修订版），江苏教育出版社，2005年，第622页。

二、华人社会方言和国语关系的相关主张

黄炎培先生从运用教育之力、保存发展国民特性的高度,论证了在侨校推行国语的重要性:"一国之历史与其文字语言实为其国民之所由结合,亦即为其国民特性之所由养成。对于侨商子弟,更宜特别注意此点。况吾国方言个别,号为同胞,亦非传译不能达意,岂非笑柄?"①黄先生认为统一的语言是华侨团结的纽带。"在教育上如何养成青年精诚团结,究不失为一个重要问题。我以为南洋华侨的团结,既有语言统一做他的先导,或者今后较为好办些。"②为办好国语教育,黄先生主张,一曰励行国语,二曰破除省界。破除省界其一是招生不分籍贯,破除狭隘的地域观念、家乡观念,要做到有教无类。其二是延师不限本籍。如果是本籍人士,那就一定是国语优秀者。最好是粤籍延闽师,闽籍延粤师,或各延非闽非粤师。黄炎培先生和民国政府在处理华校教育方面的主张非常近似,在此我们不能绝对地说,民国政府的相关主张就一定受了黄炎培先生的左右,但是受到了某种影响应该说是很有可能的。③

陈嘉庚先生在论及南洋教育之弊端时说:"南洋教育既如上述,量数虽略有可观,质的方面不免尚差,其原因不外各自为政,泛而无统,……"面对华侨教育的散乱情形,陈先生提出:"盖所谓团结,空言无补,必当有事实之表现。先语其最明显,最易行者,如各帮学校应

---

① 田正平、李笑贤编《黄炎培教育论著选》,人民教育出版社,1993年,第127页。
② 中华职业教育社编《黄炎培教育文集》(第三卷),中国文史出版社,1994年,第202—203页。
③ 于锦恩、刘英丽《民国时期华侨汉语教育政策简论——以东南亚华侨的汉语教学为例》,《山西大同大学学报》(社会科学版)2011年第6期。

统一办理,各帮大小会馆及无数同宗会,亦须减少合并。此两事如能解决,方可进及其他。"更明确提出:"南洋华侨中学不容不办,不容不亟办,而尤不容不合办。"①

作为华人社会的核心组织,"会馆"的贡献主要包括创立学校、银会以及婚丧服务。各帮会在自己的会馆内创立学校以使本帮学童能够接受自己的方言教育。1906 年成立的闽帮华校道南学堂开始也是只招收讲闽南话的本帮学童的。但 1910 年,陈嘉庚当选道南学堂第三届总理后,所做的一件在华侨教育史上具有深远历史意义的大事便是推动该校率先开放门槛,让其他帮派的子弟入读,并且鼓吹使用国语为教学媒介。"本会馆办学,一向注意普及,所收学童,不分省籍。例如道南学堂,本季所收学生,闽籍以外者,即占百分之六十以上。"②"本会馆鉴于侨教扩大之必需,不得不负责作大规模之提倡。且以同属侨胞,有教无类,更无地域意见,省籍区别。如道南学堂本届学生,福帮五百二十人,广帮二百二十四人,潮帮二百零四人,琼帮一百八十二人,客帮九十六人,三江帮七人,共一千二百三十三人,其中福帮学生只六四成而已。"③同时,经过不懈努力,由陈嘉庚积极倡导、全力推动的新加坡南洋华侨中学于 1919 年 3 月 21 日开学,从上海聘请校长和教师,以国语教学。这是东南亚华侨的第一所跨帮系的华文正规完全中学。

要团结,就要消除帮派壁垒办学;要消除帮派壁垒办学,就要使用各帮学童都懂的教学用语——国语,不然,消除帮派壁垒就是一句空话。国语在南洋流通的确促进了南洋华社各帮的团结。"社会上

---

① 陈嘉庚著、文明国编《陈嘉庚自述》,安徽文艺出版社,2013 年,第 30 页。
② 陈嘉庚著、文明国编《陈嘉庚自述》,安徽文艺出版社,2013 年,第 462 页。
③ 陈嘉庚著、文明国编《陈嘉庚自述》,安徽文艺出版社,2013 年,第 462 页。

不是今天福建帮和客帮打架,便是明天潮州帮和广帮械斗,种种式式,又腐败又黑暗!这些原因,多半是由于言语不通得来的(各帮用各帮的言语)。自创立学校之后,风气一年一年不同,爱国的热诚,亦一年一年加重。到了现在,各处都通用国语,商人与学生,彼此都能操极流利的普通话,所以各帮的隔阂,从此亦渐渐打破。社会上以同种相残为耻,自然不会再去打架,子弟各以不入学校为羞,故对于祖国典章文物,都乐意研究。"①

打破帮派畛域藩篱,以国语代替方言教学,明显的效果是国语在华人社会的广为流通,其程度甚至超过了当时国内的许多省份,"加以教师易聘,与民国十年以前大不相同。校内教授则用国语,现下南洋国语到处可以流通,较之祖国某省学校,尚有用方言教授者大不同矣"②。东南亚国语流行可以马来亚的情形为例,"全南洋华侨有三千余校,学生四十余万人,马来亚约占半数,概用国语教授,故在南洋国语可通行"③。当时有二十万之众的侨生接受国语教育,这对国语在整个华人社会的流通所带来的影响是广泛而深远的,由此学校的作用是有目共睹的。

三、民国时期殖民地政府的相关政策

民国时期殖民地政府对华文教育的态度经历了不同阶段。以新加坡为例。从清末到1919年,英国当局一直对华文教育采取放任主义,华校只要安分守己,没有扰乱到殖民地的和平即可。有时还在口头上对华文教育表示支持。新加坡颜永成华人学校在1893年成立,

---

① 梁绍文《南洋旅行漫记》,中华书局,1924年,第32页。
② 陈嘉庚著、文明国编《陈嘉庚自述》,安徽文艺出版社,2013年,第29页。
③ 陈嘉庚著、文明国编《陈嘉庚自述》,安徽文艺出版社,2013年,第29页。

教授中英文。这间学校由总督史密斯爵士主持开幕,他在开幕词中说:"我想,这所学校是在本殖民地由华人创办的教导学生学习此地语文的唯一学校。这所学校将注重英语的教学,但是我也很高兴知道在这里也将教导华文,我认为华人学生有必要受这种教育。学生长大之后,除了有英语的知识之外,还懂得华文,这将证明比较那些只懂得英语的人能成为更好的公民。"①

1919年6月间,华校师生开始在新加坡发动反日的活动。殖民地政府认为这些活动对殖民地不利,于是采取严厉的措施来对付华校,包括用立法来控制学校——1920年实施学校注册法令。这之后,殖民地政府对华校使用国语还是方言给予了高度关注。殖民地政府从1923年开始实施对华校的补助办法,该办法规定:华校使用方言教学可得政府补助,"以学童熟悉的方言作为媒介语,鼓励及资助华族学童的教育。……华校可进行华语或英语教学,但不能作为要求补助的科目"。

1933年以后,殖民地政府对华校到底教授国语还是方言,已不太在意,在某种程度上说,还认可了华校教授国语的做法。1935年海峡殖民地和中国领事馆联办华校中小学会考,在此之前新加坡的部分华校已举行过统考,考试内容中包括国语国文。

四、华校对国语和方言关系的处理

(一)基本情况

钱鹤编(1930)②调查了南洋的132所华校,其中24所学校的教

---

① 新加坡师资训练学院著、魏唯贤执笔《新加坡一百五十年来的教育》,新加坡,1972年,第71页。
② 钱鹤编《南洋华侨学校之调查与统计》,暨南大学南洋文化事业部,1930年,第10—167页。

授语言不详,其余108所华校中,只有马六甲培风学校初中部用英语,其他学校皆用汉语(包括国语和方言)或汉语和外语共用,54所学校纯用国语教授,占50％。这说明绝大部分华校是注重民族语教学的。

58所印度尼西亚华校中31所纯用国语,占53.45％;36所英属马来亚殖民地华校中21所纯用国语,占58.33％;6所越南华校中1所纯用国语,占16.67％;2所菲律宾华校中1所纯用国语,占50％;泰国统计到的华校都不纯用国语。通过比较可知,民国时期马来亚华校纯用国语的比例在东南亚最高。

陈嘉庚先生说:"全南洋华侨有三千余校,学生四十余万人,马来亚约占半数,概用国语教授,故在南洋国语可通行。"①虽然陈先生上面的话可能与事实有出入,但是通过和钱鹤编(1930)的统计数字互相印证,至少也说明马来亚华校国语教学水平最高,马来亚华校带动了整个东南亚华语教学的正规化。

纯用方言的学校,我们只发现3所,一是马来亚马六甲谦光女校使用广州话,一是泰国暹京坤德女校"多用广府语",再一是越南海防华侨时习初级中学附属高级初级小学用广州话。15所不纯用国语的马来亚华校中,国语和方言混用的有11所;27所不纯用国语的印度尼西亚华校中,国语和方言混用的有12所。泰国、越南华校中混用的有5所。华校杂用方言和国语有以下几种情况:

一是低年级或初学用方言,从三年级(个别从二年级)开始使用国语,如:印度尼西亚邦加烈港中华学校一二年级用客语,三四五年级用国语;新加坡爱同学校一二年级用方言,三年级参用方言,四年

---

① 陈嘉庚著、文明国编《陈嘉庚自述》,安徽文艺出版社,2013年,第29页。

级纯用国语。

二是用国语读,用方言解释,如:印度尼西亚棉兰华商学校教授用国语读音,用厦门话解释;新加坡南洋工商补习学校教授用国语,略用闽南语解说;泰国暹京琼侨育民学校以国音读,以琼音解。

三是笼统地混用国语和方言,如:马来西亚彭亨育华学校国语兼客语;泰国暹京新民学校国语兼潮语;印度尼西亚中华醒民学校使用国语和漳泉语。

四是有少数学校某些科目用国语,另一些科目用方言,如:新加坡兴亚学校国文用福建方言,国语用国音;越南岸崇正学校除体育用国语外,皆用客话。①

(二) 宏观环境

二十世纪两次世界大战,改变了世界的固有格局,催生了殖民地人民的独立意识,特别是伴随着二战的结束,民族解放、国家独立成为不可逆转的时代潮流。华人社会也认识到团结一致、传承语言文化的重要性。打破方言界限,学习统一的民族共同语——国语,就成为华人社会凝聚侨心的重要举措之一。

南洋的华人社会学习国语之风尤盛。印度尼西亚直葛中华中学,"1910年学校尚无正式校舍,而林厥辉先生私宅,已觉不敷应用,遂议迁校。其时杨校长又倡设国语会,鼓励侨胞学习国语,入会者先后达百余人,社会风气为变"②。1919年在第一个官方拼音方案——注音字母公布四个月之后,新加坡南洋华侨中学率先打破方言的界

---

① 钱鹤编《南洋华侨学校之调查与统计》,暨南大学南洋文化事业部,1930年,第10—167页。
② 直葛中华中学《直葛中华中学卅周年纪念册》,印度尼西亚直葛,1936年,第34页。

限,使用国语教学。1920年马来西亚的吉隆坡紧随其后。1921年新加坡设华侨注音字母传习所,专门教导注音字母及国语。"来求学者,络绎不绝,大有人满之盛。"①各地兴起的国语会当时已有相当规模,有附设的剧团,帮助筹款。"1922年11月国语会附设华侨义务剧团表演戏剧,代筹得三千余盾。"②据统计,二三十年代新马华校话剧筹款演出活动达六十多场。③ 1920年起,华人社会响应国内政府的号召,改国文为国语,使用的教材大都是教育部统一审定的"首宜教授注音字母"的国语教科书。

(三) 校内因素
1. 国语作为重点科目

南洋华校对国英算常四科尤其注重,四科相加占总学时的83.73%,美术等其他课程只占16.27%;④有的华校招生考试也要考这些重点科目,如钟灵中学。有的华校订立的升级标准也较多地突出了重点学科的作用,例如直葛中华中学。"小五以上各级以国语、英文、数学为主要科,其余为次要科,小四以下各级以国语、常识、算术为主要科,其余为次要科。……遇有下列情形之一者应令留级:(1)主科二种不及格者;(2)次要科四种不及格或连合主要科四种不及格者。"⑤直葛中华中学,小五以上与小四以下重点科目不同,但国语始终都是重点科,都需要师生特别认真对待。

---

① 郑良树《马来西亚华文教育发展史》(第二分册),马来西亚华校教师会总会,1999年,第385页。
② 直葛中华中学《直葛中华中学卅周年纪念册》,印度尼西亚直葛,1936年,第39页。
③ 郑良树《马来西亚华文教育发展史》(第二分册),马来西亚华校教师会总会,1999年,第399—404页。
④ 宽柔学校《宽柔校刊》(六月),马来西亚宽柔,1941年,第32页。
⑤ 直葛中华中学《直葛中华中学卅周年纪念册》,印度尼西亚直葛,1936年,第39页。

2. 主要教师的影响

华校重视国语也受主要教师的影响。1933年,沈慕羽先生进入马六甲培风学校执教,后与杨仿炉先生、沈慕周先生一起发起语言革命。交谈时或教学时,他们都根据注音符号拼音。各班老师和同学也都纷纷响应。①

3. 举办国语课程相关活动

虽然大部分华校不单开"说话"课,但它们每年一般都要至少举行一次国语演讲比赛,每次参赛分数算到国语课成绩之中。有个别的学校要求学生课下用国语交谈,如钟灵中学训导处为统一语言告:"南洋教育之特色厥为语言统一,本校学生有千余之众,来自各地,方言各殊,彼此谈话当然以国文最合。惟以地处英属,对于英语之练习亦关重要,本校有鉴于此,爰规定统一语言办法,凡在校学生限以国语或英语谈话,绝对不得夹用其他方言,以避免同学间之误会,考欧美各国凡二人在人群之中,以不通用之方言讲话者即为最不礼貌。青年学生尤宜学习礼貌,操练上等谈话,养成优良风度,嗣后各级学生有被发觉不履行是项规定者将受申斥并处罚,至若贩夫走卒之粗俗口吻与油腔滑调,更非本校学生所当仿效,概在禁止之列,愿全体学生共勉之。"②

---

① 廖文辉《华教历史与人物论集》,马来西亚雪兰莪策略资讯研究中心,2007年,第177页。
② 钟灵中学《钟灵中学校刊》(复兴第四号),马来西亚槟榔屿,1949年,第129页。

十九世纪西方人关于汉语拼音问题的讨论

江 莉

(上海师范大学对外汉语学院)

以罗马字母为表音符号拼注汉语语音,起于来华西方人学习汉语的需要,最早的汉语罗马字注音方案,也产生于西方人之手。利玛窦、罗明坚在十六世纪末入华之初编写的《葡汉辞典》中以葡萄牙语罗马字转写汉语语音是汉语罗马字注音方案的雏形,而1605年在北京印刻的传教材料《西字奇迹》中使用的则是一套更加完善的罗马字注音系统。① 金尼阁于1626年在杭州出版的《西儒耳目资》中的注音方案是现存最早对汉语语音进行全面分析的传教士汉语罗马字注音方案。在耶稣会传教士之后,虽然由于清廷推行的禁教令导致了中西文化交流近二百年的中断,但这些实践"引起了汉字可以用字母注音或拼音的感想,逐渐演进,形成二百年后制造和推行注音字母或拼音字母的潮流"②。

十九世纪在华西方人中,最积极地研制并推行汉语罗马字拼音的是传教士。原因是传教士希望能在尽可能广泛的人群中宣讲和普

---

① 陈辉《论早期东亚与欧洲的语言接触》,中国社会科学出版社,2007年,第192页。
② 陈望道《中国拼音文字的演进——明末以来中国语文的新潮》,《陈望道全集》(第一卷),浙江大学出版社,2011年。

及教理教义,而在中国,针对处于社会底层、占人口比率最大的劳动者的语文教育极度缺失,文盲率极高。传教士们认为,欲使不识字的下层民众能在短时间内具备阅读的能力,更好地对他们宣讲和普及教理教义,唯一可行的方法就是创制罗马字拼音方案。一方面把宗教书籍译成浅白的汉语口语体译本,并用罗马字拼音方案写出来,另一方面教会民众拼读方法,从而使民众能够阅读这类书籍。在中国多个地区活动的传教士们在具体分析其所在地区方言语音的基础上创制了适用于当地方言的汉语罗马字拼音方案。这些方案为后世汉语语音史研究和方言研究提供了宝贵的资料,一些官话拼音方案也为现代汉语拼音方案的创制提供了参考。

西方人创制汉语拼音的活动,在关于汉语拼音史的叙述中历来都有一席之地。在承认其历史意义的同时,论者常指其大多析音不准、随地拼音、各自为政,只能满足外国人汉语学习或传教的应急之需。但在西方人涉入中国社会政治经济文化生活渐深的十九世纪,西方人对汉语拼音问题的关注并不仅仅是追求一种应急工具的仓促发明,他们也将其作为改善整个中国社会语文生活现状的重要举措。虽然其心态中不乏"先进文化"对待"落后文化"的居高临下之感,但在思考过程中,他们对创制汉语罗马字拼音体系的客观需求、实际困难、创制原则以及语音标准的选取、语音单位的确定、符号的选用等具体问题进行了切实的讨论,与二十世纪上半叶中国语文现代化运动中制定汉语拼音方案问题的讨论形成了一种历史的呼应。

一、汉语拼音问题的提出

下层民众文盲率高给西方人在中国传教造成的阻碍引起了西方人对中国社会语文生活状况与汉语汉字特点的思考。他们认为,汉语书面语与口语分离的状态、汉字音形不统一的特点,是阻滞中国社会民智开启的重要原因。在1835年的《中国丛报》(The Chinese Repository)上有一篇陈述汉字之"罪"、力主以拼音文字取代汉字的文章,将中国社会发展的缓滞归结于汉字。因为汉字数量繁多,学龄儿童须花费大量时间识记方能初步具备阅读能力。早期教育的绝大部分时间花在机械的记忆训练上,其他的智力训练活动都未曾充分开展。在这位作者看来,废除汉字,发明并推行拼音文字是普及教育必需的前提条件。因为学习拼音文字仅需学习汉字三分之一甚至四分之一的时间。

在普及教育之外,这位作者认为统一的拼音文字的推行还将推动共同语的使用,从而消除方言殊异造成的地域间交流困难,并且能实现书面语与口语的统一,口语中使用的大量双音节和三音节词将进入书面语,书面文献将更加通俗易懂。① 总之,在作者的叙述中,语言的共同化、文体的口语化、文字的简化这三项语文改革的重要内容,都系于以拼音文字取代汉字一事之上。怀着极端文化优越感的西方人认为这项文字革新是大势所趋,并以为只有熟悉拼音文字、具有丰富的语言分析经验的西方人,才是帮助汉语实现这一革新的最佳人选。②

以这篇文章作为开端,《中国丛报》发起了统一汉语罗马字拼音方案的讨论。不过,大多数参与讨论的西方人能够认识到汉字与中国文化传统、与中国人的文化情感之间的密切关系,并不认同这种推翻和重建汉语文字系统的野心。在更多汉学研究者那里,创制统一

---

① Alphabetic Language for the Chinese, *The Chinese Repository*, Vol.4, 1835-1836, pp.167-172.

② Chinese Orthography, *The Chinese Recorder*, Vol.8, 1877, pp.171-172.

的汉语拼音方案是为了给汉学研究成果的交流创造更便利条件。这是因为：首先，在编纂各类汉语学习教材和词典工具书时，拼音方案不统一会给读者带来不必要的负担，每读一本书，都要先了解其拼音规则；其次，在对中国文化的各项研究中，涉及历史人名、地名等专有名词时，拼音方式不一致，会带来极大的困扰。①

二、《中国丛报》拼音方案讨论的经验背景

（一）马礼逊拼音方案

在《中国丛报》的讨论之前，十九世纪初，在华西方人中影响最大的拼音方案是马礼逊（Robert Morrison）在《华英字典》（A Dictionary of the Chinese Language，1815—1823）、《广东省土话字汇》（A Vocabulary of the Canton Dialect，1828）等与汉语学习相关的著作中使用的拼音方案。虽然已经被普遍接受，但人们对它们的不尽人意之处也开始有所认识。比如，它的字母和语音的配置不十分科学，过度迁就英文的拼写习惯等。

艾约瑟（Joseph Edkins）曾对马礼逊拼音法的问题进行过总结。他认为："第一，标注元音的时候，最好能做到一个单元音用一个字母来表示，不要用两个字母，这样更简单、准确。把'ku（古）和c'he（车）拼成koo和c'hay，迎合了英文里那种不规则的拼写方式，却与其他各种语言的拼写习惯不一致。此外，这样的拼写更长，书写更加耗费时间。第二，马礼逊的拼写自身也有不统一的地方。比如，chen（真）、men（门）、keng（更）三个音节元音相同，但是马礼逊分别拼作chin、mun、kǎng……ü（遇）、kü（句）元音相同，马礼逊分别拼作yu、

---

① System of Chinese Orthography, *The Chinese Repository*, Vol.7, 1838-1839, p.492.

keu……'回'和'为'是押韵的,但是马礼逊拼音中的这两个字韵母却不同,分别拼为 hwuy 和 wei。"①

(二)威廉·琼斯音标

用罗马字母为新接触到的非欧洲语言标注读音,汉语并不是唯一的目的语。在认识了中亚、南亚、东亚、美洲印第安部落等区域使用的语言之后,欧洲人都需要用他们熟悉的表音文字符号对其标注读音,才能加以学习和研究。这里要先明确一个标准,即怎样的拼音文字才是最理想的?人们认为,表音文字的字母应该全面承担起标示读音的功能,一个字母符号表示一个音,一个音只能用一个字母符号来表示,根据书面拼写形式即可准确拼读。用这样的标准来评价欧洲字母文字,很多种文字的情况都不理想。辅音字母的情况尚可,元音字母在多种语言中都存在字母与读音的对应关系不唯一的现象。以英语为例,威廉·琼斯(William Jones)曾举一句"A mother bird flutters over her young",指出这句中的 a、e、i、o、u 和 ou 这几个元音字母和字母组合实际发音是相同的。② 约翰·赫歇尔(John Herschel)为《大伦敦市百科全书》(*Encyclopedia Metropolitan*)撰写的"语音"一条也谈到:"英语中有六个元音字母,但每个字母都可以用来表示一系列不同的音,也有不同的字母表示同一个音的现象。在很多时候,两个或三个元音字母的组合表示的只是一个单元音,同

---

① Joseph Edkins, *A Grammar of the Chinese Colloquial Language Commonly Called the Mandarin Dialect*, Second Edition, Presbyterian Mission Press, 1864, pp.3-4.
② Remarks on the Orthography of Chinese Words, *The Chinese Repository*, Vol.5, 1836-1837, p.67. 威廉·琼斯此处对语音的分析有误,这些元音字母或字母组合的读音并不完全一样。

样,也有用一个元音字母来表示二合元音或三合元音的情况。"①

相比较而言,欧洲语言中意大利语字母和语音的对应关系是较为固定的。因此,在欧洲人为其他语言创制罗马字拼写方案时,大多采用了意大利语字母和读音系统作为基础。其中影响最大的是威廉·琼斯于1788年提出的"亚洲词汇的罗马字母正写法"。它贯彻了字母符号和读音一对一的原则,印度的亚洲学会规定论文中应统一采用这套方案来转写梵语、现代印度语、阿拉伯语、波斯语等东方语言中的人名、地名和其他词汇。②

三、《中国丛报》拼音方案的特点

在以上经验基础和认识基础之上,《中国丛报》汉语拼音方案的制订体现出以下几个方面的特点:

第一,以拼写所有汉语方言为目标。汉语方言数量多、语音差异大。而在中国各地活动的传教士和外交人员往往是根据当地方言各自制订拼音方案,只在相应的方言区域内使用,很难适用于拼写别的方言。马礼逊在《华英字典》中用于拼写南京官话的方案,就不适用于拼写其他方言。后来马礼逊曾将自己的拼音方案稍事修改后拼写广东话,但局部的改动又加剧了方案内部的不一致。为了能够一劳永逸地解决这个问题,《中国丛报》提出了推出一套适用于所有汉语方言的拼音方案的目标。③

第二,强调一音一符,一符一音的原则,制订一种音标化的注音

---

① Remarks on the Orthography of Chinese Words, *The Chinese Repository*, Vol.5, 1836-1837, p.67.
② 陈满华《威廉·琼斯的音标研究及其影响》,《语言科学》2010年第1期。
③ Orthography of Chinese Words, *The Chinese Repository*, Vol.5, 1836-1837, p.22.

方案。威廉·琼斯系统在转写部分亚洲语言的实践中获得的成功对西方人改进汉语拼音方案产生了巨大的影响。在《中国丛报》的讨论中有人提出琼斯系统本身就能基本胜任拼注汉语语音,只要根据汉语的实际情况稍事增删调整即可。持这种主张的人认为,如果汉语、梵语和印支语言采用统一的拼写法,将给欧洲人学习和研究东方语言带来极大的方便。① 但是,根据汉语的特点制订专门的拼音方案的主张还是相对占据上风。不论哪种主张,对于琼斯体系所贯彻的"一个音用一个符号来表示,一个符号只用来表示一个音"的原则都十分推崇。在这种原则下制订出来的拼音方案具有现代语音学中所使用的"严式音标"的性质,即根据音感差异,对于从汉语中分辨出来的每一个音,都用一个特定的符号来表示,罗马字母不够用时就使用变音符号来增加符号数量。变音符号主要用来表示长短、舒促、鼻化等一些特殊的语音特征。根据1838年2月的修改意见,该套方案共列出单元音符号13个,由这些单元音符号组合而成的二合元音符号13个;单辅音符号16个,复辅音符号6个。

　　第三,语音分析时采用音素分析法而非声韵分析法。欧洲文字是音素文字,西方语言学分析语音时也习惯于将语音片段直接分析成一个个元音、辅音。汉语是语素—音节文字,音韵学世代沿袭着将音节切分成声韵二部,然后分别加以研究的方式。两相比较,音素分析法不仅更符合西方人的习惯,似乎也更细致深入,因而成为西方人分析汉语语音时自然的选择。《中国丛报》拼音方案由单元音、二合元音、单辅音、复辅音、声调五个部分组成。在每个符号的后面用欧洲语言中相似的音加上说明性文字展示其具体的读音。如:

---

① Orthography of Chinese Words, *The Chinese Repository*, Vol. 5, 1836-1837, pp.23-24.

o,长音,读如 lord,all(中的元音)

f,读如 far(中的辅音)

《中国丛报》关于拼音方案的讨论是历史上第一次统一汉语罗马字拼写法的尝试。这一方案推出以后,在一定范围内产生了影响。此后很长一段时间里,西方人在广东出版发行的书籍在拼注汉语语音时多采用这套方案。① 但该方案对汉语元音和辅音音位系统的分析、对一些特殊元音、辅音性质的判定都存在很多问题。比如,在元音系统分析中,或许是由于汉语中入声字发音短促的特点让人印象深刻,《中国丛报》拼音方案把音程长短作为元音的重要特征,把 a、e、i、u 四个音均分出长短,用变音符号以示区别。而对于一些音感大致相似,但舌位高低、前后实有差异的音却未能加以分辨,如央元音[ə]、[ɤ]和前元音[e]、[ɛ]。

因此,《中国丛报》试图统一汉语拼音方案的理想并未实现。十九世纪下半叶出版的各类书籍中汉语拼音方式仍然不尽相同。卫三畏(Samuel Wells Williams)1874 年出版的《汉英韵府》(A Syllabic Dictionary of the Chinese Language)采用的是《中国丛报》中推出的这套方案,② 欧德理(Ernest John Eitel)1877 年出版的《广东话词典》(A Chinese Dictionary in the Cantonese Dialect)则混用了琼斯系统和马礼逊方案。③ 此外,艾约瑟在《汉语官话口语语法》(A Grammar of the Chinese Colloquial Language Commonly Called

---

① Joseph Edkins, *A Grammar of the Chinese Colloquial Language Commonly Called the Mandarin Dialect*, Second Edition, Presbyterian Mission Press, 1864, p.6.

② M., Dr. Williams Syllabic Dictionary, *The China Review*, Vol.5, 1876, pp.140-141.

③ Alexander Falconer, A Chinese Dictionary in the Cantonese Dialect, *The China Review*, Vol.5, 1876, p.256.

the Mandarin Dialect)中推出的拼音方案、威妥玛(Thomas Francis Wade)在《语言自迩集》(*Yü-yen Tzŭ-erh Chi, A Progressive Course Designed to Assist the Student of Colloquial Chinese, as Spoken in the Capital and the Metropolitan Department*)中推出的拼音方案也有较大的影响,尤其是后者后来被普遍采用。

四、《中国丛报》拼音方案与艾约瑟、威妥玛拼音法之比较

《中国丛报》关于统一拼音方案的讨论显示出当时西方人对汉语的认识不足。要制订一套适用于所有汉语方言的拼音体系,须待汉语方言研究取得全面成果后方能实现。另外,若从这次讨论的出发点——以拼音方案的发明推动语文现代化这一角度来看,要让拼音真正起到助力文化发展与交流的作用,首要任务是为民族共同语言制订出一套设计合理、易于推行的拼音方案。这种民族共同语言在当时即为官话,特别是在社会政治生活中地位日益上升的北方官话。而《中国丛报》拼音方案的语音系统,无论是拼写东南沿海地区的方言,还是用来拼写影响范围较大的官话,都不十分合用。

十九世纪下半叶,出现了艾约瑟和威妥玛专为拼注官话语音制订的拼音方案。比较三套拼音方案,可以看出西方人对汉语语音系统认识的变化。

表1 拼音方案构成比较

《中国丛报》拼音	单元音、二合元音、单辅音、复辅音
艾约瑟拼音	单元音、辅音、韵母、声母、声韵拼合表
威妥玛拼音	单元音和复元音(包括二合元音及三合元音)、辅音、音节表

表 2　单元音系统比较

	《中国丛报》拼音	艾约瑟拼音	威妥玛拼音
a	a[ə] á[ɑː]	a[ɑ]	a[ɑ]
e	e[e] é[ɛ] è[eː](仅在 ei 中)	e[e](仅在 ei 中)，[ʌ] è[ɛ]	e[e] ê[ə]
i	i[i] í[iː]	i[iː]，[i] ï	i[i]
o	o[ɔ] ó[ɔː] ò[o]	o[ɔ]	o[ɔ]，[ə]（仅在 ou 中）
u	u[u] ú[uː] ù[y]	u[u] ü[y]	u[u] ü[y] ǔ

表 3　辅音系统比较

	《中国丛报》拼音	艾约瑟拼音	威妥玛拼音
塞音	p　t　k b　　g	p　t　k p'　t'　k'	p　t　k p'　t'　k'
塞擦音	ts　ch　tsz	ts　ch t's　c'h	ts（tz）　ch ts'（tz'）　ch'
擦音	f v　s(sz)　z　sh　h j　j' r	f　s　sh　h j r	f　s(ss)　sh　h　hs j
鼻音	m　n　ng	m　n　ng	m　n　ng
边音	l	l	l
其他		半元音 w y	辅音 w y

与《中国丛报》方案相比，十九世纪下半叶出现的这两套汉语拼音方案对汉语语音系统的分析明显更加深入。

首先，对汉语音节的分析从单一的音素分析法转向音素分析与声韵分析相结合。《中国丛报》方案已经认识到汉语音节中存在大量复合元音，虽然复合元音也能进一步分析成单元音，但它们并不是单元音的简单相加。复合元音的发音是从一个元音的发音状态快速过渡到其他元音的发音状态，几个元音成为一个整体，这个整体中的每个元音都受到相邻音的影响，发音状况都与单读的时候不相同。因此，《中国丛报》拼音方案专列了二合元音一栏，列出各种双元音组合。① 但是，韵母的整体性不仅指元音部分，鼻音韵母中的鼻辅音韵尾也是韵母的重要组成部分，也影响着相邻元音的语音特征和整个韵母的发音状况。而注重音素分析的《中国丛报》拼音本着元音和辅音是两类性质不同的音素这一认识，将鼻辅音韵尾切分出来，这必然影响到对元音系统的认识。三个方案中最重视汉语韵母整体性特征的是艾约瑟方案。在介绍官话中的元音和辅音之后，艾约瑟重点介绍了汉语的声母和韵母，更有专门的声韵拼合表，列出每一个声母和每一个单元音韵母、复元音韵母、带鼻音韵母的拼合情况。艾约瑟能够如此准确地把握汉语音节的声韵拼合规律，与他对传统音韵学的深入了解是分不开的。他的拼音法与后来最为著名的威妥玛拼音相比并不逊色。威妥玛拼音分别介绍了单元音和双元音，对于鼻辅音韵尾与元音的组合，只在特别的情况下才会提及。比如，在介绍 üa 和 uê 这两个双元音时，都特别说明只和鼻韵尾组合出现，也就是说只有韵母 üan 和 uên，没有 üa 和 uê。

---

① 《中国丛报》讨论中也有人提出双元音只是单元音的组合使用，无须专门列出（见 Vol.5,1836-1837,p.483），但最终还是确定：双元音的发音具有整体性，应该在拼音方案中专门列出（见 Vol.6,1837-1838,p.483）。

表 4　艾约瑟声韵拼合表局部

	ung	u	ü	uh	üh	un	ie	ièh	ieu
t	东	都				敦	爹	跌	丢
t'	通	土		秃		吞		帖	
n	农	奴	女				嫩		纽
p		逋		不				别	

其次,对汉语中一些特殊语音成分的认识更趋准确。主要表现在对元音中舌尖前元音、舌尖后元音和卷舌元音的认识上。舌尖前元音是指诸如"自、此、斯"这几个词中的元音[ɿ],舌尖后元音指诸如"知、吃、是、日"这几个词中的元音[ʅ]。《中国丛报》的观点是:与"自、此、斯"相对应的音节是没有元音的,只是一种摩擦力非常强的复辅音,分别用 tsz、tsz'、sz 这三个特殊的复辅音符号来表示,但与"知、吃、是、日"相应的音节,《中国丛报》对元音部分使用的是表示长元音[i:]的 í。艾约瑟和威妥玛的认识较《中国丛报》更正确之处在于他们确认"自、此、斯"音节中是存在元音的,威妥玛把这个元音记为 ŭ,对其进行的描述是"介于 bit 中的 i 和 shut 中的 u 之间的音"。艾约瑟认为 ï,对其进行的描述是"相当于 tassel 或 ample 中的 e"。可以看出,两人都认为这个元音是一个发音位置偏高、偏前的音,这种描述是基本符合舌尖前元音[ɿ]的特征的。不过,威妥玛过于强调了这个韵母的特殊性,认为与之相拼的舌尖前辅音声母[ts]、[ts']、[s]也非同一般,将其特别记为 tz、tz'、ss。而对于舌尖后元音[ʅ],《中国丛报》和威妥玛都记为元音 i,艾约瑟则认为它与舌尖前元音是相同的,同记为 ï。如上所述,三份方案对现代汉语拼音拼作 zi、ci、si 的音节拼法分别为:

表 5　四份方案中舌尖前元音和舌尖后元音拼写形式表

汉语拼音方案	zi	ci	si	zhi	chi	shi
《中国丛报》方案	tsz	tsz'	sz	chí	ch'í	shí
艾约瑟方案	tsĭ	ts'ĭ	sĭ	chĭ	c'hĭ	shĭ
威妥玛方案	tzǔ	tz'ǔ	ssǔ	chih	ch'ih	shih

卷舌元音指的是与"二、而、耳"这几个词对应的带有卷舌色彩的央元音[ɚ]。它只能自成音节,不与辅音韵母相拼。央元音发音与卷舌的动作同时发生。但《中国丛报》方案把这个音节看作是不含元音成分的浊擦音,记为 rh。艾约瑟则将其看作浊擦音声母与韵母 ĭ 的拼合,记为 rĭ。① 威妥玛则明确了这一音节的单元音、零声母性质,用 êrh 来记录这个音节,准确表明了央元音与卷舌动作相配合的特征。

西方人为汉语制订拼音方案之初,一定会受到自身语言经验和拼写经验的影响。尽管《中国丛报》的讨论从一开始就提出要以汉语的语音特征为依据,但固有经验的影响仍然表现强烈。比如,最明显的就是将单元音音程的长短作为区别性特征,而辅音送气与否所起到的区别性作用却没有得到重视。虽然《中国丛报》讨论文章中提到了可以在辅音后加上符号" ' "表示送气,但送气与不送气的对立作为在官话中重要的区别性语音特征,完全应该在方案中得到体现。随着对汉语语音研究的逐渐深入,这些大问题得到了改善,但在认识和描述一些发音特殊的音素时,还是会受到欧洲语言的影响。比如,汉语中的舌尖后浊擦音[ʐ],即"日、如"等词的声母,三个拼音方案都将其与欧语中的舌叶浊擦音[ʒ]等同,记为 j。另外,三个方案都注意

---

① 《中国丛报》和艾约瑟方案中的 r 与现代《汉语拼音方案》中的 r 不一样,《汉语拼音方案》中的 r,《中国丛报》、艾约瑟和威妥玛都写作 j。

到了汉语语音历史变化中的一个重要现象,即辅音声母［ts］、［tsʻ］、［s］、［k］、［kʻ］、［x］与元音［i］、［y］相拼时声母腭化为舌面塞擦音［tɕ］、［tɕʻ］和擦音［ɕ］的现象。但对于［tɕ］、［tɕʻ］、［ɕ］的性质却没有形成准确的认识。《中国丛报》把腭化后的［tɕ］、［tɕʻ］等同于舌尖后塞擦音［tʂ］、［tʂʻ］,这种混淆在艾约瑟和威妥玛的拼音中仍然没有得到更正,因此,在三份方案中,［tʂ］和［tɕ］都是用 ch 来标记,而［tʂʻ］和［tɕʻ］都是用 chʻ或 cʻh 来标记。擦音［ɕ］,《中国丛报》将其等同为舌尖后清擦音［ʂ］,用 sh 来标记,艾约瑟在具体记音时是按未腭化的音记的,即按原来的［k］和［s］分别拼注,但是他也认为如果要记录腭化后的音,用 sh 是最好的。这就把舌面擦音和舌尖后擦音等同了。只有威妥玛的认识与舌面擦音的本质特征最为贴近。他记录的是腭化后的音,用的是自创的符号 hs,他对 hs 的描述是"一种发音部位略微靠前的送气音和经过修饰的咝音,……这个擦音是这样发出的:收紧舌面中部并抬起贴近上腭"。并特别指出这个音与 sh 是不同的。①

在西方人长期的使用罗马字母拼写汉语语音的实践中,拼音方案的适用性和准确性不断地修改、讨论、重新制订,在这个过程中,汉语语音系统的构架也越来越清晰。威妥玛方案已经能比较准确地反映汉语语音系统的构成情况,成为二十世纪五十年代制订《汉语拼音方案》的参考。而那些为汉语所独有的、比较复杂的音,还需使用现代语音学的分析方法对它们进行进一步定义。

---

① 威妥玛《语言自迩集:19 世纪中期的北京话》,张卫东译,北京大学出版社,2002年,第 27 页。

内地会拼音系统探析

——以《英华合璧》为中心*

岳 岚

(北京外国语大学中国语言文学学院)

一、内地会系统的创建

内地会(China Inland Mission)由戴德生(Rev. James Hudson Taylor)1865年创立,这个差会要求传教士和中国人"打成一片",生活、起居、衣着尽量地中国化。这个差会的主要目的不是招收教徒,是面向全中国以最快的速度传播福音。①"戴德生向英美和西欧要人要钱,1865年派来了三个传教士,1866年增派了二十二个,连同已经在华活动的传教士,共有九十一个。他们先后被派到浙江、江西、安徽活动。到了1876年,内地会传教士人数已占整个基督教传教士人数的五分之一。从1876年以后,内地会传教士被派到湖南、广西、贵州、云南、四川、甘肃、陕西等地,甚至到新疆、西藏等边远地区活动,深入内地行程六万里。……从1889年开始,内地会改为国际性的差会,在美国、瑞典、德国等都先后成立了内地会支会。到十九世纪末,内地会在中国约有六百五十名传教士,在全国布满了二百七十

---

* 本文为世界亚洲研究信息中心2014年科研项目"19世纪西方人对汉语语音的认识与习得"的阶段成果。原载于《汉学研究》2015年春夏卷。

① 赖德烈《基督教在华传教史》,雷立柏等译,道风书社,2009年,第385—386页。

个传教站,教徒约五千人,成为基督教在中国活动的最大差会。"①众多的内地会成员根据自己在中国西部和中部等更广大地区传教的需要,编写了系列汉语教材和其他著作。虽然威妥玛系统得到比较广泛的传播和认可,但是,因为威妥玛系统仅限于北京官话的拼写,不能适用于中国广大的西部、中部、南部等地区,无法帮助更广大地区的外国人对汉语的学习和使用。为了适用于中国更广泛地域的汉语学习需要,内地会传教士试图建立一种全国标准音。在内地会的教材和著作中,他们普遍采用了内地会拼音系统,这一拼音系统是十九世纪后半期除了威妥玛系统外,很有影响的一个拼音系统。该系统由戴德生创建,采用反切的方法标示语音,类似于西方儿童教育的方式。该系统区分声母和韵母,然后将之合并产生一个词的读音。类似于西方儿童教育中,分别教授c、a、t,然后合并产生cat;或者c作为声母,与"at"合并拼写cat。内地会相信这种方法是最适合汉语发音的,因此在出版的教材和著作中广泛使用。② 内地会采用这种拼写方式,还有另一层考虑,那就是任何中国人通过这些声母和韵母可以很容易地学会罗马字系统,因为这个系统实际上仅仅是在《五方元音》这部词典基础上的修改。③ 可见,内地会系统不仅仅对西方人学习汉语大有裨益,而且还可以为中国人学习罗马字系统,从而认识和学习更多汉字提供帮助。

---

① 顾长声《传教士与近代中国》(第4版),上海人民出版社,2013年,第100—101页。
② F. W. Baller, *A Mandarin Primer*, Ninth Edition, China Inland Mission and American Presbyterian Mission Press, 1915, p.xiv.
③ F. W. Baller, *A Mandarin Primer*, Third Edition, China Inland Mission and American Presbyterian Mission Press, 1894, p.xx.

二、内地会拼音系统

本文根据内地会传教士鲍康宁(Frederick William Baller)的汉语教材《英华合璧》(A Mandarin Primer)以及其他内地会出版的著作,整理出内地会拼音系统,分为声母、韵母、声调介绍。《英华合璧》是针对传教士的综合汉语教材,共出版了十四版。

(一) 声母

表 1 内地会系统声母表

发音部位	内地会系统	例字	内地会系统	例字	内地会系统	例字	内地会系统	例字
双唇音	p [p]	白	p' [p']	珀	m [m]	麦		
唇齿音							f [f]	法
舌尖中音	t [t]	得	t' [t']	特	n [n]	肕①	l [l]	勒
舌面前音	k/ts/ch [tɕ]	计、姐	k'/ts'/ch' [tɕ']	桥、切	s/hs [ɕ]	雪、心		
舌根音	k [k]	格	k' [k']	客	h [h]	黑		
舌尖前音	ts [ts]	则	ts' [ts']	侧	s [s]	色		
舌尖后音	ch [tʂ]	摺	ch' [tʂ']	撤	sh [ʂ]	舌	r [ʐ]	热

内地会系统声母符号 19 个,舌面前音在《英华合璧》声母表中没有列出,这里根据书中的声母和韵母组合表添加,例字也来自该表。汉语语音 j[tɕ],在 1900 年(含)之前的音节表中表示为 k 和 ts,如 kin(近)和 tsin(尽)。在 1900 年(不含)之后的音节表中,除了和 iai

---

① 作者解释道:中空字更适合的语音为 leh,但是如果初学者用 n 代替 l,他发这个音就应该发字母 n 的语音。(In the List of Initials the character printed in hollow type is properly sounded leh; but if the beginner substitute n for l he will give the sound that should be given to the letter n.) F. W. Baller, *A Mandarin Primer*, Third Edition, China Inland Mission and American Presbyterian Mission Press,1894, p.xix.

拼合的声母 k 之外,表示语音 j[tɕ]的声母全部演变为 ch,前面的 kin（近）和 tsin（尽）两个音节就表示为 chin（近）一个音节。q[tɕ'],在 1900 年（含）之前和之后的变化也是类似的,即从 k' 和 ts' 全部转变为 ch';语音 x[ɕ],在 1900 年（含）之前表示为 hs 和 s,之后统一为 hs。本文选取 1900 年和 1911 年《英华合璧》音节表中相关的音节以展示这种变化。

表 2　1900 年和 1911 年《英华合璧》音节表

1900 年	汉字	1911 年	1900 年	汉字	1911 年
ki	计	chi	küh	局	chüh
kih	极	chih	küeh	掘	
kia	加	chia	tsüeh	绝	chüeh
kiah	甲	chiah	küin	郡	chüin
tsie	姐	chie	tsüin	俊	
kieh	结		küen	倦	chüen
tsieh	节	chieh	ts'ü	取	
kioh	脚	chioh	k'ü	去	ch'ü
kiao	轿	chiao	k'üh	曲	ch'üh
tsin	尽		k'üe	茄	
kin	近	chin	k'üeh	缺	ch'üeh
kien	件	chien	k'üin	群	ch'üin
kiang	江	chiang	k'üen	拳	ch'üen
king	经	ching	ts'üen	全	
kiong	迥	chiong	sü	须	
k'i	其	ch'i	süh	戌	hsüh
k'ia	卡	ch'ia	süeh	雪	
k'iah	恰	ch'iah	süin	巡	hsüin
ts'ie	且	ch'ie	süen	选	hsüen
ts'ieh	切	ch'ieh	hsüin	薰/巡	hsüin
k'ioh	却	ch'ioh	hsüen	喧/选	hsüen
k'iao	桥	ch'iao	si	西	
ts'iu	囚	ch'iu	sih	息	
k'iang	强	ch'iang	sie	谢	hsie

(续表)

1900年	汉字	1911年	1900年	汉字	1911年
k'ing	轻	ch'ing	sieh	亵	
k'iong	穷	ch'iong	sioh	削	
kü	居		siao	小	
tsü	聚	chü	siu	脩	
siang	箱		sien	先	hsien
tsi	祭		hsien	显/先	hsien
tsih	疾		ts'i	齐	
tsioh	爵		ts'ih	七	ch'ih
tsiu	揪	chiu	k'ih	泣/七	ch'ih
kiu	臼/揪	chiu	ts'iao	樵	
tsiang	匠		ts'in	亲	ch'in
tsien	贱		k'in	禽/亲	ch'in
tsien	贱/件	chien	ts'ien	千	ch'ien
tsing	井		k'ien	遣/千	ch'ien
sin	心	hsin	ts'iang	详	
hsin	欣/心	hsin	ts'ing	清	

（注：例字部分"/"左侧为1900年例字，右侧为1911年例字；只有一个汉字的，即1900年和1911年例字相同。）

在《英华合璧》前四版中，表示 j[tɕ]、q[tɕ']、x[ɕ] 三个语音的字母出现不一致的现象，是因为北方官话和南方官话的主要不同就表现在声母上。"上述三个声母的变化发生在 i、ü 之前，或者以这些元音开始的一些组合中。在南方拼写为 kiang、k'iang、tsiang、ts'iang 词语，在北方全部拼写为 chiang、ch'iang, k 和 ts, 在 i 或 ü 之前也变成 ch。在南方以 s 开头的词语，后面跟有 i 或 ü 的情况下，声母在北方也变成 hs，如 sin（信）变成 hsin，siang（箱）变为 hsiang，sü（须）变为 hsü，等等。"① 具体而言，"ts 在 i、u、ü 之前在很多地区就被 ch 所

---

① F. W. Baller, *A Mandarin Primer*, Third Edition, China Inland Mission and American Presbyterian Mission Press, 1894, p.xli.

取代,如:tsien(贱)和ts'ien(千)变为chien、ch'ien,tsu(助)和ts'u(锄)变为chu、ch'u,tsü(聚)和ts'ü(取)变为chü、ch'ü等。然而在某些地区(特别是武汉附近地区),在送气和非送气词语中,ch在元音之前都变为ts,如:chan(暂)变为tsan,ch'eng(成)变为ts'en(最后的g省去是非常不规则的),chï(之)为tsï,choh(捉)为tsoh。在很多词语中发生了这样的变化,声母为ch和ts之间的某个语音,大概任何字母组合都不能表示出来。k在i和ü之前常常变为ch,如:ki(计)变为chi,kia(加)变为chia,k'ü(去)变为ch'ü,küh(局)变为chüh等。sh常改变为s,如:shao(烧)变为sao,sheo(收)变为seo,shï(诗)变为sï,shoh(说)大约变为soh,shui(水)变为sui等。s在i和ü之前常变为hs,如:sin(心)变为hsin,siu(脩)变为hsiu,sü(须)变为hsü等。在某些地区元音a、e、o前面会听到声母ng,如:an(安)为ngan,eo(偶)为ngeo,o(我)为ngo等"[1]。

(二) 韵母

表3 内地会系统韵母表

	开口呼	例字	齐齿呼	例字	合口呼	例字	撮口呼	例字
单韵母	ï	之	i	衣	u	五	ü	鱼
	ïh	宜	ih	一	uh	兀	üh	余
	a	呵	ia	亚	ua	瓦		
	ah	啊	iah	押	uah	袜		
	o	我						
	œ	遏	ie	也			üe	曰
	eh	额	ieh	叶	ueh	或	üeh	月
	oh	恶	ioh	约				

---

[1] F. W. Baller, *A Mandarin Primer*, Third Edition, China Inland Mission and American Presbyterian Mission Press, 1894, p.xlii.

(续表)

	开口呼	例字	齐齿呼	例字	合口呼	例字	撮口呼	例字
复韵母	ai	爱	iai	挨	uai	外		
	ei	贝			uei	为		
					ui	追		
	ao	奥	iao	要				
	eo	偶						
			iu	忧				
			iuh	郁				
鼻韵母	an	安			uan	完		
			in	印			üin	允
	en	恩	ien	言	uen	文	üen	远
	ang	昂	iang	央	uang	望		
	eng	硬	ing	影				
			iong	用	ong	瓮		

内地会系统韵母共50个。"在韵母表中,有七个汉字以中空形式印刷。这样做是为了表明这些汉字前面的字母组合并不表示它们的全部语音。在语言中没有表示所需语音的汉字来形成某个词的韵母;一些汉字的部分语音因此而失去。但是你会发现如果和声母结合,这个组合将会给出适合的汉字以全部的语音。例如,œ 与 ch 组合为汉字'遮'的语音 chœ;ui 与 t 组合为汉字'兑'的语音 tui;ï 与 ts 组合为 tsï,是汉字'子'的语音;其他汉字也是如此。"① 也就是说,"ï、ih、œ、üe、ueh、ei、ui"分别为汉字"之、直、遮、靴、或、贝、追"的韵母部分。另外,《英华合璧》还指出,u 在很多地方发音为 eo,如 tu(都)发音为 teo、lu(卢)发音为 leo 等。ui 常发音为 ei,如 lui(雷)发为 lei、

---

① F. W. Baller, *A Mandarin Primer*, Third Edition, China Inland Mission and American Presbyterian Mission Press, 1894, p.xx.

nui(内)为 nei、tsui(罪)为 tsei 等。① 在南北方官话中,韵母部分的主要不同有两个,即 ei—ui、ieh—iai 之间的对应变化,如南方官话中的 nui(内)、kiai(街)在北方官话的发音为 nei 和 chieh。②

(三) 声调

在《英华合璧》1900 年及之前的版本中,都采用了中国传统的声调标示法,即将半圆形符号标注在汉字的四个角来表示各个声调:汉字左下角标上半圆符号为上平声,汉字左下角标上半圆符号下加一条横线为下平声,汉字左上角、右上角、右下角标上半圆符号分别为上声、去声和入声。而在目前可以搜集到的 1911 年版本及其后的版本中则采用数字 1、2、3、4、5 分别表示上平、下平、上声、去声和入声,这种标注声调的方法和威妥玛系统是一致的。

三、内地会系统和其他系统的比较

(一) 内地会系统和威妥玛系统

鲍康宁认为,威妥玛系统只是用来拼写北京语音的,没有入声字的拼写,不适于表示中国南部、西部等地区的语音,此外还存在系统自身不一致等问题。比如,"威妥玛拼 ua(内地会系统)为 wa,kua 为了一致性就应该拼为 kwa,但是威氏系统将其拼为 kua;iao 拼为 yao,kiao 就应该拼为 kyao,而不是他拼写的 kiao;tsǐ 拼为 tzǔ,sǐ 应该拼为 szǔ,而不是 ssǔ;chǐ 应该拼为 chzǔ,而不是 chih;iang 拼为 yang,kiang 应该为 chyang;huei 为 hui,kuei 应该为 kui;huen 为

---

① F. W. Baller, *A Mandarin Primer*, Third Edition, China Inland Mission and American Presbyterian Mission Press, 1894, p.xlii.

② F. W. Baller, *A Mandarin Primer*, Third Edition, China Inland Mission and American Presbyterian Mission Press, 1894, p.xli.

hun, uen 应该为 un；ien 为 yen, t'ien 应该为 t'yen；ü 为 yü, k'ü 应该为 ch'yü, 而不是 ch'ü；iu 为 yu, tiu 应该为 tyu；等等"①。内地会系统和威妥玛系统的声韵母比较见下：

表 4 内地会系统和威妥玛系统的声母比较

发音部位	内地会系统	威妥玛系统
双唇音	p, p', m	p, p', m
唇齿音	f	f
舌尖中音	t, t', n, l	t, t', n, l
舌根音	k, k', h	k, k', h, ng
舌面前音	ch, ch', hs②	ch, ch', hs
舌尖后音	ch, ch', sh, r	ch, ch', sh, j
舌尖前音	ts, ts', s	ts/tz, ts'/tz', s/ss

两个系统的声母差别不大，主要体现在"日"母的拼写上，威妥玛系统为 j, 而内地会系统为 r。后者跟现代汉语拼音一致。此外，对于舌尖前音的拼写，内地会系统比威妥玛系统更加简化，只保留了 ts、ts'、s, 没有 tz、tz'、ss。

表 5 内地会系统和威妥玛系统的韵母比较

四呼	内地会系统	威妥玛系统
开口呼	ĭ, a, o, œ, ai, ei, ao, eo, an, en, ang, eng, ih, ah, eh, oh	a, o, ê, êrh, ŭ, ai, êi/ei, ao, ou, an, ên, ang, êng, ih
齐齿呼	i, ia, ie, iu, iai, iao, ien, in, ing, iang, iong, ih, iah, ieh, ioh, iuh	i, ia, io, ieh, iai, iao, iu, ien, in, ing, iang, iung
合口呼	u, ua, ui, uai, uei, uan, uen, uang, ong, uh, uah, ueh	u, ua, uo, uai, uei/ui, uan, uên/un, uang, ung
撮口呼	ü, üe, üen, üin, üh, üeh	ü, üo, üeh, üan/üen, ün

---

① F. W. Baller, *A Mandarin Primer*, Third Edition, China Inland Mission and American Presbyterian Mission Press, 1894, pp.iv-v.

② 如前所述，内地会系统的舌面前音原为 k/ts、k'/ts'、hs/s, 后来改为 ch、ch'、hs。

威妥玛系统中共40个韵母,其中开口呼14个、齐齿呼12个、合口呼9个、撮口呼5个。内地会系统共50个韵母,其中有14个入声韵①,以-h收尾;威妥玛系统中-h收尾的韵母 êrh、ih、ieh、üeh 中的-h,不是入声标记,而是音值标记。内地会系统50个韵母中包括开口呼16个,比威氏系统多了4个入声韵 ih、ah、eh、oh,缺少 êrh(内地会系统中为 rï),另有 ï 与威妥玛系统中的 ŭ 和 ih 相对应。威妥玛系统中的 ên、êng 在内地会系统中分别拼写为 en、eng。

内地会系统齐齿呼16个,i、ia、iai、iao、ien、in、ing、iang 和威妥玛系统相同,不同之处在于内地会系统多出5个入声韵 ih、iah、ieh、ioh、iuh。但内地会系统中的 ieh 和威妥玛系统中的 ieh 在音节拼写上一致,内地会系统中的 chieh(节)、ch'ieh(切)、hsieh(谢)、lieh(列)、mieh(灭)、pieh(别)、p'ieh(撇)、tieh(叠)、t'ieh(贴)在威妥玛系统中分别对应于 chieh(街、结、解、借)、ch'ieh(切、茄、且、妾)、hsieh(些、鞋、血、谢)、leih(咧、列)、mieh(咩、灭)、pieh(憋、别、瘪)、p'ieh(擎、撇)、tieh(爹、叠)、t'ieh(贴、铁、帖)。威妥玛系统中的 ung(中)、iung(兄、熊)和内地会系统中的 ong(中)、iong(凶)相对应。威妥玛系统中的 io(学②),在内地会系统中为 ioh(学);内地会系统中的 ie(谢)对应于威妥玛系统中的 ieh(谢);四个韵母形成交叉对应关系。

在合口呼中,两个系统基本一致,内地会系统只比威妥玛系统多

---

① 叶宝奎和黄灵燕都指出《新约全书》所采用的内地会系统中有13个-h收尾的韵母,这13个韵母既是入声韵,也是入声调。叶宝奎《明清官话音系》(第二版),厦门大学出版社,2002年。黄灵燕《罗马字官话圣经译本的拼写系统:〈新约全书〉和〈约翰福音书〉拼写比较》,《语言研究》2007年第2期。与本文中的14个入声韵相比,少了 iuh,在《英华合璧》采用的内地会系统中有14个入声韵。

② "学"在威妥玛系统中还有一个拼写形式为 hssüo,当为文读和白读之别。

了 3 个入声韵 uh、uah、ueh，缺少了 uo。在拼写形式上，威妥玛系统中的 uên 在内地会系统中为 uen。

撮口呼从数量而言，内地会系统比威妥玛系统多 1 个 üh。此外，ü 在两个系统中相同；威妥玛系统中 üan/üen 对应于内地会系统中的 üen；威妥玛系统中的 ün 在内地会系统中拼写为 üin；两个系统中，üeh 是相对应的，内地会系统中的 üeh（月）、chüeh（绝）、ch'üeh（缺）和威妥玛系统中的 yüeh（月）、chüeh（绝）、ch'üeh（缺）相同。不过，"靴"例外，内地会系统中为 hsüe（靴），威妥玛系统中则是 hsüeh（靴），两个系统"靴"的拼写形式不同，不过，内地会系统中"血"的拼写形式为 hsüeh，和威妥玛系统中"靴"（hsüeh）的拼写形式相同。威妥玛系统中的 üo 和内地会系统中的齐齿呼 ioh 是相对应的，如 hsüo（学）— hsioh（学）、lüo（略）— lioh（略）、nüo（虐）— nioh（虐）、chüo（爵）— chioh（脚）、ch'üo（却）— ch'ioh（却）。

另外还有一种现象。从音节来看，威妥玛系统中有 chei（这），内地会系统中没有，这缘于内地会系统是在《五方元音》基础上修改的，反映的是书面语系统，而针对《寻津录》(*The Hsin Ching Lu or Book of Experiments: Being the First of a Series of Contribution to the Study of Chinese*, 1859)、《语言自迩集》(*Yü-yen Tzǔ-erh Chi, A Progressive Course Designed to Assist the Student of Colloquial Chinese, as Spoken in the Capital and the Metropolitan Department*, 1867)等汉语口语教材推出的威妥玛系统则主要针对北京口语，chei 显然是"这"的白读形式。该字的文读形式在两个系统中是相对应的，威妥玛系统为 chê（这），内地会系统为 chœ（这）。

（二）内地会系统和狄考文系统

狄考文（Calvin Wilson Mateer）的《官话类编》(*A Course of*

Mandarin Lessons），同样是为了适用于南北官话而编写的汉语教材。狄考文和鲍康宁等内地会成员一样，认为最为流行的威妥玛系统只能拼写北京话语音，并且自身不一致。然而，他认为内地会系统只适用于南方官话，同样不够完善，并且一些特殊字母的功能没有确定，以致某些关键字在不同方言中变化时，它们也相应地跟着变化。出于以上考虑，狄考文决定在威妥玛系统和内地会系统的基础上进行修订，创制自己的拼写系统，我们称之为狄考文系统。

和内地会系统相比，狄考文系统所做的主要改变如下：

声母中增加了 y、w，用以替代内地会系统零声母音节中的 u 和 i。增加了 sr、tsh、tsr、r、jr，而 j 只用于北京话中，jr 非常接近中部官话中听到的特殊声母；r 不颤动，类似于美式英语中的 r；sr，把舌头放在好像要发辅音 r 的位置，然后不改变它的位置，发出 s 音，后面再跟最微弱的 r 音；tsh，如 potsherd 中的 tsh，表示从北方的 ch 到南方的 ts 之间语音的转变合成音，既不是 ch，也不是 ts，而是两个语音的统一体；tsr，舌头放在发 r 音的位置，然后不改变位置，发出 ts，后面跟着最微弱的 r 音。狄考文还特别提醒学生要注意 i 和 ü 前面的 h、k，因为在所有系统中的惯例都是把中间的 y 去掉。如应该拼写为 hyi、hsyi、kyi 的音节就拼写为 hi、hsi、ki。

至于韵母，狄考文系统采用 oă、êei、êo、êh、uêh、ên、uên、eih、ein/eing、uei、üeih 分别替代内地会系统中的 o、ei、eo、eh、ueh、en、uen、ieh、ien、ui、üeh。比较特殊的是，狄考文将内地会中的 rœ（惹）拼写为 rêei（惹）。狄考文系统中的入声韵 auh、oh、ih、ĭh、uh、ŭh 在发音上对应于内地会系统中的舒声韵 a、o、ĭ、u、ü，在书写形式上大致对应于内地会中的入声韵 ah、oh、ih、ĭh、uh、ŭh。另外，狄考文系统中的北京话音节，因为标注的是北京官话，去掉了所有表示入声的 -h

符号。

狄考文认为自己的系统适用范围非常广泛,他给出的声母和韵母足以用来标注北京、烟台、南京、九江等地的方言,通过几个方言的比较,还可以为每个方言整理出完整的系统,这样还可以为那些想学习其他方言的人提供方便。

四、结语

内地会拼音系统为方便内地会成员在中国不同地区传教而创制,在内地会出版的汉语教材和宗教著作中广泛应用,为内地会成员及其他西方人的汉语学习提供了很大的帮助,是十九世纪后半期乃至二十世纪初期一个重要的拼音系统。该系统一定程度上弥补了威妥玛系统的不足,尽管还有各种不尽如人意之处,但作为汉语罗马化进程中的一个重要系统,其意义不容忽视。

从马礼逊《汉英英汉词典》反思当代汉语学习词典的问题

杨慧玲

(北京外国语大学国际中国文化研究院)

据《中国留学发展报告(2015)》①研究显示,在全球留学人数持续增长的态势下,至2014年中国的留学生人数占全球留学人数的比例已跃居世界第三位,仅次于美国和英国。截至2017年,全球已有146个国家(地区)建立了525所孔子学院和1113个孔子课堂,"2016年中外专兼职教师达4.6万人,各类学员210万人,举办各类文化活动受众1300万人"②。

在面临新的时代机遇的今天,在中国语言走向世界的进程中,仍面临着令人窘迫的问题:缺乏有效辅助外国人汉语学习的学习词典。中国的语言文字迥异于以欧美国家为代表的西方语言文字。从形态上看,汉字数量大,蕴含丰富的图像和文化意义,这和英语等表音文字通过有限的音节组合记录语言的方式不同;从语法上看,汉语是分析语,这和英语等欧美屈折语靠词形变化就能判断词类词性又大不同。如今英语单语学习词典全球化输出,我们不仅失去了国内庞大

---

① 王耀辉、苗绿《中国留学发展报告(2015)》,社会科学文献出版社,2015年。
② 《第十一届孔子学院大会胜利闭幕》,孔子学院总部/国家汉办官方网站,2016年12月1日。

的英语学习词典的市场份额,而且汉语学习词典也被迫模仿一种与汉语既非同一个语族也非同一类型的语言的学习词典。

有鉴于此,我们将从应文化交流实际需求而编写的汉语学习词典——马礼逊(Robert Morrison)的《汉英英汉词典》(*A Dictionary of the Chinese Language*,1815—1823)中汲取养分,从当代国内外所见有创新性、对未来外向型汉语学习词典编纂有启发的词典中获得灵感,与当代从事外向型汉语学习词典研究的方家探讨,如何走出一条不同于英语学习词典编纂、更为适合汉语语言和文化特点的外向型汉语学习词典编纂之路,弥补当下外向型汉语学习词典编纂方面的短板。

一、汉语字词检索问题

学习词典"从广义角度或从其设计和功能特点而言,应包括所有从用户需求角度为语言教学和学习编纂的词典,即包括面向外国人和本族语学习者的、提供语词系统(知识)和使用信息的词典"[①],从根本上是要满足学习者需求的语言教学和学习的工具书。

作为工具书的学习词典,查阅检索是求解的关键步骤。从汉外词典史来看,外国学习者如何检索汉语学习词典中的汉语字词条目是首要问题。按照大中型汉语学习词典的规模计算,如果收入一万余汉字词目,加上例证中的汉语条目,总量高达数万的汉语字词条目的检索对汉外学习词典的使用尤其重要。汉语学习者实际需求有二:第一,听到一个陌生的汉语字词,在汉英词典中查检陌生字和陌生词或表述;第二,阅读中见到陌生汉字字形,在汉英词典中查检陌

---

① 章宜华《二语习得与学习词典研究》,商务印书馆,2015年,第2—3页。

生字的字音及字义。学习词典如何满足汉语学习者的这两大查检需求，决定着学习词典在检索系统方面的总体设计。

历史上汉外词典通过为汉字编制字母注音方案，然后按字母注音方案 A—Z 排序，实现了听到陌生字词、按字音检索汉字的功能。拼音的字母排序法基本解决了根据汉语字词读音查询字形、字义的难题。然而，如果要查阅汉字词目下释文中出现的汉语内词条，当代汉语学习词典并未提供妥善解决方案。词典的索引与词典内容是互补性的，都是为了增强词典的使用功能。对于现当代汉语学习词典通常遗漏的释文内的汉语内词条，可以将其连同汉字词目悉数收入"总收词索引表"，按注音收入词典中所有的汉语字词或短语，并提供词典中的对应页码。以上两种做法基本可以解决汉语学习者根据字音查阅词典的需求。

然而，如何从汉字字形查检读音和意义，这是以英语为母语的汉语学习者使用汉英词典的需求之一，也是外向型汉英学习词典编纂仍旧面临的最大挑战之一。从马礼逊的《汉英英汉词典》到当代汉语辞书中普遍使用的部首检字法，都需要使用者能够从陌生汉字中正确找出部首，能够正确计算部首以及汉字的笔画数，才能在检字表中找到相应汉字和词典中的页码。汉语为母语的人使用部首检字尚且需要学习而且需要不断尝试，认为汉字难学难记的外国学习者对汉字部首笔画检字法更难掌握，这也是历史上汉语学习词典多数选择了按汉字注音字母编排汉英学习词典的主要原因。

考虑到汉语学习者阅读中遇到陌生汉语字词，必须使用部首检字法才能查解外向型汉英学习词典的现实难题，如何帮助外国学习者掌握从陌生汉字的字形检索查询汉英词典或者汉语词典这一难题仍有待采取更具创新性的方式解决。这个问题长期以来被研究者忽略,迄今仍未得到妥善解决,因而制约了汉语学习词典的使用。"对美国迈阿密大学一至四年级300多名学中文的学生进行调查,只有两人用汉语字典,不到0.7%……我们又对在中山大学、北京师范大学、华东师范大学和辽宁师范大学学习汉语的,来自31个国家的143名留学生进行了调查,尽管老师规定必须使用字典,仍有15.38%的学生不用。在使用字典的学生中,46.86%只使用英—汉检索,28.67%只使用拼音检字法,仅有24.47%使用部首检字法(大多数为日、韩学生)……掌握'形'的检字法,必须具备相当厚实的中文基础。这又成了'先有鸡还是先有蛋'的哲学命题。显然,要求所有外国学生像母语为汉语者那样,在汉语环境里先学数年的'音'和'义',再学'形'是不现实的。于是,200多个连华人都不甚了了的部首,就成了母语为非汉语者的第一道难以逾越的障碍。"①

二、汉字数量大的问题

汉字和英语字母文字相比具有独特的特点:其一,"汉字的外形属性表现为平面方块型……为了使每个字大体上能容纳在一个方格里,组成合体字的构件往往采取不同的配置方式,如左右相合、上下相合、内外相合等。隶书、楷书的字形呈现为十分整齐的方块型,有些构件在不同的位置常常写成不同的形体,如'心''手''水''火''衣''示'等字做构件时,位置不同写法就不同,目的就是使整个字能够容纳在一个方格里"②。其二,"汉字字数繁多,结构复杂,缺少完备的表音系统……现代汉语的通用字就有7000字,《中华字海》③所

---

① 黄全愈、黄矿岩、陈彤编著《商务馆学汉语字典》,商务印书馆,2011年,前言。
② 李运富《汉字学新论》,北京师范大学出版社集团,2012年,第13页。
③ 冷玉龙、韦一心主编《中华字海》,中华书局、中国友谊出版社,1994年。

收的古今汉字竟达 86 000 多字(其中有些字是不该收的)。而拼音文字的字母一般只有几十个,比汉字少得多"①。这也是很多英美国家的汉语学习者抱怨汉字难记的主要原因。其三,中国文化孕育了汉字,汉字承载着中国传统文化的内涵。"汉字作为语素文字②,是形音义的统一体,它在自身的结构中包含着丰富的文化因素。从字形里体现出来的构字理据,反映了汉民族悠久的文化特征。这一点在象形意味浓厚的古代汉字中表现得尤为明显。"③

　　汉字是典型的表意文字,词形与意义之间存在着诸多的联系。尤其是在造字之初,字形与字义之间的关联更为紧密,汉字的形体具有可释性。许慎在《说文解字》中,通过分析汉字的构件以合成其字义。马礼逊的《汉英英汉词典》中相当重视汉字的字源信息和构字信息。马礼逊采用《说文解字》对构字法的剖析体例,同时参照《康熙字典》中的解释,对汉字产生之初的形态和意义予以说明,有时马礼逊也会结合构字部件释义。

　　以"宀"为例,马礼逊在《汉英英汉词典》中首先指出"宀"指形成居所的一个横向遮盖物。"这个汉字用来代表房顶,也有人认为代表的是古时候的土屋。"马礼逊接着提供了相关的语用信息,"古者穴居野处,未有宫室,先有宀而后有穴。宀当象上阜高凸,其下有凹可藏

---

① 苏培成《现代汉字学纲要》(第3版),商务印书馆,2014年,第7页。
② 对于语素文字,"语素(Morpheme)也叫词素,是最小的语音语义结合体。……汉字的一个个单字记录的是汉语里的一个个语素,因此汉字是语素文字。古代两河流域的丁头字、古代埃及的圣书字和形成于公元前不久的玛雅字,都是语素文字。但是这三种文字早已不用,由古至今一直在使用的语素文字只有汉字。……每个汉字除了有形体和读音外,还有意义。这和英文字母、日文假名很不相同"。苏培成《现代汉字学纲要》(第3版),商务印书馆,2014年,第3页。
③ 黄全愈、黄矿岩、陈彤编著《商务馆学汉语字典》,商务印书馆,2011年,第13页。

身之形。故穴字从此。室家宫宁之制皆因之"。马礼逊对汉字部件的分析,从聚合的角度对相关字群进行分析,起到纲举目张的作用。张旺熹(1990)、崔永华(1997)、邢红兵(2005)①对现代汉语的常用汉字的部件统计分析揭示了汉字构字的奥秘:一些构字能力强的表意和表音部件,在现代汉语常用字中出现的频率相当高。作为面向以字母文字为母语的学习者的汉英学习词典,如果能让学习者掌握有限数量而构字能力强的部件,无疑将提高外向型汉语学习词典的功用和价值,这样的信息可以放在汉英学习词典的释文中,作为辅助性或者引导性信息,既增强了对字词的释义,也可以部分解决汉字难学难记的普遍性问题。因此,对汉字构字法、汉字构字法在外向型汉语学习词典中的应用的研究显得尤其重要。

三、汉语语法问题

在英语等屈折语中,词类具有易于辨识的外部形态特征,而且词类和句法成分之间有相对简单的对应关系。正是因为这样的特性,词类成为英语等屈折语语法的重要内容之一。汉语作为分析语,同一个词类无论担任多少种句法成分都没有形态上的变化,而且兼类词在汉语中更为普遍,虽然中国学者对汉语词类标注以及标注词类对译义准确性的实证研究,②证实了标注汉语词类对外向型汉英词典译义的积极作用,但如何给外向型汉英学习词典标注词类以及在

---

① 张旺熹《从汉字部件到汉字结构——谈对外汉字教学》,《世界汉语教学》1990年第2期。崔永华《汉字部件和对外汉字教学》,《语言文字应用》1997年第3期。邢红兵《〈(汉语水平)汉字等级大纲〉汉字部件统计分析》,《世界汉语教学》2005年第2期。

② 王仁强、章宜华《汉英词典词类标注对译义准确性的影响调查》,《现代外语》2006年第2期。

此基础上更为准确地译义,仍然是有待探讨的问题。目前在汉语学习词典编研方面,只片面关注到汉语词类标注问题,尚未实现汉语词类标注与汉语词组结构分析两者之间的互动、互补以及对它们与汉语句法的关系的探讨,这是当前普遍存在却鲜有人反思的问题。

北京大学的计算语言学研究所与北京大学中文系避开了仍有争议的汉语"词"的定义,把各种类型的汉语字典、词典的词目项(Entry)的语言单位作为研究对象,得出成果《现代汉语语法信息词典》①。朱德熙、陆俭明、郭锐等三位先生判断该项目在选取汉语常用词语的词类时,依据的是词的语法功能。考虑到词类和句法结构共同构成了语言系统中的聚合关系和组合关系,是现代汉语语法研究最为根本的问题,也是最终奠基汉语句法的重要基础,我们认为《现代汉语语法信息词典》颇具启发意义。

《现代汉语语法信息词典》对外向型汉英学习词典的编纂有以下启发:第一,不必要局限于汉语"词"作为汉英学习词典的词目。即使是由最著名的语言学家队伍领衔的汉语语法研究团队都可以回避这一难题而丝毫不影响对汉语语法研究的进展,汉英学习词典的编写也是同理。此外,一般的汉语学习者最容易判断的是汉字,而难以区分字、词、词组或短语。以汉字做外向型汉英学习词典的词目,大量收入词和词组等不同层级的例证,可以有效解决外向型汉英学习词

---

① "《现代汉语语法信息词典》是为计算机实现汉语句子自动剖析与自动生成而研制的一部电子词典,在长达16年的研制过程中先后与国家七五科技攻关项目、八五科技攻关项目及国家自然科学基金项目等自然语言信息处理研究课题相结合,因而词典的名称几经变更。……'现代汉语电子词典''现代汉语词语语法信息库''现代汉语语法电子词典'以及它们的简称都是指的同一部词典,当然其内容在不断丰富,最后定名为《现代汉语语法信息词典》",关于这部词典的概括,参见俞士汶等《现代汉语语法信息词典详解》(第二版),清华大学出版社,1998年,第19—38页。

典的宏观结构设计问题。第二,《现代汉语语法信息词典》为外向型汉英学习词典奠定了汉语词类标注和词组结构分析的坚实基础。标注词类和分析词组结构是实现生成句子的重要过程,也是外向型汉英学习词典中最应该收入的语法信息。第三,汉语词类不容易辨别,仍需要在汉英词典中标注词类,其终极目的是为句法以及汉语语法体系服务。使用与英语语法范畴基本同一的语言学术语和词类分类,就是从组词造句的角度来审视汉语语言中词和词能否组合,如何构成短语和句子以及如何构成句子的句法结构,词类信息是最基础的内容。①在外向型汉语学习词典编纂里贯彻了词类标注并与句法结合的,目前也仅见孙全洲的《现代汉语学习词典》(上海外语教育出版社,1995年)。在这一方面,我们还有很大的发展空间去建构更符合汉语语言特点的教学语法体系,并在汉语学习词典中将其付诸实践。

四、继承才能创新

英语单语学习词典经过近百年的发展,已经形成了相对稳定且符合英语语言特色的设计特征;而对于汉语学习词典而言,尤其是外向型汉英学习词典,国内尚未见系统地研究在词典中如何体现"汉语学习"的特色、研编符合汉语语言特点的外向型汉语学习词典。

中国对外汉语教学的历史悠久,但是有史可考的汉语和英语之

---

① 关于词类和词性的区别:"'词类'是对汉语词语的全集进行划分的结果,是集合的概念。'词性'是将具体的词进行归类的结果,是具体词的基本语法属性的描述。例如,将'桌子'划入名词类,将'游泳'划入动词类,就可以说'桌子'的词性是名词,'游泳'的词性是动词。由于'词类'与'词性'合用同一套术语,容易造成两者同义的印象,不过在概念上还是应当区分清楚。"俞士汶等《现代汉语语法信息词典详解》(第二版),清华大学出版社,1998年,第43页。

间的汉语学习词典的历史可追溯至1807年澳门流传的手抄本《字汇英吉利略解》(*A Dictionary Chinese and English，carefully compiled from many others，translated from the Latin Macao Dictionary in III volumes*)。1815—1823年间马礼逊出版了他的《汉英英汉词典》，自此汉英双语词典一跃成为中西文化交流史的主角。第一代汉语学习词典为双语词典，词典作者基本上都是在中国从事宗教、外交、海关、商贸的外国人，他们编写词典的目的是服务在华外国人学习汉语，这些汉英双语词典可以被看作是第一代外向型汉英学习词典。时间起点应该从罗明坚(Michele Ruggieri)、利玛窦(Matteo Ricci)的《葡汉辞典》(*Dicionário Português-Chinês*，约1583—1588)算起，至1949年中华人民共和国成立，这四百多年是第一代汉语学习词典独领风骚的时期。

  汉字作为形、音、义一体的相比字母文字复杂且数量庞大的存在，汉语—外语双语词典中，如何编排和检索汉字词目是最大的问题。十六世纪末罗明坚、利玛窦使用罗马字母给汉字注音的方案，发展至当代汉语拼音方案，成为解决汉语学习词典编纂中按字音检索汉字的关键。这样的设计理念和探索贯穿了第一代汉语学习词典史。第一代汉语学习词典的最大贡献在于创造性地解决了汉语学习词典编纂所必须解决的音检汉字系统，同时创造了形—音相结合的检索表，初步尝试了义检汉字的方法。到了二十一世纪，按音检索汉字的设计和汉字部首—注音检索表已经成为各类汉语单语或者双语词典的一种固定模式。然而，第一代汉语学习词典所未能解决的从汉字字形和从英语义检汉字的问题，迄今仍未引起学者的充分重视，在这两个方面仍鲜有突破。这是二十一世纪外向型汉语学习词典所必须突破的瓶颈，唯有此，中国人编写的外向型汉语学习词典才能被世界各国的汉语学习者所用。

第一代汉语学习词典发现了汉字在汉语中的重要性。在经历了字、词、词组混杂的阶段之后，逐渐发展到以汉字为核心的"以字带词"的宏观结构设计。但第一代汉语学习词典因为数量庞大，在微观结构设计方面各不相同，不好一概而论，仅在此总结值得我们借鉴的一些经验和特点。首先，因为重视汉字，所以词典释文普遍都收有对汉字字形结构分析和字义溯源的内容。外向型汉语学习词典应充分利用中国古、今文字学研究的成果，将其系统收入汉语学习词典，科学地释字应该成为外向型汉语学习词典的本质性特征之一，这才是符合汉语自身特点的汉语学习词典。其次，词典或多或少地都是通过英语语言学解说汉语语法，具体表现在译义上即用英语单词的词性反映汉语词的词性，对虚词增加用法说明，释文中对语用情境进行解说。词典使用者已有的知识结构和语言认识，会影响到他们对第二语言或者外语的感知和认知。因此，模仿英语单词学习词典的微观结构设计具有一定的合理性。只是，英语是屈折语而汉语是分析语，需要创新外向型汉语学习词典的语法模式。朱德熙提出的汉语短语和句法同构，可以成为探究汉语学习词典语法体系的起点，汉字—词—词组—句的搭配关系就是微观而具体的汉语语法。外向型汉语学习词典的编排结构应从汉字始，释文中通过具体例证展现微观的搭配关系，从而及至汉语语法系统。

第一代汉语学习词典除了检索方式和按音检字法被继承并延续至今，其他的设计特征基本上在现当代不受重视。现当代国内出版的主流汉语学习词典是沿着模仿英语单词学习词典的路前行，没有体现出汉语语言特点，缺乏中国文化情怀，缺乏对外国人词典使用群体的针对性。第一代汉语学习词典在二十一世纪仍有可供借鉴的经验，唯有在继承以往优良传统的基础上，我们才能更有创造性地研编出新一代外向型汉语学习词典。

从湛约翰《英粤字典》看传教士眼中粤语词汇的变容

韩一瑾

（中山大学外国语学院）

自 1828 年马礼逊（Robert Morrison，1782—1834）的《广东省土话字汇》(*A Vocabulary of the Canton Dialect*)出版以来，以传教士为主的汉学家们编纂了多部粤英双语词典，其主要目的虽为在粤方言地区传教，但客观上对我们研究粤语词汇的发展提供了可靠文本，并为我们了解传教士的汉语观、特别是汉语方言观提供了一种可能。

湛约翰(John Chalmers M. A.，1825—1899)的《英粤字典》(*An English and Cantonese Pocket-Dictionary，for the use of those who wish to learn the spoken language of Canton province*)作为香港地区出版的第一本粤英双语辞书，势必受到当时香港粤方言的影响。而作为该字典的作者，湛约翰在汉语，尤其是粤语方面的造诣得到了当时汉学家们的普遍认可。因此，通过对《英粤字典》版本和收词特点的考察，一方面可以了解当时粤语词汇发展的整体面貌，另一方面也可以了解当时传教士眼中的粤方言是如何发展变化的。

一、湛约翰生平及学术成就

湛约翰,伦敦传道会(London Missionary Society)派到中国的传教士。1852年6月28日抵达香港,任教于英华书院。1859年来穗,直至1879年,湛约翰的大部分时间都是在广州度过的,主要负责广州传道会的相关工作。在当时有关湛约翰的消息报道中,对其生平介绍最为翔实的是"The Late Dr. Chalmers(已故的湛约翰博士)"[①]一文,该文发表于湛约翰去世的1899年,作者皮尧士(P. W. Pearce,1854—1938)[②]认为早期的印刷工作奠定了湛约翰博士汉语知识的基础。[③]

湛约翰是一位多产的汉学家,曾在多家报刊上登有文章,尤其是在广东时期,更是前后出版了多部重要著作。皮尧士对湛约翰的学术成就有如下介绍:1868年英译老子《道德经》、1872年出版《广东方言袖珍字典》(The Pocket Dictionary of the Cantonese Dialect)、1877年出版《康熙字典撮要》(The Concise Kang Hi Dictionary)、1882年出版《汉字结构》(The Structure of Chinese Characters),这属于较晚期的作品,同时还有关于汉语的作品、篇幅较小的散文杂文以及用汉语写成的基督教书籍、短文等。我们可以将这段介绍与

---

① Thomas W. Pearce, The Late Dr. Chalmers, *The China Review*: or Notes and Queries on the Far East, Vol.24, No.3, 1899, pp.115-119.

② 皮尧士1879年成为牧师后即动身来华,在广州传教达十一年之久。其在汉语学习与研究上颇有造诣,曾捐资重兴英华书院,并一度任英华书院院长。

③ Dr. Chalmers was wont to say that the foundations of his Chinese knowledge were laid—and those who knew him as a Chinese scholar of commanding intelligence may add well and truly laid—in his early work of superintending the printing staff.

《1867年以前来华基督教传教士列传及著作目录》①中对湛约翰早期著作的介绍进行对比:伟烈亚力列出了十一条湛约翰的作品,其中与语言学相关的包括1855出版的《初学粤音切要》(A Chinese Phonetic Vocabulary, containing all the most common characters, with their sounds in the Canton Dialect)、1863年出版的《正名要论》(Important Discourse on the Correct Name)以及1859年出版的《英粤字典》,其余均为与基督教或中国文化相关的作品。

将二者综合起来,我们可以发现湛约翰的著作虽涉及语言、文化、宗教等多个领域,但其在语言学方面,特别是字典编纂方面的成就更为突出。笔者根据史料记载将湛约翰语言方面的著作按时间顺序进行整理,具体见下表:

表1 湛约翰的语言学著作

著作名	出版地	初版年	内容简介与相关评价
初学粤音切要	香港	1855年	按部首顺序排列所收汉字,并分别选取表示声母和韵母的两个汉字组成每个字的读音。
英粤字典	香港	1859年	为想要学习广东省口语之人提供的英粤词语对照手册。
正名要论	香港	1863年	主要讨论"God"一词的正确中译名。

---

① 伟烈亚力《1867年以前来华基督教传教士列传及著作目录》,倪文君译,广西师范大学出版社,2011年,第226—227页。原书出版于1867年。

(续表)

著作名	出版地	初版年	内容简介与相关评价
广东方言袖珍字典①	香港？	1872年	主要内容参照《英粤字典》，评论称：对于那些学习广东方言的学生来说，湛约翰是一个令人放心的导师。②
康熙字典撮要	广州	1877年	此书为《康熙字典》的汉英对照节选本。甲柏连孜（Georg von der Gabelentz）认为"对于想要进一步提高汉语水平的学生来说，这是最好的一本字典"③。皮尧士的评价是"如果康熙大帝还活着，湛约翰博士或许能在北京宫廷内开创一番辉煌的事业"④。
汉字结构		1882年	在300个字形的基础上编排汉字。为外国学生开辟了一个新的文字世界，让其能够领略中国文字之美。⑤

---

① 由于目前笔者没有找到1872年的这部《广东方言袖珍字典》，因此对于此书与《英粤字典》之间的关系无法给出确切结论。但皮尧士在《已故的湛约翰博士》一文中介绍此部字典时引用了《中国评论》第七卷第197页中的以下文字：It systematically keeps the mean path between the extremes of hair-splitting distinctions and slothful neglect of tonal and idiomatic variations. 笔者发现该段文字是《中国评论》第七卷 Short notices of new books and literary intelligence 中对 *An English and Cantonese Dictionary, for the use of those who wish to learn the spoken language of Canton province*, fifth edition, 即《英粤字典》第五版的评论文字。故该字典极有可能与出版于1878年的《英粤字典》第五版内容基本相同，而从出版年1872可以推断，该字典极有可能是《英粤字典》第三版的重印本，并在重印时更改了书名。

② And we are still of opinion that Dr. Chalmers is a very safeguard to the study of Cantonese. 参见《已故的湛约翰博士》，第117页。

③ I think it to be in its way the best hand-book for more advanced students. 参见《已故的湛约翰博士》，第117页。

④ If great Kang Hi were still alive Dr. Chalmers would perhaps have a chance of a splendid career at the Peking court. 参见《已故的湛约翰博士》，第117页。

⑤ Opened up a new world to the non-Chinese student of the written characters—gave him an insight into sound etymology, taught him how to build up complicated characters from their several parts, and enabled him to realize at once the ingenuity and beauty of Chinese writing. 参见《已故的湛约翰博士》，第117页。

由上表可见,湛约翰的语言学著作内容涵盖汉语语音、汉字、词汇、官话和粤方言等,无论从汉语研究的深度还是广度来看,湛约翰都是同时期汉学家中的佼佼者。

二、《英粤字典》的版本

《英粤字典》初版时间为1859年,扉页首行是其中文名"英粤字典",下方为英文名"An English and Cantonese Pocket-Dictionary, for the use of those who wish to learn the spoken language of Canton province"。下有作者信息"By John Chalmers M. A."及出版信息"Hong Kong: Printed at the London Missionary Society's Press. 1859"。初版正文前无序言,只有"汉语发音规则"(Rules for Pronouncing the Chinese),主要介绍了注音方法、汉语语音(这里主要是粤语语音)的一些特点等。正文共159页,按英文字母顺序排列。

第二版出版时间为1862年,扉页上除加入"第二版"(second edition)、将出版时间改为1862年以外,没有其他变动。正文前无序言,"汉语发音规则"新增一条规则,即口语中一些常用词在句中或者句尾会发生音变。① 在"汉语发音规则"后增加了两页勘误表,另有题名页1页,正文共163页,体例与第一版相同。

第三版出版时间为1870年,扉页上除了"第三版"(third edition)及出版时间外,版式与前两版完全相同,无勘误表,但在"汉语发音规则"后增加一行说明文字:For list of errata see Appendix,

---

① The colloquial discourse many common words, when they end clauses or sentences, are pronounced with a rising tone which does not properly belong to them. 参见1862年版《英粤字典》"汉语发音规则"。

which also contains some additional words。全书共 146 页,其中正文 139 页,勘误表从第 141 页开始,至 146 页止,共 6 页。

第四版笔者未见,但根据目前第七版中保留的 Note to the fourth edition 可知:此版不但对通篇进行了仔细修订,而且新增了约三分之一的内容。① 全书正文增至 229 页,但书名仍与前三版相同。

第五版书名改为 An English and Cantonese Dictionary, for the use of those who wish to learn the spoken language of Canton province。新增 Note to the fifth edition,说明第五版除了订正了前版的错误以及不准确之处以外并无其他重要变化,② 正文共 258 页。《中国评论》对这一版《英粤字典》进行了基本的介绍与评价,并认为"多年来,这部字典因为它的简洁性和准确性而成为在学校中特别有用的参考书"③。

第六版在扉页增加"第六版"(sixth edition)和"With the Changing tones marked"字样,作者由 John Chalmers M. A.变更为 John Chalmers, LL. D.,据考证,湛约翰 1878 年获得博士学位,故有此更改。另新增 Direction for Using the English and Cantonese Dictionary,正文共 296 页。

第七版作者仍为 John Chalmers,LL. D.,但下方还有"Revised

---

① This edition of the Cantonese Dictionary has been carefully revised throughout: and fully one third has been added to its size. 参见"Note to the fourth edition"。

② This edition of the Cantonese Dictionary is in no important respect different from the last. Errors and inaccuracies have been corrected where noticed. 参见"Note to the fifth edition"。

③ The book has for years proved itself specially useful in schools by its conciseness and general accuracy. 参见 Short notices of new books and literary intelligence,*The China Review*: *or Notes and Queries on the Far East*,Vol.7,1878,p.119.

and Enlarged by T. K. Dealy, Queen's College, Hongkong"字样, 表明此版由狄烈(T. K. Dealy)修订增补。序言中还提到了在此版修订增补过程中使用到的参考资料——狄烈的手稿 Words and Phrase Books, 里面包含了狄烈二十三年来与粤语连续而积极地接触所得, 词语来源于各种或经典或通俗的书籍、词典和词语集、杂志和小册子、日报和多方面的千变万化的市井生活。从中我们可以发现, 字典的语料来源不限于书面语, 而且包括口语。

对这样一部同一作者、近五十年内修订七次的字典进行历时研究, 有助于我们了解传教士对于粤语的认识以及近代以来粤语词汇的发展。

表 2 《英粤字典》版本一览表

版本	出版时间	出版社	正文页数
第一版	1859 年	伦敦会香港分会	159 页
第二版	1862 年	伦敦会香港分会	163 页
第三版	1870 年	伦敦会香港分会	146 页
第四版	1873 年	Chinese Printing & Publishing Company	229 页
第五版	1878 年	De Souza & Co. Hongkong	258 页
第六版	1891 年	香港别发洋行	296 页
第七版	1907 年	香港别发洋行	822 页

三、《英粤字典》收词的变化及特点

《英粤字典》分别在第四版和第七版时进行了较大的增补与删改, 故笔者先将前三版内词条作为研究对象。对《英粤字典》前三版的收词情况进行统计, 笔者发现词条的变化分为三种情况: 第一, 更改了原有汉语译词; 第二, 在原有汉语译词的基础上增加新的译词; 第三, 新增汉英文词条。其中, 第二版与第一版相比, 更改译词 123

条、新增译词 349 条、新增词条 297 条。第三版与第二版相比,正文中的改动很小,更改译词 12 条、新增译词 26 条、新增词条 40 条。此外,在 Appendix 中增加新词条 6 页,200 余条。

对比三个版本中更改的汉语译词词条,我们可以发现大致有以下几种情况:第一种情况是改变原来汉字的字形,如第一版和第二版的 diabetes 尿痲(尿淋)①、hawk 应(鹰)、hyson-tea 熹春茶(熙春茶)、insatiable 无憪(无厭)、ostrich 驼鸟(鴕鸟)、parrot 鹦母(鸚鵡)等字形上的差别,其中既包括异体字,也有一些是由于印刷等原因而产生的错别字。

第二种情况是由原来的单音节词变为双音节词,如 accuse 告(告诉)、accustomed 惯(惯熟)、answer 答(答应)、heel 踭(脚踭)、lose 失(遗失)、merciful 恤(慈心)、nourish 养(养育)、prohibit 禁(禁止)、refund 还(偿还)、remainder 剩(余剩)、restore 挽(挽回)、play 反(反斗)等,②由此可见,现代汉语的双音节化不但在官话字(词)典中有所体现,同样出现在方言字(词)典中。

第三种情况是变更为方言特征更强的词,如 bud 出芽(爆芽)、depreciate 看轻(睇轻)、dropsy 水胀(蛊胀)、fair 公平(公道)、father-in-law 岳父(外父、岳丈)、irritate 动怒(激嬲)、odd 奇怪(古怪)、high-water 水大(水大慢)、low water 水干(水干慢)等,体现出当时以传教士为主体的词典编纂者对方言词与官话词之间的区分意识逐渐增强。

第四种情况是词化现象,这里既包括 disobey 不遵(违背)、

---

① 括号外为第一版译词,括号内为第二版译词,下同。
② 另有三例是相反的情况,由双音节词变为单音节词,分别是 affront 顶颈(辱)、laurel 桂花(桂)、pig 猪仔(猪)。

secret 密嘅(机密)这种由二字短语变为双音节词的词例,也包括 deceney礼所当然(合礼)、efficacious 有效验嘅(功效)、recline 睡侧身(瞓低)、absurd 断唔合理(断唔合理、混账)、aground 搁浅嘅(搁浅嘅、抗船)这种由多字短语变为双音节词,或在保留原多字短语的基础上新增双音节词的例子。

第五种情况是同素异序词,如粤方言中特有的正偏结构词"电闪"(lightning)在第二版中被偏正结构的"闪电"所取代。但同样是正偏结构,家禽家畜性别称呼词如"鸡母"(hen)在第二版中仍为"鸡母、鸡㜷"。

还有一个问题值得我们讨论,就是这些更改的汉语译词是否能在同时代的其他词典中找到同样的词条。通过比对,我们发现第二版的部分词条与马礼逊的《英华字典》(*A Dictionary of the Chinese Language in Three Parts. Part the Third, English and Chinese*, 1822)中的一致,这里既有第一版采取了其中一种译法、第二版采取了另一种的情况,如 debate 辩论(争论)、frequently 多次(屡次)等,也有仅在第二版中收录词条与马礼逊字典一致的情况,如 abandon 丢弃(舍弃)、fight 打交(交战)、flattery 谀言(诌媚)、investigate 稽查(追究)等。还有一部分第二版的词条与卫三畏(Samuel Wells Williams,1812—1884)的《英华韵府历阶》(*An English and Chinese Vocabulary, in the Court Dialect*,1844)一致,如 hero 英杰(豪杰)、skill 才能(伎巧)、transpose 换转(调转)等。由于《英粤字典》的前三版无序言,我们无从得知湛约翰在编纂过程中是否参考了其他字典,但从目前调查的情况来看,参考上述两部字典的可能性非常大。

新增译词的词条多是具有方言色彩的词,如 bride 新娘(新娘、新抱)、dead 死了、身故(死了、身故、过身)、disappoint 不遂愿(不遂愿、撞板)、pregnant 怀孕(怀孕、有身纪)、profligate 花消(花消、败家仔)、tease 难为(难为、嫩嬲)等。

第二版新增词多为植物学名词,如仅以字母 a 和 b 开头的词条就有 acacia(金凤)、azalea(杜鹃花)、balsam(指甲花、凤扇花)、bezoar(牛黄)、birdsnest(燕窝)、brinjal(茄瓜)6 例。这些植物学名词在之后的各个版本中有增无减,第七版的序言中这样写到:之前版本中的植物学的相关表达被保留了下来,并且在数量上有所增加。① 不但是《英粤字典》,我们在当时很多英华字典中也会看到大篇幅的植物学表达,到底是何种原因使得以传教士为主的字典编纂者愿意将大量植物学词汇收录在自己的字典中尚待进一步的考察,但从中我们可以找到今天仍在使用的部分植物学相关词汇,可见植物学相关名词是在汉外字典编纂早期就产生和发展起来的。第三版新增词多为动植物学名词和宗教学名词,如 abbey(佛寺、道观、修道院)、abbot(方丈、道长)等。总体来看,新增词多为书面语或专有名词,与湛约翰书名中提到的"the spoken language of Canton province"并不相符。因此"Short notices of new books and literary intelligence"中评价到:虽然湛约翰博士希望提供给学生们一个有着相当高口语化程度的字典,但是为了给每个英语词条一个精准的、地道的汉语翻译,所以有时会不可避免地偏离了口语的轨道,提供给我们的是白话文中的一种更高级形式。

此外,新增词中还有部分近代汉语新词,如第三版中新增的捉迷

---

① Botanical expressions embodied in earlier editions, … , have been retained, and their number extended. 参见《英粤字典》第七版序言。

蒙(blind-man's buff)、化学(chemistry)等除了《英粤字典》外的例证多出现在1910年前后的英华字典中,而"揽载纸(bill-of-lading)"一词不但收录在1916年的官话字典中,而且还是作为"新词"收录其中的。由此可见,新增词中不但包含近代汉语新词,而且有些还可能是首见例证。

四、结语

通过对《英粤字典》前三版的对比,笔者从词汇内部结构、音节长短以及新增词汇所属类别等方面对《英粤字典》的收词特点进行了考察。总体来说,《英粤字典》中的粤语词汇有双音节化倾向,部分短语发生了词化现象,具有浓郁粤方言色彩的词不断增加,同时宗教学、动植物学专有词汇也越来越多地进入字典中。我们虽然不能断定这些变化产生的原因是近代粤语词汇本身发生了变化,但这些语料至少能够反映出在当时传教士的理解中粤语词汇的整体面貌与发展情况。

早期双语词典所选汉语词汇特点
——《葡汉辞典》与《汉英大辞典》比较

陶原珂

(广东省社会科学界联合会《学术研究》杂志社)

汉外词典出现较早。第一阶段(十六世纪末—二十世纪初)主要为外国传教士或学者所创编,十五世纪有僧人编的汉日词典《科学图》,十六世纪末则有菲律宾耶稣会神父齐瑞诺(Petrus Chirino, 1557—1635)编的《汉西词典》(*Dictionar ium Sino-Hispanicum*, 1595—1602),利玛窦(Matteo Ricci, 1552—1610)与郭居静(Lazzaro Cattaneo, 1560—1640)等人编的一部汉葡词典(已佚),[①] 方济各会传教士叶尊孝(Basilio Brollo, 1648—1704)编的汉拉词典《汉字西译》(*Dictionnaire Chinois, Français et Latin*, 1813)——第一部分按部首检索(1694),第二部分按注音检索(约1698—1700)。[②] 但是,汉外词典经十九世纪欧洲来华传教士的努力才进入第一个印刷发展阶段(1815—1911),如英国传教士马礼逊(Robert Morrison, 1782—1834)编纂出版了第一部汉英字典《华英字典》(*A Dictionary of the Chinese Language in Three Parts*,

---

① 杨慧玲《世界汉外双语词典史的缘起》,《辞书研究》2011年第3期。
② 余姝航《〈汉字西译〉音系研究》,厦门大学硕士学位论文,2014年。

1815—1823)①,麦都思(Walter Henry Medhurst,1796—1857)出版了《汉英字典》(Chinese and English Dictionary, containing all the words in the Chinese Imperial Dictionary, arranged according to the radicals, 1842—1843)②,卫三畏(Samuel Wells Williams,1812—1884)1874年出版了《汉英韵府》(A Syllabic Dictionary of the Chinese Language)③,翟理斯(Herbert Allen Giles,1845—1935)出版了《汉英词典》(A Chinese-English Dictionary,1892)等。到世纪之交,商务印书馆开始出版《商务书馆华英字典》(1899)和《商务书馆华英音韵字典集成》(1902)等,但此时还不能与外国人所编纂双语词典相抗衡。

第二个发展阶段(1912—1977)开始以华人草创自编为主,商务印书馆成了出版主力,如张在新、倪省源编《汉英辞典》(1912)、李玉汶《汉英新辞典》(1918)以及张鹏云《汉英大辞典》(1920)。后有王学哲编《现代汉英辞典》(1946)以及北京外国语学院英语系《汉英分类词汇手册》编写小组编《汉英分类词汇手册》(1977)等。香港的汉外词典崛起于二十世纪七十年代,出版有梁实秋主编《最新实用汉英辞典》(1971)和林语堂《当代汉英词典》(1972)等。这些词典以词对译为主,释义较简,多无例证。

第三个阶段(1978—2000),许多词典以《现代汉语词典》(第2版,1983年)为现代汉语的词汇系统蓝本,增加多字条、删除古旧字词和文学性词语之后译释,以给出对应翻译词语为主,表现出较为均衡、成熟

---

① 岳岚《晚清时期西方人所编汉语教材研究》,北京外国语大学博士学位论文,2015年。
② 刘立壹《麦都思的翻译、学术与宣教研究》,山东大学博士学位论文,2013年。
③ Kaname Yamaguchi《从卫三畏〈汉英韵府〉看19世纪的官话音系》,《国际汉语学报》2014年第2期。

的词汇系统性,如吴景荣主编《汉英词典》(1978)及其修订本危东亚主编《汉英词典》(1997),吴景荣、程镇球主编《新时代汉英大词典》(2000)。在此之外,还有收词更宏富的汉英综合性辞典,如张芳杰主编《远东汉英大辞典》(1992)和吴光华主编《汉英大辞典》(1995)。此时,港台的汉英词典则保留较多古旧词语,汉语注音大多用威妥玛—翟理斯式罗马拼音(Wade-Giles Romanization)或国语罗马字,英文译名以威妥玛式罗马拼音为准,如台湾文化图书股份有限公司《最新汉英四用辞典》(1985)、张鹏云编译《综合汉英大辞典》(1985)。

第四个阶段(1997—2014),与前一阶段稍重叠,进入汉英双解词典和双向词典繁盛时期,如王还主编《汉英双解词典》(1997)、姚乃强编译《汉英双解新华字典》(2000)、中国社会科学院语言研究所词典编辑室编《汉英双语现代汉语词典》(2002)、上海译文出版社《COBUILD英汉双解词典》(2002)、外语教学与研究出版社《日汉双解学习词典》(2005)、崇文书局《新编英汉汉英词典》(2009)、商务印书馆《牛津高阶英汉双解词典》(第4版2002年—第8版2014年)等。

外汉词典比汉外词典出现稍迟,但最早也可以追溯到十六世纪。第一部为西班牙语—闽南话词典《华语韵编》(*Arte Vocabulario de la lenga China*),由西班牙的地理学家马丁·德·拉达(M. D. de. Rada,1533—1578)于1575年编纂;而以词典命名的第一部欧洲语言—汉语双语词典则是十六世纪末十七世纪初由罗明坚(Michele Ruggieri,1543—1607)和利玛窦编的《葡汉辞典》(*Dicionário Português-Chinês*)①,其中用于释义的汉语词汇,反映出早期传教士

---

① 罗明坚与利玛窦编《葡汉辞典》,由魏若望(John W. Wirek. S. J.)主编,葡萄牙国家图书馆、东方葡萄牙学会、利玛窦中西文化历史研究所(旧金山大学)2001年出版。

学者对汉语词汇的认识和使用的情况,本文以此作为考察的第一部双语词典。

本文考察的另一部双语词典,则是第二阶段张鹏云的《汉英大辞典》(岭南中学,1920年),它反映了"五四"新文化运动初期国人对当时所用汉语词汇系统的认识水平,以及词典使用功能对所选被释词汇系统的影响。我们希望通过比较不同时期双语词典所选汉语词汇的特点,揭示出不同时期双语词典编纂者对汉语词汇认识的差异面貌和进步的阶段性。

一、《葡汉辞典》所用汉语释义词汇的特点

罗明坚与利玛窦的《葡汉辞典》,按葡语音序排列词目,对译解释以汉语词为主,偶尔用短语,词典对译了90%以上的词目,少部分葡语词目没有对译汉语。可能由于尚未全部完成的缘故,此稿没能在编者生前出版问世,直到2001年才以手写原稿影印的方式在澳门出版。我们从它的存在历史,很难估计它的实际使用情况和影响,但是,从该词典的对译词语可以看到早期外汉词典编者的词典编写方式和编纂过程,了解编者汉语的掌握程度及其所受方言因素的影响;从词典所使用的汉语词汇,间接看到当时汉语词汇的使用情况。

(一)《葡汉辞典》记录的汉语语法词素

从《葡汉辞典》所用汉语词汇的构造来分析,我们可以看到,编者已经使用一些现代汉语的结构性词素与其他词搭配,构成释义文本,例如:

(1) Azeitejro (今[①]: azeiteiro): 做油的 (今: 制油人、卖油人)。Atafonejro (今: atafoneiro): 磨麦的。

(2) Aparelhador: 安排的。Aqueloutro: 别的 (今: 另外那一个)。

上述例(1)有"的"字构成名词性释义短语,例(2)有"的"字构成形容词性词语。释义文本还使用了构词性虚词素(词尾),例如:

(3) Aba de vestidura: 裙子 (今: saia)。Abano: 扇子。Abanar: 打扇。Abanador: 打扇的。

(4) Alembrança: 记。Alembrar a outro: 记着人。Alembrada cousa: 记得。

Amarar: 绑、捆、缚、勒、擒。Amarado: 绑了。

例(3)的"裙子、扇子"反映出词典编者已经使用汉语词尾"-子"所构成的双音节词,而不用单音节词"裙、扇";例(3)的"打扇、打扇的"与例(4),反映出编者已经注意到原语的词尾变化与相应的汉语结构词素"子、的、着、得、了"的对应关系。另外,例(3)的首例是该词典的第一个释例,原语 aba de vestidura(衣裳的下部)是个词组,该词典不收相同语义的单词 saia,而收词组,可能是起初体例未定,先收汉语对应的词,而后以葡语解释的结果。

《葡汉辞典》中还可以看出编者对当时汉语口语语法使用和掌握的情况。例如:

(5) Aquele/Aquela: 他 (今: 那个人)。Á vontade (今: á

[①] 标"今"词语据周汉军等《简明葡汉词典》(商务印书馆,1994年)及 Franz Wimmer, *MICHAELIS Illustrated Dictionary Volume II Portuguese-English*, Comp. Melhoramentos de São Paulo, Indústrias de Papel, 1961.

vontade)：中我意、如我意（今：随意地、任意地）。

（6）Apoupar（今：apupar）：笑他。Arendar（今：redar）：税他、赁他、租他（今：租给他）。

其中，例(5)所用人称代词与现代汉语人称代词相同，未用汉语文言人称代词或方言人称代词。例(6)则反映出编者对汉语三价动词之动宾关系的掌握情况，这里没有出现介词"给"（租给他）的用法。

根据上述分析可以判断，《葡汉辞典》主要以汉语口语词语及语法来解释葡语词汇，口语化是词典编者对词典使用汉语词汇的基本取向。

（二）《葡汉辞典》中汉语方言因素

据魏若望为《葡汉辞典》所作序言（《葡汉辞典》第83—95页）分析，罗明坚和利玛窦主要是在澳门及广州地区学习汉语的，虽然也努力学习官话，但难免不受当地方言的影响，这从《葡汉辞典》所用汉语词汇中可以看出来。例如：

（7）Alcansar（今：alcançar）：赶倒—来得。Apartamento：行开（今：分开，离开、离去）。

（8）Aldia（今：aldeia）：乡村。Aldeāo：村夫、野老。Aldea malher（今：malho）：村婆。

（9）Alguo（今：algum）：什么东西、什么子。Algum（今：alguém）：什么人、谁人。

例(7)的"赶倒、行开"，至今保留在广州方言中，分别意谓"赶得上/来得及、走开"，普通话中没有。例(8)和例(9)的"野老、村婆、谁人"等说法，也仍保留在老派广州方言中，普通话中没有；"什么子"则既不见于粤方言也不见于普通话，不知为何处方言词。这里所谓"广州方言"主要是以今天的语感来判断的,并且假定广州方言与澳门粤语基本一致。这些方言词虽然有的还不能够确定当时所属何种方言,但是,从我们能够接触的语料看来,已经足以说明编者所学习和使用的汉语词汇并非纯粹是当时的官话词汇。不过,结合词典中出现的人称代词"我、他"等来看,词典编者基本上是在官话系统中学习汉语词汇的,只是同时还受到周围方言(主要是粤语)的影响。

(三)《葡汉辞典》中语义不明确的现象

罗明坚和利玛窦都是意大利人,葡萄牙语不是他们的母语,汉语更是他们到中国以后才学习的,可能因此之故,词典释义所用的汉语词汇与其所解释的葡萄牙语词目之间,存在并不对应的现象。例如:

(10) Aljuba:衖、荷包(今:一种短袖长外套)。

(11) Alcarrada:耳环(今:the movement of a bird of prey when it catches its victim 鸟捕到食物时所做的祈求运动)。

(12) Alegria:欢喜。Alegrar a outro:把欢喜他。

其中,例(10)《葡汉辞典》所注汉语释义与《简明葡汉词典》相差很远;例(11)所注汉语释义也与 MICHAELIS Illustrated Dictionary, Volumn Ⅱ Portuguese-English 的解释不相符,并且看不出有语义引申发展关系;例(12)的汉语解释,则用了一个错误的结构语段"把欢喜他",反映出编者对"把"字结构尚未掌握。如果从以上三个词条实例来判断,编者要想最终编纂出规范的葡汉词典,其汉语水平还是需要提高的。

《葡汉辞典》是在两位传教士努力学习汉语而且已经粗通的情况下开始编纂的,所运用的基本汉语短语结构、人称方式和大部分汉语词汇都与当时的官话相同,并非文言词汇,但是受到了周围方言(主要是粤语)的影响,因而远不够纯粹。也正因为不纯粹,让我们有机会从中捡拾到当时粤方言的一鳞半爪。而作为一部未完成的词典,它既反映了编纂者的工作次序、方式,也记录了编纂者一边编纂、一边学习的过程,其中也包含了早期外汉词典编纂者的努力与艰辛。

二、《汉英大辞典》所释汉语词汇的特点

与《葡汉辞典》不甚明确的词典功能目的相比,《汉英大辞典》则是有着比较明确的词典功能目的的。按黄炎培为该词典所作序言指出,当时"吾国英文字典不下数十百种,顾多以汉译英,但取便于查阅英字。近者上海圣约翰大学张君鹏云辑《汉英大辞典》,独以英释汉,俾学者初作英文不能得相当之字或句以达其意时,有此书一检即得"。可见,《汉英大辞典》是一部为国人学习写作英语(即英语表达)而编纂的内向型汉英学习词典。①

编者是粤语区成长的学者,而且是在新文化运动兴起前后编纂该词典的,因此,该词典所收录的汉语词汇有着明显的新旧文化历史交替、方言和官话相杂的特点,同时还有词典功能决定的其他多种特点,归纳起来,有以下几个方面。

(一)《汉英大辞典》的方言词汇

《汉英大辞典》编者张鹏云的故里新会属于粤方言区,他处身于二十世纪二十年代的上海(吴方言区)而尚未形成现代汉语规范的词汇系统认识,使用汉语词汇来组织、安排和译释英语的相关词语表达方式时,自然难免会受家乡方言词汇系统的影响,因而词典的汉语词目不同于今天汉外词典中所使用的规范的共同语词汇系统。其中的

---

① 语言学名词审定委员会《语言学名词》,商务印书馆,2011年,第105页。

方言词汇虽然已经距今将近一个世纪了,但是,有的还是依稀能够辨认得出来的。例如:

(13)收数:to collect accounts。命数:destiny, fate。

拜斗:to worship the Dipper for long life。数尾:the balance of an account。

敌得住:to be a match for。

例(13)中的汉语词目"收数(收款)、命数(命运)、拜斗(加入浸礼会)、数尾(款项余数)、敌得住(抵挡得了)",现在仍在粤语中使用,有的通行范围较小(如"拜斗"仅用于港澳地区教会),但是大多属于常用词语,特别是"敌得住"的两个助词"得"与"住"连用,是粤方言句法层面的特有结构,方言特色明显。

(二)《汉英大辞典》的旧词汇

由于该辞典编纂于新文化运动前后,其时正值中西文化大碰撞、大交流、大融合的过程,词语形式的不稳定性随着时过境迁,便迅速地呈现出来,因而,该辞典所收录的汉语词汇有许多在今天看来属于旧词汇。例如:

(14)斗称:weights and measures。文会:a literary club。文界/文坛:the republic of letters。时文:modern style。移文:official correspondence between equals。海旁:the seaside。旁近:adjoining, neighboring。整容匠:a barber。

以上所举汉语词汇,除了"文坛"以外,其他都已不再使用。"文坛"在该词典中为与"文界"同义的附属词目,但现今已成为词典中的正式词目,而"文界"或仍保留在境外华语圈中。旧词语与现今词语的差异,是语言词汇系统的历史变化使然,反映了词汇的历史发展。

(三)《汉英大辞典》的非词汇单位

《汉英大辞典》为了给英语学习者提供英语作文的参考词语,往往以超词汇结构的单位作为词目,这些现成说法有的只是简单的修饰结构,有的则是一句话,分别构成一个概念,以便于学习者通过既有概念查询到需要的英语表达方式。例如:

(15)不文:unpolished。并无分文:to have no coppers。文字之战争:a paper war。落花水面皆文章:The petals fallen on the water arrange themselves in elegant shape。

例(15)中的各个汉语词目依次延长,都由两个或两个以上词相互搭配而成。这与现代汉英词典严格选定规范的词汇单位来充当词目的做法是截然不同的,却明显反映出编纂者为了便于中国英语学习者通过汉语概念片断来查询和学习英语表达方式的编纂目的。然而,词目单位的不规整现象,让今人感到有点儿杂乱。类似的杂乱现象,还表现为同形异音词的混排,如"率"(shuài)混于"率"(luh)字之下。

(四)《汉英大辞典》的语用单位

《汉英大辞典》为了便于中国学习者学习英文写作,所收录超词汇单位的词目有一部分为语用单位,专用于特定语篇的表达,例如:

(16)敬启者:I've the honor to inform you that。敬遵:to obey respectfully。敬请台安:I respectfully trust that you are well。

例(16)的"敬启者"为告示用语,"敬遵"为公文用语,"敬请台安"

为书信用语。《汉英大辞典》将这些语用单位立为词目,便于学习者查询、学习到英语相应的表达方式。这种适当编入语用单位的做法值得今天的内向型汉外双语词典借鉴。

通过比较上述两部不同历史时期编纂的双语词典的汉语词汇系统可以看到,《汉英大辞典》比《葡汉辞典》的编纂目的明确得多,对汉语使用及双语学习的关系的处理也更为自觉了,反映出词典编纂的历史进步。然而,对汉语词汇规范性的认识两部词典都还较为薄弱,都不自觉地受到汉语方言的影响,毕竟,它们都不是汉语标准化、规范化时代的产物。

汉语国际教育师资本土化培养问题刍议

——基于老挝汉语教学师资现状的考察与思索*

王建军

(苏州大学文学院)

随着汉语国际热的持续升温,境外学校(包括孔子学院和孔子学堂)和培训机构对汉语教师需求不断递增,汉语本土化教学的问题也日益突出。应该说,汉语本土化教学的困境与本土化师资①的匮乏之间有着非常直接的关联。基于这一状况,我国 2007 年推出汉语国际教育硕士专业学位(以下简称"汉硕"),希望国内生源汉硕毕业生被派遣出国、国外生源汉硕毕业生回国后能成为优秀的本土化教师,从而解决汉语国际教育师资匮乏的问题。但目前的情况是,汉硕毕业生在成为本土化师资的过程中问题突出。

老挝作为汉语国际教育园中突起的一块新高地,同样面临着汉语本土化师资不足的困扰。在老挝,华人子女接受汉语教育(当地称

---

* 本文部分内容参考王建军《汉语国际教育师资本土化的基本内涵、培养模式与未来走向》,《云南师范大学学报》(对外汉语教学与研究版)2015 年第 3 期。

① 本文所指本土化师资包含但不等于本土师资。本土师资即生于斯长于斯的本地或本籍人教师,而本土化的师资除了本土师资外,还应包括一些外籍师资。外籍师资只要能在当地长期任教,熟稔并且遵从当地的教学理念、教学规律、教学方式、教学传统,那么就应该视为本土化师资。因此,评判一名教师是否属于本土化师资,似乎不应执着于他的种族、国籍与文化背景,而应着重看他与当地教育环境的融入程度。

为华文教育)的绝对比例位居东南亚各国前列。老挝有不少能够提供系统的汉语教育的学校(如百细华侨公学和万象寮都公学),它们一般以"公学"或"学校"命名,通常具有从幼儿园到高中的完整教育架构,这种"一校兼容"的办学模式有效地避免了生源流失。与马来西亚的华校类似,老挝的公学奉行的是汉语和老挝语并重的双语教育,这种模式在一定程度上保证了公学的合法性和延续性。另外,老挝公学的教学质量多高于当地一般的老挝公办学校,许多老挝政府公务员、在老挝经商或工作的外国人都争相将子女送进公学就读。现在越来越多的非华裔老挝人开始萌生学习汉语的愿望,原有的公学体制已无法满足这种日益增长的教育需求,汉语师资的供求矛盾尤为突出。但在这种情况下,汉硕毕业生依然无法得到老挝公立学校的认同,由此反映出汉硕培养存在着一些问题。

一、汉语国际教育本土化的基本内涵

教育是专门培养人的工作,教育的对象是人,人的发展是有特定规律的。只有依据人的身心发展规律去进行教育,才能达到既定的教育目标。人的身心发展受外部环境的制约,受种族、地域、文化等因素的影响,所以教育对象的特质说穿了就是本土特质。在老挝,接受汉语教育的对象主要为本土学生。有关万象寮都公学的一项调查显示:该校2010年在校生总数为1903人,其中90%以上的学生为老挝本土人(包括华裔子女),其余的则分别来自中国、日本、泰国、菲律宾、印度、韩国和越南等国在老挝长期居留的家庭。[①] 任何一种国

---

① 提苏达《老挝汉语教学现状的研究——以办学机构为例》,苏州大学硕士学位论文,2011年。

际化教育如果想要达到持久、深入的效果，就必须重视对象的本土特质，就必须走本土化之路。就此而言，教育的国际化与本土化其实是互为依存、互通有无的关系，两者之间并不存在无法逾越的鸿沟。汉语国际教育如果想要实现本土化，就需要依据对象的本土特质在教育内容、教育资源和教学人员方面取得实质性的进展。或者说，本土化的汉语国际教育至少应具备以下基本内涵：

第一，教育内容的本土化。所谓教育内容的本土化，就是汉语教材要反映学生的生存环境，反映他们的日常生活，反映他们的真情实感。教材只有贴近学生，才能吸引学生并赢得学生，才能获得教学效果的最大化。目前业界通行的绝大部分涉外汉语教材都是国内教师编写的，教材的内容基本限于中国的国情和民情，并不关注外国学生的生存环境和文化背景。这种让人缺乏亲近感的语言教育是很难获得成功的。目前，老挝苏州大学在汉语培训方面启用的是北京语言大学出版社推出的"进阶式对外汉语系列教材"《成功之路》。整套教材分为八篇二十册，囊括了汉语的初级、中级和高级三个阶段。该套教材主要以赴北京留学的欧美日韩学生为教授对象，课文一律用英语加注，里面涉及的文化内容对身处东南亚的老挝学生基本是陌生的，很难在情感上得到他们的认同与呼应，由此抑制了课堂教学的效果。2009年以来，老挝国立大学的部分中国教师和老挝教师曾合作编写了几本汉老文对照的教材，如《旅游汉语》《商务汉语》等，目前尚停留在试用阶段。

第二，教育资源的本土化。教育资源包括自有教育活动以来，人们在教育实践中所创造积累的教育知识、教育经验、教育技能、教育资产、教育费用、教育制度、教育品牌、教育人格、教育理念、教育设施等。本土教育资源植根于本土的人文背景和教育传统，是任何外来教育资源所无法替代的。因此,充分开发并大力利用本土的教育资源是汉语国际教育的必由之途。而在现行的汉语国际教学中,对当地的教育资源的开发和利用还是极其有限的。老挝是典型的佛教国家,佛寺教育曾在传承老挝的语言文化、塑造老挝的民族精神、培养老挝的教风学风方面发挥了巨大的作用,至今仍是很多老挝人(尤其是男性公民)必经的早教形式。因此,在老挝无论施行何种教育,都不能无视其悠久深厚的佛寺教育传统。

第三,教学人员的本土化。教学人员即教师是教学活动的主要承担者,也是决定教学活动成败与优劣的关键因素。教学要达到理想的最佳状态,教学人员必须本土化。本土化师资在本土教育内容的熟悉和驾驭、本土教育资源的占有和支配等方面都有优势,自身也更具归属感、使命感和稳定性。调查发现,在老挝苏州大学开设的各种汉语培训课中,起步阶段的汉语教学往往最不理想。究其原因,除了教学内容脱离现实外,还与教师多为短期逗留、频繁轮换的志愿者有关,他们本身不懂老挝语言和文化、教学中无法跟学生进行有效互动。

二、汉语国际教育师资培养模式

中国历史上至少涌现过三次汉语域外传播的高潮:第一次是汉魏时期,第二次是唐宋时期,第三次是明清时期。当下,汉语应该正处于对外传播的第四波高潮,并且已在时空、质效方面呈现出前所未有的态势。无论在哪一个时期,汉语传播人才的培养都是一个至关紧要的问题。纵观历史,历朝历代的汉语传播人才(含师资)不外乎来自以下两种培养模式:

其一,自发培养模式,即域外培养模式,外国的汉语学者和培训机构（如寺院、教会）出于某种实际需要而为本国或本领域培养汉语传播人才。汉魏六朝时期的译经僧、近代来华的西方传教士大多是以这样的方式培养起来的。古代的西域、阿拉伯、东亚，近代的意大利、法国以及菲律宾等地，都曾经是域外汉语人才的重要培训基地，培养了不少著名的"汉语通"。尽管他们学习汉语的主要目的是传播自己国家的文化或宗教教义，但中华文化的长期熏陶还是会让他们成为中华文化虚心的接纳者和热心的传播者，并在自觉和不自觉中担起沟通中西方文化的重任。

印度佛教在中国最初的传播，几乎是与佛经翻译同步的。史料记载，最早的一批译经者，主要是古代西域各国的来华僧人，如安世高（安息国）、支娄迦谶（月氏国）、支谦（月氏国）、竺法护（月氏国）、鸠摩罗什（龟兹国）等。作为汉译佛经事业的先驱者，他们不仅精通大小乘佛教，而且熟谙汉语文。在他们之后，师徒相承的汉译佛经传统得以形成并发展。

明清时期，最先进入中国境内传教的欧洲教士大多是在中国境外习得汉语的。例如，身为意大利耶稣会传教士的利玛窦先于1580年前往澳门学习汉语，再于1583年与罗明坚一起进入中国内地传教。又如，万济国是西班牙多明我会的一员，他在马尼拉学了一年汉语后才到中国的福州等地传教。

综上，可以看出，所谓的域外培养模式其实就是本土培养模式。该模式更像是一种师资转化模式。在这种模式下，所有的汉语人才都可能需要经过一定的方式转化为汉语师资。在此过程中，旅居或移居境外的华人应该发挥了先导作用，他们是当之无愧的第一代本土化汉语教师。

老挝作为一个独立国家的历史虽不长,①但与中国的交往却是古已有之。老挝语中至今尚存的一些汉语借词中,粤方言、客家方言、闽方言的影响依稀可辨。不过,由于经济落后、环境闭塞、交通不便,历史上的老挝并不是华人移居的理想目的地。华人势力长期不振,汉语教育以及师资培养当然无从谈起。进入二十世纪以后,随着华侨数量的激增,老挝的汉语教育始得以兴起。1929年创办的百细华侨公学(又称巴塞华侨公学)是老挝最早的华侨汉语学校,与之后建立的崇德学校、寮都公学、寮东公学、琅勃拉邦新华学校并称为老挝的"五大公学"。这些公学的汉语教师最初由华侨中的知识分子担任,后来则逐步由公学自身培养的毕业生接任。

　　其二,专门培养模式,即域内培养模式,中国的教育机构和培训机构为他国培养汉语师资或相关的专业人才。这种模式历史上同样不乏先例。周朝的象胥、秦汉至唐宋的九译令、明清的译字生,都是当时政府设置的掌管语言翻译的官员。他们除了进行汉外翻译,另一职责就是为周边的藩属国培训汉语人才。隋唐时期,大批外国使者纷纷来到中国,如日本于奈良时代和平安时代曾十九次派遣使团来中国,团员多是留学僧和留学生。他们尽管来华前已有一定的汉语基础,但通常还需要在中国进行语言强化和文化沉浸。留学生大多分到唐朝最高学府——国子监学习,留学僧则多被派到名山大寺拜师求教。这些人学成回国后,不仅成为汉文化的热心传播者,更是当仁不让的本土汉语师资。东亚和东南亚诸国源远流长、昌盛不绝的汉学传统就是由这类人士传承形成的。

　　近代西方传教士中也有一些人是在中国接受汉语培训并成长为

---

① 1353年由法昂建立的澜沧王国是老挝历史上第一个统一的多民族国家。

汉语传播人才的。例如,意大利传教士卫匡国先于1640年随耶稣会团赴印度传教,三年后辗转来到中国上海,在会友潘国光的引领下学习文言文。在中国八年的时光,卫匡国一直致力于学习和研究汉语,并用汉语写了不少著作。其编纂的《中国文法》是西方出版的第一部汉语教材,被视为欧洲汉学研究的一座里程碑。还有不少传教士尽管是在境外接受的汉语培训,但他们汉语水平的真正提高还是在到了中国境内之后,像利玛窦、万济国等都是如此。

两相比较,不难发现:域外培养模式注重的是语言的工具力量,而域内培养模式则注重的是语言的文化力量。前者具有功利性和随机性,后者则具有渗透性和持久性。显然,后者无论在传播力度还是传播成效方面都应当更具优势。

1949年以后,中国曾为周边的友好国家专门培训输送过一些汉语人才,这其中就包括老挝。1967年,教育部派遣两位汉语教师赴老挝川圹省康开老中友谊学校任教。改革开放以后,随着中老两国之间经贸与文化关系的日趋紧密以及《中华人民共和国教育部与老挝人民民主共和国教育部2002—2005年教育合作计划》的签署,汉语教育在老挝国内的地位急剧提升,师资共建也列入了两国教育部门的议事日程。成立于2003年的老挝国立大学中文系在该校语言学院中仅次于英语系,现有汉语教师约10名,一半由中国国家汉办派遣而来,另一半则为老挝国内招聘,其中多数曾到中国接受过专业培训。① 这种国别对口式的定向合作模式虽说打通了汉语师资的出口渠道,但依旧没有摆脱涉外汉语师资培养过程中消极被动的态势。

---

① 蒋重母、邓海霞、付金艳《老挝汉语教学现状研究》,《东南亚研究》2010年第6期。

三、汉硕毕业生本土化面临的问题及相关对策

教育方法和教育体制的特殊性注定了师资培养模式的差异性。如何探索出既能满足汉语国际教育之需又能适应各国教育体制的师资培养模式,是当前以及未来汉语国际教育面临的重要研究课题。英国著名学者詹姆士·波特(James Porter)认为当今教师培养有两条基本途径:一条是"定向型师范教育",即由师范学院培养教师的途径;一条是"非定向型师范教育",即由普通大学培养教师的途径。① 亚洲国家大多实行的是定向型师范教育,而欧美、澳洲及日本基本采取的是非定向型师范教育。

老挝作为一个师范教育的新兴国度,总体上实行的是"定向型师范教育",已经形成初级师范学校、中级师范学校和师范大学等三级师资培养体系,并且规定所有公立学校的师资必须从中产生。这种状况表明:由中国培养的老挝籍汉硕留学生根本不可能自然成为老挝的本土汉语教师,而中国外派的汉硕生志愿者也很难获得老挝公立学校的认同。这一现状反映出中国汉硕生培养至少存在着以下几个较为突出的问题:

第一是质量问题。这主要是由入学门槛低造成的。汉硕的招生简章中有关国外生源汉硕生专业素养的唯一硬性规定就是"HSK 成绩不低于五级 180 分、HSKK 成绩不低于中级 50 分"。而随着奖学金制度的持续推行以及招生规模的逐步扩大,国外生源汉硕学生的素质日益呈下滑态势。学生素质的良莠不齐,不仅使得培养难度和培养成本加大,也直接影响了培养质量。加之现行的培养机制不够

---

① 陈宇《封闭走向开放:我国教师教育走向》,《黑龙江教育学院学报》2012 年第 2 期。

成熟,缺乏针对性,毕业生的质量愈益堪忧。应该说,在苏州大学培养的汉硕生中,老挝籍学生素质良莠不齐的问题尤为严重。

第二是资格问题。世界各国都对教师岗位设置了较高的要求,而我国颁授的汉硕学位证书并没有得到别国尤其欧美国家的教育部门的广泛认同,汉硕生的执教资格因此饱受质疑。老挝尽管汉语师资严重短缺,但同样门槛不低。汉硕生虽取得学位也不能直接从教,要另外通过教育部门严格的招录考试。①

第三是归宿问题。国内生源汉硕生除了短期到国外充任志愿者外,很少能在国外长期立足。而国外生源汉硕生中,除了极少数能进入学校从事汉语教学工作外,绝大部分并不从事与汉语教学或推广相关的工作。截至2013年,在苏州大学学成归国的24位老挝籍奖学金生中,只有两位从事汉语教学及推广工作:一人在万象寮都公学任教、一人在老挝苏州大学从事教学管理工作(截至2016年的统计数据)。

第四是碰撞问题。各国自产的本土师资和中国输入的本土化师资经由两种培养模式而来,双方本来就在教育理念、教育方法、教育水平方面存在着一定的差距,同一生存空间的竞争则激化了二者的碰撞和冲突。例如,老挝国立大学孔子学院和该校语言学院中文系尽管共处一校,但彼此之间并无深度合作。国家汉办派出的志愿者以及苏州大学培养的孔子奖学金生除了在孔子学院和民办汉语培训机构执教外,基本无法涉足其他汉语教学领域。

上述问题成因错综复杂,既牵涉国内,又关乎国外,需要国家主管部门、教育机构和学生共同应对,并做好长期的策略准备、制度准

---

① 陈宇《封闭走向开放:我国教师教育走向》,《黑龙江教育学院学报》2012年第2期。

备和心理准备。在此，我们仅在策略和制度层面提出如下一些建议：

一是建立国别培养机制。不同的国家有不同的教师标准。现行的《国际汉语教师标准》是以美国 TESOL 的标准和欧盟的英语教师标准为基础制定的。尽管该标准注意参照、吸收了汉语国际教育的教学实况和师资现状，但明显偏向于英语国家。显然，以英语国家为立足点的培养机制已经越来越不能适应汉语国际教育多样化的需求，我们有必要根据国别和区域设置针对性的培养机制。

二是建立优选机制。我们除了要对汉硕生的语言基础和综合能力进行考核，也要重点对其职业倾向进行考察，并预测其今后的就业前景，从而划定出较为理想的生源范围。

三是建立奖学金生就业管约机制。尽管招生简章中明确奖学金生"书面承诺毕业后至少从事 5 年汉语教学工作"，但国家汉办并未出台相关的约束措施，致使奖学金生的去向完全处于失控状态。为了扭转这一局面，首先，我们建议将国外各类学校尤其是中文学校的在职教师作为奖学金优选对象；其次，国家汉办应与前来就读的奖学金生签定相关的培养协议，通过建立保证金制度和学位证书正副本制度，对其就业渠道和服务时间进行适度的约定——待学生履约后，再退还保证金、发放正本学位证书。

四是建立考察反馈机制。教育部和国家汉办应对各国汉语国际教育本土师资进行调查，了解各国汉语本土教师的人员构成、业务能力、生存状态以及发展诉求等情况，以此为建立针对性的国别培养模式提供有效的参数。对已毕业汉硕生，国家汉办可以进行跟踪考察，了解他们的生存与发展状况，为今后的政策调整提供可靠的依据。同时，根据汉语国际教育发展的新动向，定期邀请已毕业汉硕生进行信息反馈、业务交流或在职培训。

五是建立合作双赢机制。国家汉办应积极鼓励孔子学院与所在国大学的中文院系建立良好的互信合作关系,消除双方不正常的竞争现象,实现资源共享和优势互补,使得两种本土化师资的培养途径能够并行不悖。另外,教育部和国家汉办应该尝试跟有孔子学院的国家的教育部门进行沟通,努力促成汉硕生,尤其是孔子奖学金生在各国的资格认可,帮助他们由潜在的汉语教师转化为现实的汉语教师。

四、结语

现代化的师资教育应该是一种本土化与国际化相结合的师资教育。要想本土化,必先国际化。只有在实现国际化的前提下,本土化的时代才能真正到来。只有做到了二者的有机融合和相互协调,我们才能积极稳妥地推进汉语国际教育师资的本土化工作。为此,我们需要树立对内、对外两个视角,需要凝聚中外的教育力量。如果我们通过不懈努力,有效实现了汉语国际教育硕士选拔的精英化、培养的精品化、发展的持续化、使用的本土化,汉语国际教育师资本土化培养才可以说是摆脱了困境,步入了良性的发展轨道。

当然,我们必须意识到,汉语国际教育师资的本土化是一个漫长的历史过程,绝不可能毕其功于一役。在挑战中寻找生机,在困境中谋求出路,将成为汉语国际教育师资本土化过程中的一个常态。

简论东南亚华侨华人的中华文化传播

耿 虎

（厦门大学海外教育学院、汉语国际推广南方基地）

伴随着海外华族移民的出现，中华文化传播开启了新的历程。在漫长而复杂的传播过程中，中华文化在海外逐渐形成了影响较大的几个地域板块，其中与中国毗邻的东南亚就是典型的地区之一。中国与东南亚不仅在古代史上交往密切，近现代以来伴随着大量华侨华人在东南亚定居，中华文化对东南亚的影响，无论是强度还是广度，都是其他地区所难以比拟的，引人注目。

一、东南亚华侨华人文化传播的优势

当我们放眼全球的华侨华人文化传播，东南亚地区无疑有着极为明显的优势。这种优势既体现在这一地区与中国悠久的历史交往所打下的坚实基础上，也体现在其华侨华人人数之众以及由此所形成的文化传播体系的完备上。

东南亚是中国的南邻，与中国山水相连，自古以来就是中国通向世界的必经之地。中国与东南亚的交往已有两千多年的历史。在这两千多年交往交流中，伴随着官方使节的互派，民间贸易的开展，中国人移居东南亚者也络绎不绝。可以说，中国文化在东南亚的政治、经济、科技、工艺、文学、艺术、宗教、习俗等各个领域都产生了广泛而

深远的影响。① 这为东南亚华侨华人文化传播打下了坚实的历史基础。

作为世界华侨华人聚居最为集中的地区，人们习称当今世界华侨华人约近五千万，其中至少70%以上生活在东南亚。即使据较为精确的估算，"迄2007年，东南亚华人华侨总数约3348.6万……东南亚华侨华人约占东南亚总人口的6%，约占全球华侨华人的73.5%。印尼、泰国和马来西亚三国是东南亚、也是世界华侨华人数量最多的国家，其华侨华人数量共达2345万人，超过世界华侨华人总数的一半"②。这是文化传播必不可少的人力资源基础。

以颇具规模的华侨华人活动为依托，东南亚很早就孕育出了多样的中华文化传播载体，体系完整而配套。如华族社团，早在1673年，马六甲就诞生了具有鲜明中华传统文化色彩的社会性组织雏形——青云亭。③ 此后，东南亚地区的华侨华人社团一直是全球海外华侨华人社团的主体，据李明欢先生考证，1981年仅新加坡、泰国、马来西亚、菲律宾四国相加，社团数量就已超过8000个，而其时全球社团总数也不过8624个。④ 东南亚的华族社团不仅类型多样、功能齐全，而且活跃于华族社会的政治、经济、文化、教育等各方面，在凝聚华族力量、传播中华文化方面发挥了重要作用。再如华文传媒，东南亚亦是世界华文传媒的发源地，自1815年世界上第一份近代华文期刊——《察世俗每月统记传》在马六甲创办以来，这一地区

---

① 杨保筠《中国文化在东南亚》，大象出版社，1997年，第24页。
② 庄国土《东南亚华侨华人数量的新估算》，《厦门大学学报》（哲学社会科学版）2009年第3期。
③ 李明欢《当代海外华人社团研究》，厦门大学出版社，1995年，第27页。
④ 李明欢《当代海外华人社团研究》，厦门大学出版社，1995年，第5—8页。

的华文传媒历史迄今已有近200年。在世界范围内,东南亚的华文传媒不仅数量最多,规模最大,而且从业人数也最多。许多华文报纸如泰国的《世界日报》、马来西亚的《星洲日报》、新加坡的《联合早报》等既在当地华人社会中有着重大影响,对当地主流社会也有相当大的影响力。① 至于这一地区的华文教育,1690年巴达维亚(今雅加达)所开设的义学明诚书院,一向被看作海外华文旧式学校有文字记载的办学之始。而在1901年巴达维亚创办的中华会馆中华学堂也是世界华文教育由旧式学校向新式学校过渡的重要标志。这一地区的华文教育在其发展的辉煌时期,办学规模及人数蔚为大观,如印度尼西亚,1957年华校曾达到1669所,学生45万余人;马来西亚,1961年华校为1406所,学生432 772人,教师14 098人;新加坡,1940年共有华校351所,包括幼儿园、小学、中学、师范等各类教育;泰国,1948年注册华校426所,在校学生6万多人。即使时至今日,虽然这一地区的华文教育因各种原因确已今非昔比,但目前办学形式较为完备的华校仍为数可观。其中马来西亚不仅保留了华文小学1280多所(学生约63万人),华文独立中学60所(学生约6万人),而且还新创办了华文大专学院3所和华文大学1所。② 东南亚办学之正规、体系之完整堪称海外华文教育的典范。

以上这些充分说明,东南亚的华侨华人文化传播不仅有着悠久的历史基础、雄厚的人力资源,而且其传播体系的完备与成熟,均非其他地区可比,具有自己明显的优势。

---

① 彭伟步《海外华文传媒概论》,暨南大学出版社,2007年,第29—30页。
② 邱孝益《马来西亚官员鼓励马来人加强学习汉语》,新华网,2004年7月19日。

二、东南亚华侨华人文化传播的潜力和前景

文化的交流与传播虽有其自身的机制与路径,但也离不开交流传播的大环境。在这一大环境中,国家关系、贸易往来以及所在国的文教政策是制约文化交流传播的重要因素,它们不仅影响着交流传播机制作用的发挥,而且也昭示着文化交流传播的潜力和前景。而从目前各方面的形势来看,东南亚的华侨华人文化传播有着巨大的发展空间和广阔的发展前景。

首先,良好的国家关系,为文化传播的开展提供了政治保障。在东南亚华侨华人史上,因受政治因素的影响使华侨华人受到排挤、打压,华文传媒、华文教育濒于灭绝的例子并不鲜见,其时的文化传播也就无从谈起。目前东南亚国家不仅国内民族政策普遍趋于文明和进步,与中国的国家关系也处于历史上最好的时期。自改革开放以来,中国一直奉行"与邻为善,以邻为伴"的富邻、睦邻、安邻外交政策,积极改善和发展与东南亚国家的友好关系,受到东南亚国家的普遍尊重和好评。双方间的政治互信日益增强,国家关系不断取得新发展。1991年7月东盟首次邀请中国外长出席其外长会议,自此双方建立起对话伙伴关系。1996年中国与东盟关系上升为全面对话伙伴关系。1997年12月在共同对付亚洲金融危机的背景下,中国与东盟建立"面向21世纪的睦邻互信伙伴关系"。2003年10月《中华人民共和国与东盟国家领导人联合宣言》签署,双方宣布建立面向和平与繁荣的战略伙伴关系,双边友好关系进入了一个更高的发展阶段。这无疑为华侨华人的生存、发展及文化传播创造了极为宽松、融洽的政治氛围和条件。

其次,日趋密切的经贸交往,为文化传播的开展注入了活力。中

国与东南亚国家资源禀赋各具优势,产业结构各有特点,互补性强,合作潜力大。自2002年中国与东盟签署《中国—东盟全面经济合作框架协议》,启动自由贸易区建设以来,经过努力,2010年1月1日中国—东盟自由贸易区(CAFTA)如期全面建成并正式启动。自贸区建成后,东盟和中国的贸易占到世界贸易的13%,自贸区成为一个涵盖11个国家、19亿人口、GDP达6万亿美元的巨大经济体,是目前世界人口最多的自贸区,也是发展中国家间最大的自贸区。目前中国已成为东盟最大贸易伙伴,东盟是中国第三大贸易伙伴。密切的经贸交往既是无限的商机,也孕育着无限的文化传播之机,学好汉语、了解中华文化不仅是经贸交往的现实需要,而且也会更好地促进经贸交往的开展。

最后,东南亚国家民族政策的调整改善,为文化传播的开展开启了新契机。东南亚国家大多是多元种族和多元民族国家,在近代历史上曾深受殖民统治的压迫和剥削。迎来民族独立后,由于种种复杂的原因,大民族主义和单元文教政策一度成为这一地区民族、文教政策的主流。事实证明,这是不符合世界发展的潮流和趋势的。多民族和多元文化并存乃当今世界民族国家发展的主流,联合国教科文组织《世界文化报告——文化的多样性、冲突与多元共存(2000)》(北京大学出版社,2002年)指出,如果我们打算学会共同生活,那么这个世界也一定是个文化多元共存的世界。随着世界多极化的发展,经济全球化和区域一体化日益凸显,东南亚国家也开始认识到,国内政治要稳定必须以民族和谐为基础,经济要繁荣就不能忽视华文的实用价值,文化要发展也同样离不开华族文化这一国内多元文化中的重要一元。在世界大势和所在国国计民生的双重矫正下,许多东南亚国家遂开始对既有的民族政策做出调整和改善,华人经济在所在国国民经济中的地位开始得以重视,华人的政治、文化教育权利开始得以尊重,而近年来在东南亚地区普遍出现的"华文热"正是这种调整改善在语言文化教育上的具体体现。虽然这种调整和改善还是有限的,华侨华人的民族权益要实现其根本保障还有一段很长的路要走,但新的社会进步无疑也孕育着民族文化传承传播的新契机。

三、从教育入手进一步推动东南亚中华文化传播

教育是事关未来的百年大计,也是中华文化传播的重要途径和载体,应抓住双方日益密切的教育交流与合作这一契机,推动中华文化在这一地区进一步传播。2008年7月启动"中国—东盟教育交流周",至今已成功举办了七届。在2010年8月召开的第三届中国—东盟教育交流周期间,还成功举办了首届中国—东盟教育部长圆桌会议,并发布了全面推动教育等人文领域深入合作的《贵阳声明》。[①] 目前,中国—东盟已建立起教育领域全面合作伙伴关系。东盟国家的来华学生超过7万人,中国在东盟国家的各类留学人才已超过11万人;中国高校已开齐了所有东盟国家语言专业,使越来越多的中国民众对东盟的语言和文化产生了兴趣;[②] 截至2017年12月31日,中国在东盟国家已建立了31所孔子学院和34个孔子课堂,中国语言文化在东盟社会的影响越来越大。这些都为这一地区的中华文化传播创造了有利条件,带来了难得机遇。更广泛地参与到双方的教育交流与合作中来,并不断推进其深入开展,就会为这一地区的中华文

[①] 龚金星、汪志球《首届"中国—东盟教育部长圆桌会议"闭幕 会议通过〈贵阳声明〉》,人民网,2010年8月11日。

[②] 杨茜《第七届中国—东盟教育交流周在贵阳开幕》,中国新闻网,2014年9月1日。

化传播注入活力。

华文学校是华侨华人创办的具有民族特色的知识教育机构。东南亚华校办学的历史悠久,底蕴深厚,目前有的国家仍保持了从幼儿园到大学的较为完备的办学层次和体系。尽管二十一世纪以来,华校办学在教学对象、培养目标、教学模式等方面发生了许多变化,但传承传播汉语和中华文化仍是其根本宗旨和目的,也是其作为民族教育学校存在的显著特征。东南亚华侨华人应更广泛地调动社会各界力量支持华校办学,下大力气搞好师资、教材、教法建设,保障华文教育的科学和可持续发展,为东南亚华族社会培根树基。

东南亚华族文化以中华文化为根基,同时有着自身特色。为推动中华文化的更好传播,应当重视华人社区文化建设。作为当地社会了解认识中华文化的窗口,华人社区文化应当在传承中华优秀传统文化的同时注重体现当代中国的时代发展和精神风貌,将悠久文明古国和和谐现代大国统一起来,与时俱进,不断增强文化的吸引力和影响力。多样的文化产品是海外华族社会文化发展的客观需求,也是引导人们深入领会中华文化并最终走向文化认同的重要媒介。东南亚华族社会历史悠久,各项事业牵涉广泛,人文景物独具风情。应在文化建设的思维方式上不断创新,以文化产品的开发为突破口,逐步培育文化产业的形成,以更多更丰富的文化生产满足华族社会的文化需求。文化发展离不开文化交流。长期以来,华侨华人积累了丰富的文化传播交流的成功经验,也由此推动了海外华族自身文化的发展。以民族自信和民族自豪为基础,以更加开放和包容的心态,进一步走出华人社区,参与更为广阔的文化交流,相信在推动中华文化传播的同时,也一定会为所在国多元文化建设发展做出更多更大的贡献。

《国际汉语教育史研究》征稿启事

《国际汉语教育史研究》由世界汉语教育史研究学会创办,张西平会长担任主编,于2014年1月正式创刊,由商务印书馆出版。研究学刊的创办将进一步推动世界范围内对各国汉语教育史的文献发掘整理和研究进展,开辟一个展示本领域研究动态与最新成果的学术阵地。目前设立历史研究、文献整理、教材研究、语法研究、词汇研究、语音研究、词典研究、国别教育史等栏目。计划每年出版一辑,待条件成熟后改为一年两辑。

世界汉语教育史研究学会于2004年在澳门成立,注册地在日本大阪,是一个国际性的学会组织,现有各国会员300多人。学会会长为张西平,副会长为(日)内田庆市、(意)马西尼、(韩)孟柱亿、沈国威、柳若梅、李无未。秘书长为李真、(日)奥村佳代子。学会中外方秘书处分别设在北京外国语大学和日本关西大学。

学会创办至今,已经分别在澳门理工学院、日本关西大学、意大利罗马智慧大学、韩国外国语大学、天津外国语大学、深圳大学、厦门大学、中山大学、华东师范大学召开了九届年会暨国际学术会议,有力地推动了汉语作为第二语言教育学科史的深入发展。为继续加强和拓展汉语教育史研究,学会拟陆续推出"汉语教育史研究丛刊""教育史文献丛刊"等系列丛书。

学会学术刊物编辑部设在学会中方秘书处:北京外国语大学国

际中国文化研究院。编辑部投稿邮箱为：xuekanbianjibu@126.com。

欢迎各国学者和研究同道向《国际汉语教育史研究》赐稿！

《国际汉语教育史研究》编辑部

图书在版编目(CIP)数据

国际汉语教育史研究. 二/张西平主编. —北京:商务印书馆,2019
(国际汉语教育史研究丛书)
ISBN 978-7-100-17009-3

I.①国⋯ II.①张⋯ III.①汉语—语言教学—教育史—文集 IV.①H19-53

中国版本图书馆 CIP 数据核字(2019)第 001124 号

权利保留,侵权必究。

国际汉语教育史研究(二)
张西平 主编
李真 杨慧玲 副主编

商 务 印 书 馆 出 版
(北京王府井大街36号 邮政编码100710)
商 务 印 书 馆 发 行
北京市艺辉印刷有限公司印刷
ISBN 978-7-100-17009-3

2019年1月第1版　　开本 880×1230　1/32
2019年1月北京第1次印刷　印张 9⅜
定价:38.00元